Estamos Vivendo os
ACONTECIMENTOS RECENTES PROFETIZADOS NA BÍBLIA ... E O QUE ELES SIGNIFICAM
ÚLTIMOS DIAS?

Estamos Vivendo os
ACONTECIMENTOS RECENTES PROFETIZADOS NA BÍBLIA ... E O QUE ELES SIGNIFICAM
ÚLTIMOS DIAS?

Tim LaHaye
Jerry B. Jenkins

Traduzido por Rubens Castilho

UNITED PRESS

Esta edição é publicada sob contrato com Tyndale House Publishers, U.S.A. Originalmente publicado em inglês como
Are We Living in the End Times?
Copyright © 1999 Tim LaHaye e Jerry B. Jenkins.
Todos os direitos reservados.
Left Behind é uma trademark da Tyndale House Publishers Inc.
Copyright © 2001 Editora United Press

Tradução:
Rubens Castilho

Revisão:
Josemar de Souza Pinto, Theófilo José Vieira

Adaptação da capa:
Red Beans Design

Diagramação:
Dylan Falk

Supervisão editorial e de produção:
Vera K. Villar

1ª edição brasileira:
2001

Dados Internacionais de Catalogação na Publicação (CIP)
(Câmara Brasileira do Livro, SP, Brasil)

LaHaye, Tim.
    Estamos vivendo nos últimos dias? / Tim LaHaye e Jerry B. Jenkins; Tradução Rubens Castilho. – Campinas, SP: Editora United Press, 2001.

    Título original: Are we living in the end times?
    ISBN 85-243-0224-0

    1. Arrebatamento (Escatologia cristã) 2. Escatologia 2. Fim do Mundo 3. Segundo Advento 5. Tribulação (Escatologia cristã) I. Jenkins, Jerry B. II. Título

Índices para catálogo sistemático:
1. Arrebatamento: Escatologia: Cristianismo   236.9
1. Tribulação: Escatologia: Cristianismo   236.9

Publicado no Brasil com a devida autorização e
com todos os direitos reservados pela
EDITORA UNITED PRESS LTDA.
Rua Taquaritinga, 118, 13.036-530, Campinas – SP
Fone/Fax (0xx19) 3278-3144

Visite o nosso site: www.unitedpress.com

A milhões de leitores da série Deixados para Trás, *com nossa oração para que este livro os ajude a alcançar uma compreensão mais clara da profecia bíblica sobre os últimos tempos.*

SUMÁRIO

Introdução — 9

PRIMEIRA PARTE: CONTEXTO

1. Profecia — 15
2. Que São os Últimos Dias? — 27
3. São Estes os Tempos dos Sinais? — 33
4. O Sinal da Sua Vinda — 41
5. Jerusalém e Israel: O Centro da Atenção do Mundo — 55

SEGUNDA PARTE: EVENTOS

6. A Grande Apostasia — 75
7. Florescimento no Deserto — 87
8. Um Desastroso e Sorrateiro Ataque — 91
9. Arrebatados! — 103
10. O Templo Reconstruído — 129
11. Ascensão e Queda de Babilônia — 137
12. A Tribulação: Uma Visão Geral — 149
13. A Tribulação: Primeira Metade — 163
14. A Grande Tribulação — 195
15. O Aparecimento Glorioso — 221
16. O Milênio — 233
17. A Última Rebelião — 241
18. O Julgamento do Grande Trono Branco — 245

19. O Estado Eterno   249

TERCEIA PARTE: PERSONAGENS

20. Satanás, o Dragão   257
21. O Anticristo   265
22. O Falso Profeta   277
23. As Duas Testemunhas   283
24. As 144.000 Testemunhas Judaicas   295
25. Santos e Mártires da Tribulação   305
26. As Multidões Não-Redimidas   315
27. O Papel dos Anjos   343

Epílogo: "É Mais Tarde do Que Nunca"   351
Notas   355
Sobre os Autores   359

INTRODUÇÃO

Quanto Tempo Falta para o Fim?

Estes são obviamente os dias mais excitantes em que vivemos, não apenas por causa dos avanços espetaculares na tecnologia e na ciência, mas porque nós, os cristãos do século XX, temos mais razão para crer que Cristo retornará à terra para levar-nos para a casa de seu Pai do que quaisquer gerações que nos precederam.

Evidentemente, não somos a primeira geração a pensar dessa forma, pois a História revela que muitos interpretaram os acontecimentos da sua época como sendo cumprimentos proféticos do fim dos tempos. Em alguns casos, a data prevista para o evento e a especulação gerada em torno dele levaram mais pessoas à descrença do que à inspiração. Como consolo, entretanto, houve pelo menos a oportunidade de muitos estudarem as Escrituras tentando ter um melhor discernimento a respeito dos últimos tempos. Era grande o número dos que almejavam sinceramente a segunda vinda de Cristo e o fim da corrupção e deterioração moral deste mundo, ao implantar Ele, em lugar disso, seu reino de justiça. Todos os cristãos esperam que tal possibilidade represente uma melhora infinita deste mundo exaurido por guerras e sob a maldição do pecado.

Não devemos surpreender-nos de que as gerações passadas tenham ficado confusas a respeito dos acontecimentos finais, pois o próprio Daniel, um dos maiores entre os profetas hebreus, recebeu a ordem de encerrar as palavras e selar o livro "até ao tempo do fim" (Daniel 12.4; o "tempo do fim" refere-se aos dias imediatamente anteriores ao início da Tribulação, até e inclusive a segunda vinda de Cristo).

Um motivo para sua confusão é que o ato de selar os eventos do fim tornou mais difícil a compreensão dos "sinais do tempo". A abertura do selo ou a capacidade de compreender a profecia dos tempos finais, de acordo com Daniel, aguardaria até que "muitos o esquadrinharão, e o saber se multiplicará" (Daniel 12.4). [A versão da Bíblia na Linguagem de Hoje traz: "Muitos correrão de cá para lá, procurando ficar mais sábios." Na versão da Bíblia Viva, lemos: "...quando a ciência e o conhecimento se espalharão por todo o mundo!" – N.T.] Dificilmente alguém duvida de que esta é a época em que as pessoas "esquadrinharão" e o "saber se multiplicará" – fato que estamos constatando. Tanto o conhecimento secular como o conhecimento da verdade profética têm crescido consideravelmente apenas neste século. Cremos que estamos muito perto de alcançar uma compreensão profética ainda maior que a de qualquer outra época nos dois últimos milênios.

Eu (Tim) venho estudando profecia há mais de 50 anos, podendo dizer ao leitor que nunca houve tamanho interesse, quer secular ou cristão, por se conhecer o futuro, como hoje. O surpreendente sucesso de nossa série *Deixados para Trás* – acima de 3 milhões de exemplares vendidos somente nos primeiros quatro anos – o atesta. Muitos leitores têm-nos escrito para expressar sua apreciação, fazer perguntas ou testemunhar sobre uma consagração espiritual que a série lhes inspirou.

Na verdade, foram estas cartas (e especialmente as questões

abordadas nelas) que nos inspiraram a escrever este livro. Temos dois objetivos principais nesta obra:

1. Proporcionar um resumo básico dos acontecimentos do fim dos tempos e dos personagens fictícios da série *Deixados para Trás*;
2. Mostrar que temos mais motivo para crer que Cristo pode retornar em nossa geração do que o faria em qualquer outra geração anterior.

A recente proliferação de livros, fitas e vídeos sobre o cumprimento da profecia dos últimos tempos estimulou-nos a escrever este livro. Recentemente, recebi pelo correio um novo filme e dois vídeos sobre os sinais do breve retorno de Cristo. Na realidade, há um progresso no conhecimento sobre este assunto – que é apenas um dos muitos sinais a indicar que estamos nos aproximando rapidamente do "tempo do fim".

O fato de outros antes de nós terem cometido erros acerca da proximidade da vinda do Senhor não nos impediu de investigar as Escrituras a fim de verificar o que eles não viram ou não puderam ver – agora que alguma coisa das profecias do fim dos tempos vem sendo revelada ou os selos estão sendo abertos. A capacidade de avaliar corretamente os sinais em nossos tempos vem crescendo quase diariamente, desde o episódio de Israel restabelecer-se como nação ao ódio a Israel por parte da Rússia e seus aliados árabes, à emergência da China, e muitos outros eventos – tudo isto parte da urdidura profética do fim dos tempos.

Os avanços tecnológicos desta geração permitem-nos ver o cumprimento de eventos que eram impossíveis há apenas uma geração. Cremos que existe hoje tudo quanto é necessário para o cumprimento de todas as profecias do fim dos tempos. Cristo poderia vir hoje, sem que nenhuma profecia do fim dos tempos necessária para sua vinda deixasse de ser cumprida.

Não podemos, com certeza, *assegurar* que Cristo virá em nossa geração, mas podemos reiterar que temos mais razão para crer que Ele virá em nossa geração do que qualquer geração antes de nós. E achamos que, ao terminar a leitura deste livro, o leitor concordará conosco.

PRIMEIRA PARTE

Contexto

UM

Profecia

Deus certamente desejava que seus seguidores aprendessem a profecia bíblica, porque dedicou a ela quase 30% de sua Escritura. A profecia não somente nos coloca a par dos acontecimentos futuros, como também nos assegura de que Deus cumpre sua palavra e suas promessas.

Como exemplo, temos o Antigo Testamento, que assinala mais de 100 profecias sobre a vinda do Messias à terra. Por meio dessas profecias, sabemos que Jesus foi verdadeiramente o Messias, pois Ele cumpriu cada uma delas. Isto também nos leva a acreditar que os que crêem nele podem ter confiança em seu retorno físico à terra para estabelecer o seu reino, pois Ele prometeu que o faria – cinco vezes mais freqüentemente em comparação com a promessa da sua primeira vinda! Considerando que essa primeira vinda é um fato histórico incontestável, podemos estar pelo menos cinco vezes mais seguros de que Ele virá segunda vez.

PROFECIA PARA NOVOS CONVERTIDOS

Outra razão que nos leva a saber que Deus deseja que os cristãos estudem e compreendam a profecia é que um dos primeiros livros escritos do Novo Testamento foi 1 Tessalonicenses, uma carta de Paulo plena de ensinos sobre os eventos dos tempos finais. Cada capítulo contém uma referência à segunda vinda de Jesus Cristo. O apóstolo, que Deus usou para estabelecer o modelo de igreja local para todo o mundo, ensinou os detalhes da profecia bíblica àquela nova igreja em Tessalônica durante suas primeiras três semanas de permanência ali. (Sabemos disto porque ele foi expulso da cidade antes do quarto *Sabbath*.) Não obstante este fato, mesmo uma leitura superficial da epístola mostra que ele falou livremente acerca da segunda vinda, do Arrebatamento, do anticristo, da ira vindoura e de outros eventos futuros. São estes exatamente os assuntos que consideraremos neste livro.

PROFECIA NÃO É TÃO DIFÍCIL

Durante as três décadas passadas, houve uma carência de ensino sobre profecia, tanto em nossos seminários como em nossas igrejas. Muitos professores de seminário, educados em escolas graduadas seculares, foram muitas vezes humilhados por seus mestres humanistas por crerem na "proposição fundamentalista" quanto à Escritura. Aceitar a Bíblia literalmente era ridículo, e esses estudantes foram levados a crer que profecia era algo confuso e de difícil compreensão.

Em conseqüência disso, quando esses homens se tornaram professores e passaram a instruir os futuros pastores do país, falharam em não ensinar as passagens proféticas das Escrituras, sob a alegação de que profecia é um assunto "muito controvertido". Admitindo-se que ninguém pode ensinar o que não conhece, milhares de nossas igrejas atuais nunca desfrutaram o privilégio de ouvir uma aula, palestra ou sermão sobre profecia – não porque o pastor não acredite nela, mas porque não está bem familiarizado com este assunto.

Um pastor, indagado sobre como encarava a questão da controvérsia sobre profecia, respondeu peremptoriamente: "Simplesmente não trato deste assunto."

O quê? Ele não está envolvido com quase 30% da Bíblia? Geralmente, as pessoas leigas que lêem livros sobre profecia, ou assistem a conferências sobre o assunto, ou lêem revistas que abordam o tema, conhecem mais do que seus pastores sobre textos bíblicos a respeito de profecia.

O pastor de uma das mais célebres igrejas dos Estados Unidos da América, um autor popular, convidou-me há pouco tempo para ser seu co-autor em um novo livro sobre profecia. Explicou-me que seu editor o havia procurado com a idéia em razão do renovado interesse sobre o assunto da iminência do novo milênio. Meu amigo acrescentou: "Nunca fiz um estudo sobre profecia e não me senti qualificado para assumir a empreitada. Tenho lido bastante os seus escritos, e somos concordes acerca dos pontos básicos, por isso pensei que seria bom se tentássemos ambos desenvolver este projeto." Incentivei-o a empreender o estudo da matéria e escrever ele mesmo o livro, pois o assunto não é tão difícil.

Qualquer pessoa pode entender os acontecimentos importantes da profecia bíblica, se dedicar um pouco de seu tempo comparando texto com texto, evitando a tentação de espiritualizar qualquer coisa que, de início, pareça complexa. Uma boa regra, simples e prática, é: quando estudar uma passagem, use a regra de ouro da interpretação bíblica:

> Quando o pleno entendimento da Escritura forma o sentido comum, não procure outro, mas tome cada palavra em seu principal significado literal, a menos que os fatos do contexto imediato indiquem claramente outro sentido.
> – Dr. David L. Cooper

Seguindo esta regra, será relativamente fácil compreender a Escritura; desconhecendo-a ou desprezando-a, incidiremos sempre em erro. Isto é particularmente verdadeiro em relação aos textos proféticos da Bíblia. Em anos recentes, diversos professores concluíram que a profecia deveria, de preferência, ser interpretada simbolicamente. Como resultado disso, muitos ensinos conflitantes causaram tal confusão à igreja que muitos passaram a evitar o assunto, apesar de, em o fazerem, abandonarem uma parte importante da Palavra de Deus.

Após falar sobre a segunda vinda de Cristo em igrejas ou em conferências sobre este assunto, não é incomum as pessoas se manifestarem, dizendo que nunca ouviram uma única mensagem sobre a segunda vinda do Senhor no período de 25 anos ou mais. Um pastor escreveu-me para dizer que se sentia culpado por nunca haver pregado um só sermão sobre o retorno de Jesus. Disse ele: "Estou dedicando-me agora a Deus estudando e pregando mais sobre profecia." Se ele o fizer, sua igreja será vivificada e a freqüência aos cultos aumentará. Não há assunto mais desafiador e motivador na Bíblia do que o estudo profético.

OS EFEITOS HISTÓRICOS DA PROFECIA

Ensinada apropriadamente, a profecia enfatiza o retorno "iminente" de Cristo – isto é, que Ele poderá vir a qualquer momento. Esta tem provado ser uma das forças espiritualmente mais motivadoras na história da Igreja:

1. Ela tem desafiado os crentes a viverem piedosamente em tempos de impiedade;
2. Ela tem apresentado aos cristãos um desafio maior; e
3. Ela tem levado a Igreja a tornar-se mais voltada para a obra missionária, conscientizando-a do dever de cumprir a grande comissão antes que Cristo retorne.

OS QUATRO EVENTOS CENTRAIS DA HISTÓRIA

Cada um desses eventos mais significativos da História assinalou o fim de uma era. Três já aconteceram; o quarto está ainda por acontecer. Todos esses acontecimentos envolvem conflitos titânicos entre Deus e Satanás, ambos tentando atrair para si a devoção do gênero humano. O quarto e último evento central é a segunda vinda de Cristo a este planeta.

A Criação

De acordo com o primeiro capítulo de Gênesis (que significa "começos"), a criação realça a origem da criatura muito especial, o homem, que se constitui não apenas de um corpo e mente, mas também de uma alma imortal. Este evento central é retratado nos três primeiros capítulos de Gênesis. Os efeitos da queda – isto é, o pecado de Adão e Eva, que foram criados santos, mas usaram seu livre-arbítrio para desobedecer a Deus – mergulharam o mundo no pecado e na corrupção, produzindo uma população pré-diluviana tão ímpia, em apenas mil anos, que levou Deus a destruí-la totalmente, com exceção de Noé e sua família.

O Dilúvio

O dilúvio mundial, descrito em pormenores nos capítulos 6 a 8 do livro de Gênesis, mostra como Deus repovoou o mundo, a partir de apenas oito pessoas. Este acontecimento monumental é mencionado na literatura de vários povos do mundo antigo, proporcionando a evidência incontestável de sua universalidade. Se a comunidade científica reconhecesse este fato, uma flechada atravessaria o coração da teoria da evolução, juntamente com a teoria da "evolução teísta" (Deus dirigindo a evolução). Entretanto, o homem humanista acredita antes na teoria não-científica da evolução que na verdade da Escritura, segundo a qual Deus criou o homem e o manterá responsável pela maneira como vive.

A Cruz

O terceiro evento da História foi a crucificação de Jesus Cristo. A cruz, como símbolo, inclui o nascimento virginal de Jesus em cumprimento profético, sua vida sem pecado, seu sacrifício, morte e ressurreição. Quando Ele, como o Filho unigênito de Deus, entregou-se à morte sobre aquela cruz pelos "pecados de todo o mundo", encerrou a era da lei e inaugurou a era da graça. Daquele tempo em diante, os indivíduos têm sido salvos eternamente "por meio da fé" mediante o arrependimento de seus pecados e rendição a Cristo. Eis por que ela é chamada "era da graça", que culminará com o próximo evento central...

A Segunda Vinda de Cristo

O retorno de Jesus Cristo à terra, e os muitos acontecimentos menores conducentes e subjacentes a ele, é o que compõe fundamentalmente a profecia. Será, inegavelmente, o maior dos acontecimentos futuros a desenrolar-se em todo o universo. Nenhuma religião, cultura ou literatura oferece tal conceito sublime dos eventos futuros que se projetam em direção a uma eternidade ainda melhor. Uma vez compreendidos, estes acontecimentos emocionantes provam-se tão excitantes e inspiradores que muitos têm deixado seus pecados para encontrar-se com Jesus como seu Senhor e Salvador – uma boa razão para todos os cristãos se inteirarem deles, principalmente pelo fato de estarmos observando tantos desses eventos se cumprirem em nossa época.

Há outros eventos importantes na História, mas nenhum de maior relevância que estes quatro. Eles estão realçados na ilustração seguinte, que também identifica os eventos centrais do roteiro da peregrinação do homem na terra, separando as eras passadas das vindouras.

Os Quatro Eventos Centrais da História

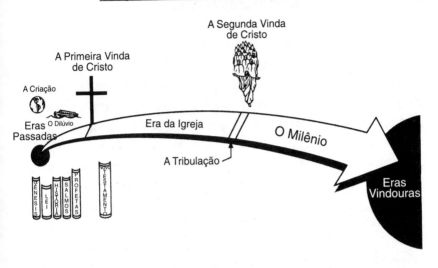

Por alguma razão que somente Deus conhece, a Bíblia fala muito pouco sobre as eras passadas ou vindouras. Deus parece mais interessado no entendimento do homem sobre seu próprio passado – por isso, 50% dos 66 livros da Bíblia cobrem a história humana. Ela contém uma riqueza de informações históricas que têm sido documentadas por arqueólogos durante os últimos dois séculos. Os 66 livros da Bíblia tratam especialmente da existência do homem no período a que chamamos *tempo*, de Adão e Eva até a vinda do reino de Jesus Cristo.

Vinte e cinco por cento da Bíblia contêm instruções sobre como viver no presente e como tratar o semelhante.

Vinte e oito por cento dos textos consistem de profecias, algumas das quais já cumpridas em Israel e na primeira vinda de Cristo. As Escrituras mencionam brevemente nossa entrada no céu para desfrutarmos a eternidade e revelam também algumas palavras confortadoras sobre nosso futuro. Um exemplo: "...e, assim, estaremos para sempre com o Senhor" (1 Tessalonicenses 4.17). Outro, é uma promessa maravilhosa de Jesus: "Na casa de meu Pai há muitas moradas... vou preparar-vos lugar... voltarei e vos receberei para mim mesmo, para que, onde eu estou, estejais vós também" (João 14.2-3).

Ao mesmo tempo em que a Bíblia se refere apenas às eras eternais passadas, ela proporciona muitos pormenores a respeito de conflito de eras, incluindo a rebelião de Satanás, sua tentativa de enganar o homem acerca de Deus, eternidade, e como o mundo marchará para o auge de uma era milenar de paz. É realmente uma bonita história do gênero humano, de Adão a Cristo, o "segundo Adão" (ou o homem perfeito), que morreu para expiar os pecados do "primeiro Adão".

O livro que o leitor tem em mãos trata basicamente do maravilhoso plano de Deus para os eventos futuros do homem em relação à terra antes dessa era de paz. Fracassar no entendimento do plano de Deus, desde a vinda do "primeiro Adão" até a segunda vinda de Cristo para estabelecer seu reino, o manterá desinformado acerca das respostas às grandes perguntas filosóficas da vida: *Por que estou aqui? Para onde estou indo? Como chegar lá?* Somente um estudo sobre profecia responde adequadamente a todas estas questões.

O roteiro básico da história humana anteriormente desenvolvido será usado ao longo deste livro para introduzir as muitas passagens proféticas que fornecem os pormenores do futuro. É muito útil relacionar todos os ensinos proféticos a este roteiro.

A ÉPOCA DA IGREJA ATUAL

Jesus não somente prometeu a seus seguidores que viria novamente a este mundo para levá-los para a casa de seu Pai (João 14.1-3); Ele prometeu que "[edificaria a sua] igreja, e as portas do inferno não [prevaleceriam] contra ela" (Mateus 16.18).

Ele edificou esta Igreja por meio do ministério do Espírito Santo, operando em seus apóstolos e naqueles que se tornaram crentes. Por 20 séculos, sua Igreja tem sido perseguida por outras religiões, reis e ditadores; porém, hoje ela está mais forte do que nunca. Este é, em si mesmo, um testemunho de sua promessa, pois, embora a Igreja continue sendo o grupo mais constantemente odiado no mundo, ela está ainda crescendo e continuará a crescer até que Ele nos leve deste mundo. Especialistas em crescimento da igreja consideram que o número atual de cristãos está acima de *um bilhão*, e esse número continua ascendente.

A era da Igreja, iniciada no Pentecoste, em Atos 2, até o presente momento, corresponde à era da graça constante da ilustração abaixo. Jesus a descreveu em Mateus 13, e os apóstolos, particularmente Pedro, João e Paulo, dedicaram o restante de sua vida apostólica edificando e instruindo essa Igreja. Ela é delineada no livro de Apocalipse de João, capítulos 2 e 3, e principalmente as epístolas definem como suas atividades devem ser conduzidas.

SOBRE O USO DOS GRÁFICOS

Um antigo provérbio chinês diz que "uma imagem vale por mil palavras". Se isto é verdade, bons gráficos ilustrativos sobre profecia valem por mil palavras, pois apontam e elucidam a sucessão, definição e época dos acontecimentos proféticos inter-relacionados. Por muitos anos, tenho usado tais gráficos em igrejas e conferências sobre profecia para tornar mais fáceis aos ouvintes os conceitos de difícil compreensão. Os gráficos são um ingrediente básico de meus outros seis livros sobre profecia. Ao longo deste livro, lançarei mão deles para os devidos esclarecimentos.

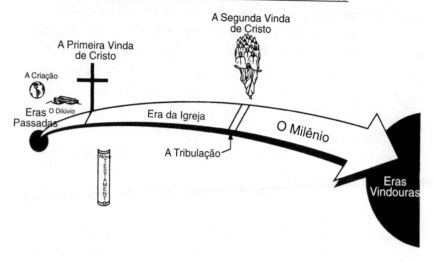

À medida que o leitor examina o gráfico da peregrinação do homem neste mundo (passada e futura), espero que se impressione com pelo menos três fatos significativos.

A CRUZ

O símbolo mais famoso da história humana assinala o evento mais importante de todos os tempos. Quando Jesus Cristo morreu na cruz pelos pecados do mundo inteiro, Ele recuou no tempo até Adão e Eva e incluiu a última pessoa que nascerá durante o Milênio – os mil anos de reinado de Cristo sobre a nova terra – para expiar todo o seu pecado. Ele redimiu todos os atos de fé por todos os que viveram antes dele e ofereceu a todos do seu tempo e dos tempos vindouros, pelo simples ato de fé, um meio de escapar das conseqüências da queda de Adão (e, subseqüentemente, do nosso próprio pecado). Este milagre da salvação tornou-se possível por causa da sua condição de Filho de Deus imaculado. A crucificação não foi meramente a morte de um homem pelos pecados dos demais homens, e sim "o Filho unigênito de Deus" morrendo pelos pecados de toda a humanidade.

Cada Pessoa Precisa Fazer Uma Escolha

Cada pessoa, em cada geração, tem uma escolha a fazer: obedecer a Deus ou fazer sua própria vontade. Nos dias do Velho Testamento, a fé obediente requeria que homens e mulheres sacrificassem um cordeiro inocente em obediência à instrução de Deus. Desde a obra de Cristo consumada na cruz, esse ato de fé consiste em uma pessoa dobrar os joelhos diante da cruz e invocar o nome do Senhor. Neste sentido, cada indivíduo determina onde deseja passar a eternidade – com Deus ou sem Ele. Estas são as duas únicas opções.

Você Tem Uma Escolha a Fazer

Sonde seu próprio coração para constatar se tomou tal decisão. Já invocou pessoalmente o nome do Senhor? Se não o fez, insisto em que faça uma pausa na leitura deste livro e tome agora esta decisão. Caso necessite de alguma ajuda sobre as palavras ou o conteúdo da sua oração, sugiro o seguinte:

> Amado Pai celestial, confesso que tenho pecado contra o céu, e aos teus olhos careço de perdão. Obrigado por teres enviado teu Filho Jesus para morrer na cruz por meus pecados, de acordo com a Bíblia, e graças te dou pela ressurreição dele dentre os mortos. Peço-te hoje que entres em meu coração para remover todo o meu pecado e tornar-se meu Senhor e Salvador. Entrego-me inteiramente a ti. Oro em nome de Jesus. Amém.

DOIS

Que São os Últimos Dias?

O que a Bíblia quer dizer com suas muitas expressões sobre os últimos dias? À primeira vista, há várias expressões que parecem intercambiáveis, mas, na realidade, nem sempre podem ser assim usadas. Confusão ocorre quando não se examina cuidadosamente o contexto da leitura para verificar se o termo realmente significa o que pensamos significar.

Algumas referências aos "últimos tempos" incluem "últimos dias" e palavras equivalentes, como "o fim", "hora", ou a expressão favorita do profeta Daniel: "o tempo do fim". Nosso Senhor iniciou seu sermão do monte das Oliveiras (Mateus 24.1-8) em resposta à pergunta de seus discípulos: "Dize-nos quando sucederão estas coisas e que sinal haverá da tua vinda e da consumação do século?" Ele referiu-se freqüentemente àquele tempo como "o fim" ou "então virá o fim". Muitas pessoas pensam imediatamente que tais termos são intercambiáveis porque, falando de modo geral, todos eles se relacionam com o fim da Tribulação, quando Cristo retornará fisicamente à terra para estabelecer seu reino milenar (veja os capítulos 14 e 15). Encontramos mais de 50 de tais termos na Bíblia e estamos convencidos da probabilidade de outros mais.

UMA SIMPLES ANALOGIA

O erudito em profecia Thomas Ice, meu colega no Pre-Trib Research Center (Centro de Pesquisas sobre a Pré-Tribulação), faz esta interessante analogia:

> Algumas vezes, os cristãos lêem na Bíblia acerca dos "últimos dias", "fim dos tempos", etc., e tendem a pensar que todas estas expressões sobre o tempo referem-se à mesma coisa. Este não é o caso. Assim como em nossa própria vida, há muitos finais. Há o fim da jornada de trabalho, o fim do dia de acordo com o relógio, o fim da semana, o fim do mês e o fim do ano. O fato de ser usada a palavra "fim" não quer dizer que ela se refira à mesma ocasião. A palavra "fim" é restrita e precisamente definida quando modificada por "dia", "semana", "ano", etc. Assim, na Bíblia, "fim dos tempos" pode referir-se ao fim da atual era da Igreja ou pode referir-se a outros tempos.[1]

Não é difícil identificar o tempo mencionado pelo autor bíblico para cada uma das expressões acima, *se* o leitor estudar o contexto para certificar-se do destinatário a quem o profeta se dirige, a Igreja ou Israel. Muitos desses termos usados no Velho Testamento e por nosso Senhor têm como foco o fim da Tribulação. (Muitas destas referências fundem o fim da Tribulação e o Aparecimento Glorioso.) Às vezes, o uso destes termos nas epístolas tem em mente o fim da era da Igreja, o que, certamente, acontecerá simultaneamente com o nosso encontro (a Igreja) com Cristo no Arrebatamento (veja o capítulo 9).

Há pelo menos duas exceções a essa regra geral: Hebreus 1.1-2 e 1 João 2.18. Na passagem de Hebreus, o Espírito Santo diz: "Havendo Deus, outrora, falado, muitas vezes e de muitas maneiras, aos pais, pelos profetas, *nestes últimos dias*, nos falou pelo Filho, a quem constituiu herdeiro de todas as coisas, pelo qual também fez o universo" (ênfase acrescentada).

Isto se refere, evidentemente, aos dias em que eles estavam vivendo, pois em sua existência Deus tinha enviado seu Filho para revelar seu grande amor pela humanidade ao morrer Ele por nossos pecados. Aquele ato de misericórdia divina decretou o fim do sistema sacrificial do Velho Testamento, substituído pela nova e melhor aliança, tornada possível pelo sangue do Filho de Deus.

Na primeira epístola de João, o apóstolo fala da "última hora". Refere-se ele aqui à nova economia da graça de Deus, advertindo que, mesmo nesta era da igreja, haverá "muitos anticristos... pelo que conhecemos que é a última hora". Ele estava certo, pois, em 2.000 anos, a era da Igreja não se tem isentado da presença de falsos cristos e anticristos enviados por Satanás para enganar os santos.

O USO PRINCIPAL DA EXPRESSÃO "FIM DOS TEMPOS"
Em muitos casos, as expressões "últimos dias", "fim dos tempos" ou "última hora" referem-se a um período que pode abranger não mais que sete a dez anos. Não podemos precisar com mais certeza porque não estamos seguros quanto ao tempo que passará entre o Arrebatamento, que encerra a era eclesiástica, e o início da Tribulação, iniciada com a assinatura do acordo entre o anticristo e Israel (Daniel 9.27; veja também o capítulo 13). Alguns estudiosos de profecia supõem que isto acontecerá em questão de dias, mas outros avaliam que se dará mais adiante, como 50 anos (embora esta opinião tenha sido anunciada há mais de 75 anos. Estamos conscientes de que, se esse autor estivesse vivo hoje, encurtaria sua estimativa para daqui a três anos, em vista dos muitos sinais novos do fim que têm vindo à luz durante nossa existência).

Admitindo-se que o pacto do anticristo com Israel será

firmado após o Arrebatamento por um tempo muito curto, nossa estimativa de três a dez anos é razoável. O gráfico seguinte, indicando as expressões mais importantes utilizadas em referência ao fim dos tempos, esclarecerá a forma como elas foram usadas pelos profetas, apóstolos e pelo Senhor. Observe que ele separa as que se referem a Israel daquelas que se referem somente à Igreja.

A Segunda Vinda de Cristo

Uma expressão semelhante ("depois") em Joel 2.28-32 refere-se a esse mesmo período de tempo. Ele é incluído aqui por sua grande relevância, pois profetiza que, durante aqueles "últimos dias", pouco antes e durante a septuagésima semana (a Tribulação) de Israel, do Arrebatamento ao Aparecimento Glorioso, o Espírito Santo será novamente derramado sobre a terra, como no dia de Pentecoste, levando milhões ao Salvador. Como as outras passagens, deve-se examinar o contexto para constatar o que significa. Neste caso, podemos esperar que o Espírito Santo mudará o coração das pessoas no início da

Tribulação, culminando com a segunda vinda de Cristo. Este derramamento acontecerá durante o ministério das 144 mil testemunhas de Israel de Apocalipse 7 (veja o capítulo 24), que vêem "uma grande multidão que ninguém podia enumerar" chegando à fé em Cristo.

Em resumo, "últimos dias", "fim dos tempos" e outras expressões, ou mesmo "depois", referem-se geralmente a qualquer ponto um pouco antes do Arrebatamento até o Aparecimento Glorioso. Enquanto estas referências podem relacionar-se com as tendências durante a era da Igreja, a maior parte delas aponta para os sete a dez ou mais anos, um período que indica o fim "dos tempos dos gentios" (veja o capítulo 5) até o fim da "Grande Tribulação" (veja o capítulo 14). Não é difícil discernir o que o escritor de uma destas muitas referências ao fim dos tempos quer dizer, se o leitor prestar firme atenção ao contexto.

TRÊS

São Estes os Tempos dos Sinais?

Desde que Jesus Cristo alertou seus seguidores de que os deixaria para voltar à casa de seu Pai no céu, prometendo voltar para recebê-los para si mesmo (João 14.1-3), os cristãos têm perguntado milhares de vezes: "Quando sucederão estas coisas e que sinal haverá da [sua] vinda?" (Mateus 24.3). O fato de Jesus não censurar os discípulos por fazerem as duas perguntas indica que Ele aprova nossa expectativa e vigilância pelos sinais de sua volta. Daniel, o grande profeta hebreu, fez perguntas semelhantes sobre os acontecimentos do final dos tempos no capítulo 12 de seu livro.

Um estudo da literatura profética, do primeiro século à atualidade, mostra que os cristãos que acreditam na Bíblia sempre estiveram interessados no "quando" e nos "sinais". É fato constatado que alguns comentaristas têm levantado teorias estranhas e chegado a conclusões que se provaram errôneas com o passar do tempo. Alguns imprudentes chegaram a estabelecer datas. Em outros casos, como aconteceu com os milenaristas em 1844, indivíduos têm causado grande transtorno à Igreja.

Entretanto, muitos foram mestres humildes da Palavra, que buscaram discernir os eventos indicativos de sinais em sua época, com a vã esperança de que sua geração testemunhasse o retorno de Cristo.

Isto não parece tão ruim. Embora algumas pessoas tenham ficado frustradas e desinteressadas de estudar profecia por Cristo não ter vindo em seus dias, outras foram levadas a reexaminar as Escrituras e tornaram-se mais conscientes de que Cristo *poderia* vir em sua geração. Isto, por outro lado, deixou-as mais conscientes de um viver santo em meio ao mundanismo de sua época, mais evangelistas e mais inclinadas à obra missionária. Sinceramente, penso que esta é a razão por que o próprio Deus, por meio de seu Filho Jesus, seus discípulos e outros que foram inspirados a escrever as Escrituras, legaram-nos 318 promessas do retorno de Cristo, o que torna a Bíblia, em quase 30% do seu conteúdo, essencialmente profética.

A História mostra que toda vez que a Igreja vive na expectativa de um iminente retorno de Cristo, seus membros tendem a viver para a Igreja e evangelizar ativamente os descrentes. A fase áurea da Igreja e do evangelismo pessoal foram dias de ensino de que Cristo poderia vir brevemente. Tal ensino envolveu, geralmente, um exame criterioso dos "sinais" da sua vinda, que os crentes pensavam que transcorreria em seus dias. As chamas do reavivamento que surgem e se apagam ao longo da história da Igreja têm sido muitas vezes associadas aos ensinos acerca da segunda vinda de Cristo, incluindo os "sinais dos tempos".

UMA PALAVRA DE ADVERTÊNCIA SOBRE OS SINAIS

A Bíblia ensina que "a vossa moderação [deve ser] conhecida de todos os homens" (Filipenses 4.5). Um estudo sobre "sinais" do fim dos tempos ou da segunda vinda de Cristo deve ser considerado sempre com certa restrição. Os fixadores de datas devem ser descartados ou, melhor ainda, rechaçados como falsos mestres. Tal anúncio é enganoso, pois trata-se de uma tentativa de estabelecer datas para o retorno de Cristo ignorando a própria advertência do Senhor Jesus.

A respeito daquele dia e hora ninguém sabe, nem os anjos dos céus, nem o Filho, senão o Pai (Mateus 24.36).

Não vos compete conhecer tempos ou épocas que o Pai reservou pela sua exclusiva autoridade (Atos 1.7).

Bastam estes dois versículos para advertir-nos de que qualquer pessoa que sugerir uma data para a segunda vinda de Cristo incorre em erro. Entretanto, o Senhor *disse* na parábola da figueira que *podemos* conhecer a ocasião aproximada da sua vinda. Como disse Jesus: "Assim também vós: quando virdes todas estas coisas, sabei que está próximo, às portas" (Mateus 24.33).

Uma intuição popular é que a vinda de Cristo, que será repentina, quando muitos não estarão prontos para recebê-lo, ocorrerá quando aqueles que conhecem sua Bíblia têm boa razão para crer que Ele poderia vir em sua geração.

Temos, realmente, algumas fortes razões para supor que nossa geração tem mais motivos para crer que Ele pode vir em nossa época mais provavelmente que qualquer outra geração anterior! Entretanto, apesar de haver hoje vários sinais do fim, recusamo-nos a fixar limites sobre o período. Enfatizamos, porém, que alguns desses sinais não existiam meia geração passada.

Inicialmente, porém, desejamos afirmar categoricamente que nos recusamos a predizer que Cristo *virá* nos dias atuais, pois Ele pode retardar sua vinda para daqui a 50 anos ou mais. Não obstante, cremos que a evidência aponta para o contrário. Citaremos palavras de cientistas e outros que não vêem possibilidade para a continuação da existência neste mundo. Com a avalanche de problemas que já existem, algumas vozes expressivas têm declarado suas dúvidas de que nosso conturbado planeta tenha um futuro estimado de mais 25 a 50 anos.

Consideramos expressivo o fato de estudiosos de profecia bíblica terem chegado ao mesmo ponto de vista quase simultaneamente com seus equivalentes do mundo secular. Comparando as conclusões destes dois grupos dessemelhantes, somos levados a imaginar que estes "tempos dos sinais" indicam de modo surpreendente que "o fim dos tempos" está sobre nós; o tempo do retorno de Cristo para estabelecer seu reino parece estar perto. A razão é óbvia: Ele é o único capaz de desemaranhar o estado de confusão ao qual este mundo foi lançado pelo homem.

ALGO IMPORTANTE ESTÁ PARA ACONTECER

Por mais de 1.900 anos, Deus tem evitado intencionalmente intervir nas atividades dos homens, da forma como Ele fazia nos dias do antigo Israel. Evidentemente, houve muitos milagres nesta fase da História, mas eles, em sua maioria, foram restritivos aos crentes, e, mesmo assim, suas intervenções nem sempre têm levado os céticos a reconhecer sua existência. Durante estes anos, Ele tem limitado as expressões de sua existência fundamentalmente à criação, às Escrituras, à vida e ensinos de seu Filho, e ao poder da cruz, à medida que vidas humanas aproximam-se dele com fé.

Enquanto ouvimos muito sobre as deficiências da Igreja atualmente, milhares há no corpo de Cristo que estão realizando a boa obra de levar sua mensagem aos habitantes deste mundo. Isto ocorre porque há um número incrível de pessoas convertendo-se a Deus hoje, em todos os quadrantes da terra. A Igreja é considerada o "candelabro" ou a luz do mundo para esta época, e alguns na Igreja têm feito um trabalho extraordinário para cumprir seu destino.

Isto deve mudar, à medida que entrarmos no "tempo do

fim". Tão logo a Igreja seja arrebatada (veja o capítulo 9), Deus começará novamente a intervir visivelmente nas atividades humanas. A Rússia e seus aliados descerão para destruir a nação de Israel, porém serão eles mesmos destruídos sobrenaturalmente por Deus (Ezequiel 38-39; veja o capítulo 8). Ninguém sabe com certeza se isto ocorrerá antes ou depois do Arrebatamento; pode acontecer de uma ou de outra forma. Duas coisas são evidentes: o ataque russo e o Arrebatamento serão as ocorrências número um e dois dos tempos finais. Elas serão seguidas do surgimento do Anticristo (veja o capítulo 21), do dia da ira de Deus (veja os capítulos 12-14), das duas testemunhas (veja o capítulo 22), dos 144 mil evangelistas judeus (veja o capítulo 24), e de muitos outros atos da intervenção divina durante a Tribulação. Haverá muitos sinais de que o ateísmo não será difundido durante aquele período; assombrosamente, ele será suplantado pela rebelião aberta e ruidosa contra Deus.

A Tribulação será seguida da intervenção majestosa de Deus no glorioso retorno de Cristo à terra (veja o capítulo 15) para estabelecer seu reino milenar (veja o capítulo 16), seguindo-se o céu ou a eternidade (veja o capítulo 19).

O "tempo do fim", como o chamou Daniel, ou "os últimos dias", como os apóstolos expressaram, é aquele curto período de sete a dez ou mais anos de enorme mudança para este mundo, quando o Deus Todo-Poderoso trará esta era ao fim mediante sua intervenção sobrenatural. O povo de Deus precisa estudar os textos proféticos, de modo a poder estar preparado e também ajudar outros a se prepararem para sua vinda.

A boa notícia é que este mundo não terminará em caos, como predizem os secularistas. A Bíblia diz que Cristo virá para resolver os problemas do mundo, inaugurando o maior período da sua história, o seu reino milenar. Embora não saibamos com certeza se isto ocorrerá em nossa época, temos mais razão para crer nisto que qualquer geração na história pregressa da igreja.

EXISTEM HOJE MAIS SINAIS DA VINDA DE CRISTO DO QUE EM QUALQUER OUTRA FASE DA HISTÓRIA

Jesus censurou as pessoas de seu tempo por falharem em reconhecer os "sinais dos tempos" que anunciaram sua primeira vinda (Mateus 16.3), chamando-as de "geração má e adúltera". Elas deveriam ter discernido os tempos, pois séculos antes Daniel e outros profetas hebreus tinham predito sua vinda. Simeão e Ana, mencionados em Lucas 2, encontraram em seus estudos dessas profecias causa suficiente para induzi-los a ir ao templo, onde encontraram o Cristo infante.

Quanto mais razão temos hoje para reconhecer os sinais da sua segunda vinda! Estamos rodeados de tantos sinais evidentes que uma pessoa seria cega se não os visse – embora alguns teimem em não reconhecê-los, mesmo quando sua atenção é despertada para eles. De fato, meu livro *The Beginning of the End* (O Começo do Fim), cuja primeira edição saiu em 1972, sendo reeditado em 1991, alertou-os para esta realidade. Muitas mudanças nos 27 anos desde a primeira publicação deste livro trouxeram somente a confirmação de que estamos, realmente, vivendo os momentos dos "sinais dos tempos". Nunca na História tantos sinais legítimos evidenciaram o retorno de Cristo.

Dizemos sinais *legítimos*, pois há uma diferença entre os sinais verdadeiros, baseados na Bíblia, e aqueles que são insinuados ou imaginados. Em 1996, um pregador popular da televisão escreveu um livro de muito sucesso, instigado pelo assassinato cruel do estadista de Israel Yitzhak Rabin. O livro, baseado em alguma importância imaginária da assinatura de Rabin no acordo de paz, dois anos antes, considerou sua morte prematura um sinal do fim. A verdade é que a morte de Rabin ou de outro líder mundial significa somente a anarquia predita na Bíblia para o fim da era. Nenhuma passagem bíblica importante associa qualquer líder específico para qualquer tratado de paz até o anticristo ser revelado e assinar um acordo de paz de sete anos com Israel

(Daniel 9.27; veja o capítulo 12). Isso *teria sido* um sinal do fim – mas não o assassinato de Yeltsin, Arafat, Clinton, ou qualquer outro líder mundial do momento, por mais proeminente que seja.

SINAIS SÃO COMO RELÓGIOS DE PONTO

Há mais de 30 anos, uma revista nacional de ciência estampou na capa um relógio com ponteiros marcando cinco minutos para as 12h, uma forma que o editor encontrou para dramatizar que a civilização estava aproximando-se rapidamente da meia-noite da sua autodestruição. As edições subseqüentes daquela revista mostravam o ponteiro movendo-se cada vez mais para perto da meia-noite. Alguns dos escritores da mesma opinião chegaram a popularizar a expressão "o fim da História". Asseveravam que a destruição da terra dar-se-ia por meio da poluição, superpopulação, aniquilação nuclear, ou alguma outra catástrofe acima do poder de solução dos líderes e governos do mundo.

Gostaríamos de usar essa mesma ilustração para destacar os sinais que têm proliferado desde a primeira manifestação no cenário mundial, há mais de 80 anos. Os ponteiros de nosso relógio começam a marcar a partir das 11h, para realçar quão próximo podemos estar do "fim dos tempos". Cada vez que você olhar para este símbolo, procure a informação sobre o outro "sinal", que mostra que o mundo está se aproximando do "fim", quando Cristo virá.

1948 Israel
Ezequiel 37

Dois sinais preditos pelo profeta Daniel para o "tempo do fim" seriam óbvios: o incremento das viagens e o progresso da ciência [conhecimento]. Desde 1914, quando a velocidade média dos carros era de cerca de 24 a 32km por hora, até hoje,

**O Incremento das Viagens e o Progresso da Ciência
Daniel 12.4**

quando foguetes atingem uma velocidade de cerca de 38.000km por hora, o homem tem alcançado um saber notável. Por que estes dois sinais são mencionados juntos? Porque estão inter-relacionados. A velocidade ou rapidez nas viagens é uma decorrência do avanço científico de nossa época. Mais do que em qualquer tempo antes, os homens estão "[correndo] de cá para lá" (Daniel 12.4), exatamente como a Bíblia previu que ocorreria no "tempo do fim".

QUATRO

O Sinal da Sua Vinda

É quase impossível exagerar a importância do sermão de nosso Senhor no monte das Oliveiras, registrado em Mateus 24-25 (com versões abreviadas em Marcos 13 e Lucas 21). Não somente o consideramos a profecia mais importante dos eventos futuros, como cremos que ele proporciona um esboço do futuro para o qual todas as seções proféticas devem convergir. É como um varal, no qual todas as outras profecias devem ser penduradas. Uma compreensão desta passagem é essencial para um entendimento correto das outras passagens proféticas da Bíblia.

UM CONTEXTO HISTÓRICO ÚNICO

Embora todas as partes do sermão do monte das Oliveiras englobem uma extraordinária pré-estréia do futuro, os primeiros versículos do sermão de Jesus oferecem-nos um contexto histórico único, que nos capacita a perceber quando os grandes acontecimentos que ele descreve estão prestes a ocorrer:

> Tendo Jesus saído do templo, ia-se retirando, quando se aproximaram dele os seus discípulos para lhe mostrar as

construções do templo. Ele, porém, lhes disse: Não vedes tudo isto? Em verdade vos digo que não ficará aqui pedra sobre pedra que não seja derribada. No monte das Oliveiras, achava-se Jesus assentado, quando se aproximaram dele os discípulos, em particular, e lhe pediram: Dize-nos quando sucederão estas coisas e que sinal haverá da tua vinda e da consumação do século. E ele lhes respondeu: Vede que ninguém vos engane. Porque virão muitos em meu nome, dizendo: Eu sou o Cristo, e enganarão a muitos. E, certamente, ouvireis falar de guerras e rumores de guerras; vede, não vos assusteis, porque é necessário assim acontecer, mas ainda não é o fim. Porquanto se levantará nação contra nação, reino contra reino, e haverá fomes e terremotos em vários lugares; porém tudo isto é o princípio das dores (Mateus 24.1-8).

DEVEMOS ACEITÁ-LO LITERALMENTE?

Algumas vezes, quando as pessoas procuram compreender os textos proféticos, ficam inseguras quanto a se devem ler as passagens bíblicas de forma literal ou mais simbólica. Podemos ser gratos porque as palavras do Senhor no monte das Oliveiras começaram com um padrão pelo qual podemos determinar como devemos ler o restante do seu sermão.

Nos dois primeiros versículos de Mateus 24, os discípulos, orgulhosos, contemplaram o edifício do templo e chamaram a atenção do Mestre para ele. Com certeza, esperavam que Ele ficasse admirado e fizesse coro com eles. Dizer que o Senhor permaneceu indiferente ao que via é julgá-lo insensível. "Não vedes tudo isto?", perguntou aos discípulos, certamente contemplando as majestosas estruturas ao seu redor. "Em verdade vos digo que não ficará aqui pedra sobre pedra que não seja derribada."

Temos aqui uma importante prova documental. Nestes versículos, Jesus profetizou não somente que o templo seria destruído, mas que sua ruína seria tão completa que sequer uma pedra ficaria sobre outra.

A História registra que as palavras do Senhor cumpriram-se *ao pé da letra* no ano 70 d.C. Nesse ano, o exército romano, sob o comando de Tito, destruiu a cidade de Jerusalém. O fogo alastrou-se por toda a cidade e também na própria área do templo. Quando o incêndio se extinguiu, os soldados notaram que grande quantidade de ouro havia derretido e escorrido pelas frestas dos blocos do templo. Para recuperar o precioso metal, os romanos tiveram de desmantelar tudo, pedra por pedra. Desta forma, cumpriu-se literalmente a profecia de Jesus: nenhuma pedra ficou agregada a outra. A demolição foi total.

Algumas daquelas pedras foram mais tarde usadas para erigir o muro que vemos hoje perto da fralda do monte do Templo. Toda vez que vemos imagens do Muro das Lamentações em Jerusalém – um santuário que pode ser visto todos os dias pela Internet (www.thewall.org) –, constatamos a perfeita exatidão da predição de Jesus. E, com isto, podemos inferir que o restante das palavras do monte das Oliveiras devem ser, igualmente, assim interpretadas.

QUAL SERÁ O SINAL?

Devemos aos discípulos a oportuna pergunta a Jesus sobre este ponto crucial. "Que sinal haverá da tua vinda e da consumação do século?" Em sua resposta, nosso Senhor revelou vários "sinais" importantes que caracterizarão a vida sobre a terra na iminência de seu retorno. Cremos que alguns destes sinais já se cumpriram e que o tempo do fim pode estar perto, provavelmente em nossa geração.

É importante observar as duas primeiras advertências que Jesus fez aos discípulos (e a nós) em Mateus 24.4-26:

1. "Vede que ninguém vos engane. Porque virão muitos em meu nome, dizendo: Eu sou o Cristo, e enganarão a muitos."
2. "Ouvireis falar de guerras e rumores de guerras."

Consideremos ambas as advertências, iniciando com a primeira.

1. O "Sinal" do Engano

O fim dos tempos será cheio de enganos – acredite. Jesus Cristo o predisse. Pelo menos seis vezes, em seu sermão profético no monte das Oliveiras, nosso Senhor alertou seus discípulos contra os mestres falsos e os enganadores.

- "Vede que ninguém vos engane" (24.4).

- "Porque virão muitos em meu nome, dizendo: Eu sou o Cristo, e enganarão a muitos" (24.5).

- "Levantar-se-ão muitos falsos profetas e enganarão a muitos" (24.11).

- "Então, se alguém vos disser: Eis aqui o Cristo! Ou: Ei-lo ali! Não acrediteis" (24.23).

- "Porque surgirão falsos cristos e falsos profetas operando grandes sinais e prodígios para enganar, se possível, os próprios eleitos" (24.24).

- "Portanto, se vos disserem: Eis que ele está no deserto!, não saiais. Ou: Ei-lo no interior da casa!, não acrediteis" (24.26).

Naturalmente, sempre têm surgido falsos mestres, pois este é o meio de Satanás para deturpar as verdades de Deus. Jesus chamou-o de "enganador" e "mentiroso", declarando que ele tem sido mentiroso desde o princípio. Eis a razão por que temos tantos rituais, religiões e outros *ismos*, que alegam possuir uma base para suas crenças. Quando Satanás não consegue levar pessoas à descrença ou completa rebeldia contra Deus, ele as arrebanha para alguma doutrina falsa, levando-as ao desvio. Nada disto é novidade.

Quem pode negar que, para qualquer lugar que olhemos hoje, encontramos o engano cada vez mais forte e prevalecendo? É raro passar uma semana sem que alguém não nos escreva tentando convencer-nos de algum ensino novo que esteja fora da Escritura ou que se desvie do seu sentido original.

O Dr. M. R. DeHaan, conhecido professor de Bíblia, com seus 50 a 60 anos, escreveu:

> Nunca antes, em toda a História, houve tantas divisões na cristandade. Há hoje cerca de 350 denominações, seitas e cultos somente no protestantismo dos Estados Unidos. Todos alegam que estão certos e que todos os outros estão errados.[1]

Em seguida, acrescenta ele: "Diz-se que uma nova seita surge, pelo menos uma vez, a cada mês, nos Estados Unidos, e que, por mais fantástico e exótico que seja o seu ensino, ou por mais disparatadas que sejam suas argumentações, há sempre aqueles que estão dispostos a ser enganados."[2]

E isto foi escrito há mais de 40 anos! Imagine-se o que ele diria hoje com todas as atividades ocultistas e espiritualistas que se multiplicam a cada dia. Há poucos anos, tivemos todos de ouvir as trágicas histórias de vários extremistas, cujos ensinos falsos e bizarros levaram à morte centenas de pessoas: os seguidores de Jim Jones, na Guiana, 1978; David Koresh e os davidianos, no Texas, 1993; e o grupo Porta do Céu, no sul da Califórnia, 1997.

Mas a destruição de vidas é apenas uma forma do engano do fim dos tempos. O que dizer da destruição da fé bíblica? Como disse nosso Senhor: "Não temais os que matam o corpo e não podem matar a alma; temei, antes, aquele que pode fazer perecer no inferno tanto a alma como o corpo" (Mateus 10.28). Por trágica que seja a perda da vida, pior é perder a pessoa sua alma. Os falsos mestres, alguns dos quais usam drogas para induzir seus discípulos a "abrir" suas mentes "para um novo pensamento", estão hoje levando milhares de jovens para a perdição. E isto não inclui os grupos cúlticos OVNI (objetos voadores não identificados), que estão proliferando atualmente.

> O século XX chegou ao fim, e, de permeio com a vida espiritual, há uma estranha fosforescência. Como foi predito, a proximidade do ano 2000, no qual entramos, está persuadindo todos os desvairados a deixar sua atividade, trazendo com eles uma ansiedade híbrida de espiritualidade e obsessão *pop*, em parte cristã, em parte mística asiática, em parte gnóstica, em parte Arquivo X... temos visto a besta do Apocalipse.[3]

Esperamos que a atividade enganosa aumente com o limiar do novo milênio – especialmente se estes forem os "últimos dias" de que os profetas tanto falaram.

Em 1982, eu estava falando em uma conferência sobre profecia no Hume Lake Christian Camps, Califórnia. O administrador da livraria do *campus* procurou-me para saber o que eu pensava sobre um anúncio de página inteira no diário *Los Angeles Times*, anunciando a chegada do "Cristo Maitreia", vindo da Inglaterra. Como milhares antes dele, houve alvoroço e exacerbação, e não pouca especulação, mas nada de substancial. Ele não trouxe ao mundo a paz que prometeu.

O fato de o engano e os falsos ensinos estarem crescendo não deve surpreender-nos. Não foi somente o Senhor que os anunciou, mas assim também fez o apóstolo Paulo. Ele esclareceu: "O aparecimento do iníquo [anticristo] é segundo a eficácia de Satanás, com todo poder, e sinais, e *prodígios da mentira,* e com todo *engano* de injustiça aos que perecem, porque não acolheram o amor da verdade para serem salvos" (2 Tessalonicenses 2.9-10, ênfase acrescentada). No Apocalipse, o apóstolo João adverte seus leitores várias vezes contra os ensinos falsos, a religião falsa, e mesmo um falso profeta oficial, que leva as pessoas a extraviar-se aos milhões durante a Tribulação.

O tempo de maior engano que o mundo jamais enfrentou ou enfrentará é o da Tribulação de sete anos, quando a peleja entre Deus e Satanás pelas almas dos seres humanos atingirá o seu auge. Satanás sairá a campo com espíritos enganadores, sinais e prodígios de mentira poderosos o suficiente até mesmo para enganar os próprios eleitos. Embora esse período ainda não tenha chegado, é altamente provável que falsos mestres e enganadores comandados por Satanás já estejam no mundo, operando sua mágica enganadora sobre as mentes e emoções das pessoas.

Um ditado bem conhecido cabe aqui: "Os acontecimentos futuros lançam sua sombra antes deles." O engano continuará a crescer à medida que se aproximam os tempos finais. Conseqüentemente, é imperativo que o povo de Deus esteja bem informado acerca do que o futuro reserva para este mundo, de modo que os fiéis não venham a cair no engodo. Sugerimos os seis passos seguintes:

A. *Conheça sua Bíblia!* Jesus disse que "a verdade vos libertará". A Bíblia é a verdade de Deus. Quanto mais você conhecê-la, mais preparado estará para resistir às artimanhas de Satanás. A leitura diária das Escrituras, especialmente o Novo Testamento, é um imperativo para cada cristão que deseja conhecer a verdade. Estude a profecia bíblica, tanto das Escrituras como também dos estudiosos de profecia em que você confia.

B. *Prove os espíritos!* (1 João 4.1) Tudo com que nos depararmos para nosso ensino deve condizer com a Escritura. Eis por que você deve estudar a Bíblia regularmente, de maneira que possa testar qualquer novo ensino pela Escritura. Outra pergunta importante a fazer é esta: O que você crê a respeito de Jesus? Muitos falsos mestres têm uma visão distorcida de Jesus. Alguns são ruidosamente falsos; os mais perigosos o aceitarão como um deus, mas não Deus em carne humana. Nunca confie em qualquer mestre que não acredite no nascimento virginal de Jesus, em sua vida sem pecado, em sua morte sacrificial, ressurreição corpórea e promessa de retornar fisicamente a este mundo. Pergunte sempre: Tal mensagem ou ensino glorifica a Jesus? (Veja João 16.13-14.) Reiterando: o lugar que um mestre dá a Jesus é fundamental. Os mestres mais perigosos são aqueles que falam bem dele, mas não o exaltam em reconhecê-lo como nosso objeto especial de adoração, amor e serviço.

C. *Busque a direção de Deus na vida e no ensino!* (Provérbios 3.6) O Senhor deseja dirigir e instruir seus filhos. Se você deseja ser guiado por Deus, Ele o conduzirá à verdade.

D. *Evite a imoralidade!* Nada anuvia tanto a mente como a lascívia e o pecado. Ambos enfraquecem e perturbam o raciocínio sobre questões eternas.

E. *Manifeste sua fé enfaticamente diante dos outros!* Este mundo nunca esteve tão confuso religiosamente. Ao testemunhar sua fé aos outros, você fortalece suas próprias convicções e ajuda muitos daqueles a quem testemunha.

F. *Ande no Espírito!* (Efésios 5.17-21) Todos os cristãos de todos os tempos devem andar no Espírito, pois Paulo diz que é esta a vontade do Senhor (versículo 17). Quando o Espírito enche e usa sua vida, Ele o torna mais sensível tanto à verdade quanto ao erro.

Muitos mestres falsos são dotados de um carisma natural, que, à primeira vista, parece extraordinariamente espiritual e iluminado. Mas, seguindo os passos esboçados acima, o Espírito Santo dentro de você testemunhará ao seu espírito se um mestre está ministrando verdade ou erro. Tenho visto isto ocorrer em minha própria vida.

Todos os meses, recebo uma "profecia" de quatro a seis páginas de certa mulher que se apresenta como uma "profetisa do fim dos tempos". No começo, li suas cartas para comparar seus ensinos com os da Escritura. Finalmente, concluí que ela era uma falsa profetisa, porque freqüentemente contradizia as Escrituras. Você pode estar seguro de uma coisa: Sendo Deus o autor da Bíblia, Ele nunca inspirou seus verdadeiros profetas a ensinar qualquer coisa contrária ao que Ele já havia inspirado aos seus profetas, seu Filho ou seus apóstolos a registrar no Velho e Novo Testamentos.

2. O "sinal" de guerras e rumores de guerras

Você sabia que já houve aproximadamente 15 mil guerras nos registros da história humana? Os seres humanos sempre tiveram a ambição de ajustar contas ou expandir seu território por meio da carnificina da guerra, mas no século XX, em particular, as guerras têm sido muito mais sangrentas do que em qualquer século precedente. Muito mais pessoas morreram em guerras durante os últimos 100 anos do que em todos os séculos anteriores. E as guerras ainda continuam alastrando-se.

Confrontos étnicos brutais têm-se desencadeado ao redor do mundo – na África, Ásia, Europa Oriental, Índia, nos territórios da antiga União Soviética, e em outras partes – além dos lugares em que a situação é fervente, onde há constantes manobras militares e ameaças de conflitos bélicos.

Diante deste quadro, o que nos ensina Jesus a responder a tais relatos?

"Não vos assusteis", disse Ele. E por que não devemos assustar-nos? Duas razões:

1. "...é necessário assim acontecer",
2. "...mas ainda não é o fim" (Mateus 24.6).

Evidentemente, as guerras não são "os sinais" do fim! O fato, porém, é que Cristo *inseriu* o assunto da guerra na resposta à pergunta dos discípulos: "Quando sucederão estas coisas e que sinal haverá da tua vinda e da consumação do século?" Isto pode significar somente que "o sinal" teria de ser um tipo especial de guerra.

A PRIMEIRA EXPRESSÃO: UM TIPO ESPECIAL DE GUERRA
Novamente, recordemos as palavras de Jesus em Mateus 24.7-8, em resposta à pergunta de seus discípulos sobre o fim dos tempos:

> Porquanto se levantará nação contra nação, reino contra reino, e haverá fomes e terremotos em vários lugares; *porém tudo isto é o princípio das dores* (ênfase acrescentada).

Nosso Senhor usou aqui duas expressões hebraicas, a fim de que seus amigos judeus entendessem prontamente. A primeira, baseada em 2 Crônicas 15.1-7 e Isaías 19.1-2, é "nação contra nação, reino contra reino". Jesus aludia a uma guerra iniciada entre duas nações às quais os reinos circunvizinhos se aliariam, até que todas as nações envolvidas na visão são incluídas. Em Mateus 24, nosso Senhor tinha em vista o mundo. Por isso, Ele está dizendo: "Quando virdes começar uma guerra entre duas nações, às quais se aliem os reinos do mundo –

seguindo-se fome, pestilência e muitos terremotos ao mesmo tempo –, tereis *o sinal.*"

Entendemos que foi exatamente isso o que ocorreu em junho de 1914, quando o arquiduque da Áustria, Francisco Ferdinando, foi baleado por um sérvio fanático na mesma área do mundo onde há pouco tempo a força de paz da ONU instalou-se para impedir que sérvios e croatas se matassem mutuamente. Um mês depois, a Áustria declarou guerra à Sérvia, seguida logo depois de outros reinos do mundo, até que todos, menos sete nações, uniram-se oficialmente para o conflito (e até os sete países "neutros" enviaram mercenários). De início, os historiadores chamaram-na oficialmente de "a Grande Guerra", pois, na verdade, naquele ponto se tornara a maior guerra da história humana. A guerra envolveu um contingente de soldados incomparavelmente maior (estimado em 53 milhões, 13 milhões dos quais foram mortos) do que o total das tropas empregadas em todas as guerras antecedentes. Mas não ficou só nisso: incalculável número de civis de ambos os lados foram feridos ou mortos nos bombardeios e escaramuças. Não muitos anos depois, a denominação original da guerra foi substituída por outra ainda mais descritiva, Primeira Guerra Mundial, cumprindo-se, assim, a primeira expressão que nosso Senhor usou para identificar "o sinal".

Entretanto, se o que aconteceu em 1914–1918 fosse tudo isto, não seria suficiente para cumprir toda a profecia do nosso Senhor. Lembre-se de que Ele acrescentou: "...haverá fome e terremotos em vários lugares." Uma visão retrospectiva da História revela que a epidemia da *influenza* de 1918 espalhou-se por toda a Europa, Canadá e Estados Unidos, tendo causado mais mortes que nos campos de batalha. Na Europa, muito desta vulnerabilidade à doença deveu-se à má nutrição e à fome, como resultado da guerra. Na realidade, por causa desta aguda falta de alimento gerada pela Primeira Guerra, os agricultores foram isentos do serviço militar na Segunda Guerra Mundial.

Assim, três partes do primeiro sinal que Jesus deu aos discípulos – um tipo de guerra, fome e pragas – foram cumpridas no início do século XX. A quarta parte, numerosos tremores de terra ao mesmo tempo, é mais difícil de definir claramente. Entretanto, como afirmei em meu livro de 1972, *The Beginning of the End* (O Começo do Fim):

> Tenho lido as estatísticas de que certos tremores de terra, como os que ocorreram no Baluchistão, Paquistão Ocidental, em 31 de maio de 1935, foram os "mais devastadores em toda a História", mas esse recorde foi ultrapassado várias vezes desde então. Os principais abalos sísmicos ocorridos desde a Primeira Guerra Mundial incluem lugares como a província de Kansu, China; Tóquio, Japão; Irã; Índia; Peru; Taiwan; e sul da Califórnia. Os únicos tremores de terra múltiplos na História foram registrados depois da Primeira Guerra Mundial. Por exemplo, durante os tremores na Turquia, reflexos semelhantes ocorreram na África, América do Sul, Carolina do Sul e no sul da Califórnia. Durante um prolongado tremor em Helena, Montana, houve reflexos semelhantes em Nova York e Honduras.[4]

Por causa de sua assustadora intensidade, os tremores de terra foram sempre considerados um sinal do juízo de Deus, ao menos desde Sua destruição de Sodoma e Gomorra. Os terremotos têm sido o meio de Deus chamar a atenção do homem. Quando as coisas vão bem e o homem sente-se seguro, ele raramente pensa em Deus. Entretanto, quando seus arranha-céus "à prova de tremor de terra" começam a balançar, o homem olha para algo maior do que ele. O tremor de terra vigoroso horroriza o homem. E bem que deve!

Por ocasião dos festejos natalinos, falei no Rotary Club, em San Diego, convidado pelo Dr. Ron Jones, um dentista e novo convertido a Cristo. Ele tinha servido como presidente por um ano, e, na sua última reunião, quis "compartilhar um testemunho com os pais da cidade". Pelo menos 700 pessoas estavam reunidas para um almoço. Muitos pareciam entediados com minha apresentação evangélica... até ocorrer um tremor de terra. Os pratos chocalhavam, a água transbordava dos copos, e os lustres oscilavam de um lado para outro. A luz das lâmpadas diminuiu momentaneamente. Todos do sul da Califórnia reconhecem esta sensação, porque temos ali tremores ocasionais. Repentinamente, eu tinha arrebatado a atenção de todos! Tal como a vida de um homem parece diferente em uma cama de hospital, assim ele se sente mais inseguro durante um tremor de terra. Cremos que o fim dos tempos, tanto antes da Tribulação como durante o seu transcurso, será caracterizado por um aumento desses tremores espantosos.

Alguma coisa incomum está acontecendo com o planeta Terra!

Um sismólogo do Scripps Research Center, em La Jolla, Califórnia, disse: "É quase como se os platôs da terra estivessem deslocando-se em antecipação ao maior dos terremotos do mundo." No Apocalipse de João, o apóstolo previu que os piores terremotos a sacudir o planeta ocorreriam durante a Tribulação. Se o sismólogo de La Jolla estava descrevendo os terremotos aludidos em Apocalipse 6, 11 ou 18, está ainda para ser determinado. Mas quem pode duvidar de que estamos vendo a terra sendo preparada para os julgamentos de Deus como foram prenunciados para a Tribulação?

Quando todas as quatro partes deste "sinal" são consideradas em conjunto, cremos ser razoável a conclusão de que nosso planeta já tem testemunhado o começo do fim.

A SEGUNDA EXPRESSÃO HEBRAICA

O equívoco que muitos estudiosos de profecia cometem ao rejeitar a Primeira Guerra Mundial (e suas catástrofes subseqüentes) como cumprimento do "sinal" mencionado em Mateus 24.3 relaciona-se ao tempo. Todos consideram que "a Grande Guerra" não anunciou o tempo do fim, pois apenas 22 anos depois o mundo foi arrastado para a Segunda Guerra Mundial. Jesus não disse que o sinal anunciaria o fim, mas "tudo isto [as quatro partes do único sinal] é o princípio das dores" (Mateus 24.8). Esta é a segunda expressão hebraica usada por Jesus. Esta expressão "princípio das dores" foi usada por quatro dos profetas hebreus para descrever uma mulher em dores de parto e a dor que Israel sofreria no final dos tempos.[5]

A menos que o parto de uma mulher seja cirúrgico, suas "dores... para dar à luz" refletem as da mãe Eva após seu pecado e expulsão do jardim do Éden. Sua primeira dor de parto não significa que seu bebê nascerá imediatamente; na realidade, ela pode ter 30 ou 50 dores, algumas das quais podendo estender-se até o outro dia, antes de dar à luz. Em muitos casos, essas dores seguem um padrão: A primeira dor de parto anuncia-lhe que seus nove meses de espera estão quase terminando. Entretanto, em muitos casos, ela não conta com o nascimento da criança imediatamente; ela espera outra dor de parto. E, quando ela vem, espera por outra. Quando, por fim, tais dores começam a ficar mais intensas e regulares, então ela e seu marido sabem que o nascimento do bebê está próximo.

A Primeira Guerra Mundial não sinalizou que deveríamos esperar a vinda imediata de Cristo ou "o fim dos tempos". Ela indicou que deveríamos esperar por mais dores de parto. E é nossa tese que muitos outros sinais de dores de parto têm surgido durante estes mais de 80 anos desde a Primeira Grande Guerra. Muitos deles evoluíram daquele primeiro "sinal" – até hoje as "dores de parto" são muito intensas – e podem mesmo estar na última fase. Se assim for, "o fim" pode estar se aproximando rapidamente. Na verdade, pode ser como Jesus disse: "...está próximo, às portas" (Mateus 24.33).

CINCO

Jerusalém e Israel:
O Centro da Atenção do Mundo

Pareceu-lhe estranho alguma vez que quase todas as noites, nos noticiosos da televisão, os olhos do mundo estivessem voltados para um pequeno país de cinco milhões de habitantes no Oriente Médio? Apenas recentemente a China, país de 1,2 bilhão de habitantes, ganhou o reconhecimento nas notícias internacionais. Muito raramente, a Cidade do México, um dos maiores centros populacionais do mundo, atrai a atenção internacional. Cingapura está de igual modo fora das notícias, a despeito do que um missionário em Cingapura me disse há vários anos: "Se você traçar um círculo de cerca de 3500km em volta desta ilha, abrangerá 50% da população mundial."

Esses enormes centros demográficos mundiais ficam continuamente fora do noticiário, mas passa uma semana *sem* que Israel e Jerusalém ocupem as manchetes do mundo? Por que esta focalização extraordinária sobre um pequeno país do Oriente Médio?

A resposta é, simplesmente, que os profetas hebreus e cristãos tinham muito a dizer sobre Israel e Jerusalém nos últimos tempos.

O vale de Megido está lá, provavelmente o mais famoso vale do mundo, onde duas batalhas finais serão travadas. Os aliados mediterrâneos e árabes da Rússia entrarão na batalha ali, e Jerusalém – mencionada em profecias mais do que qualquer outra cidade sobre a face da terra – será um tormento para o restante do mundo – tal como parece atualmente.

Visitamos essa cidade, e, embora seja o berço de muitos lugares sagrados – tais como o tradicional monte Calvário e o túmulo no jardim onde acredita-se que Jesus ressurgiu dos mortos –, ela não é, na verdade, um lugar bonito. Está transbordando de gente, de mau cheiro e é extremamente barulhenta. Ela foi construída, destruída e reconstruída mais do que qualquer outra cidade, e hoje está prosperando. Diferente de outras cidades do mundo, Jerusalém não é famosa por ser banhada por um grande rio que corra através dela, nem mesmo tem um porto que a conecte às grandes rotas de navegação do mundo; na verdade, está a muitos quilômetros do aeroporto mais próximo. Ela não é o centro político de algum corpo governamental do mundo ou um grande centro financeiro, porém, mesmo assim, continua sendo o centro da atenção do mundo.

JERUSALÉM É UMA "PEDRA PESADA"

Por meio do profeta Zacarias, Deus anunciou para o tempo do fim:

> Eis que eu farei de Jerusalém um cálice de tontear para todos os povos em redor e também para Judá, durante o sítio contra Jerusalém. Naquele dia, farei de Jerusalém uma pedra pesada para todos os povos; todos os que a erguerem se ferirão gravemente; e, contra ela, se ajuntarão todas as nações da terra (Zacarias 12.2-3).

Um dos maiores problemas para os que planejam um governo

mundial único é o que fazer com a Palestina. Os cinco milhões de judeus que vivem lá não estão dispostos a entregar sua soberania às Nações Unidas ou aos Estados Unidos, ou a qualquer outro país; a lembrança do Holocausto está ainda muito viva em sua memória. Os judeus fizeram seu último lance. Eles tornam isto claro a qualquer um que queira ouvir – e assim fará o Deus da profecia.

A importância da proeminência de Jerusalém no fim dos tempos não está perdida para o Dr. John Walvoord, deão de todos os especialistas contemporâneos em profecia. Ele escreve: "As profecias sobre Jerusalém deixam claro que a Cidade Santa estará no centro dos acontecimentos do mundo no final dos tempos... O conflito entre Israel e os árabes palestinos chamará cada vez mais a atenção para Jerusalém... Em todas estas situações, Jerusalém é a cidade a ser observada, enquanto a cidade do destino profético prepara-se para desempenhar seu papel final. Espera-se que cada vez mais toda a situação do mundo encaixe-se no molde que a profecia indica... Parece que o palco e os atores estão prontos para o drama final, no qual Jerusalém será a chave."[1]

O fascínio de Israel – no centro geográfico do mundo, que tem em um dos pontos a largura de apenas 15km – não é acidental. Isto foi predito há muito tempo. Muitas profecias antigas estão se cumprindo diante de nossos olhos... mas isso não poderia acontecer sem que Israel retornasse à sua terra, como é hoje.

O RELÓGIO DE PONTO DE DEUS

Chamo o reajuntamento de cinco milhões de judeus no retorno à Terra Santa e o seu restabelecimento como nação em nossa época de "o sinal infalível" da aproximação do fim dos tempos. Para perceber plenamente sua significância, você deve primeiro compreender que o repatriamento do povo, exatamente como os profetas predisseram, pode ser entendido somente à luz do fato de que os judeus existem de forma absoluta. Nunca uma nação foi capaz de manter sua identidade nacional até três a cinco centenas de anos após ser removida de sua terra natal – isso só ocorreu com Israel.

Hoje, você não pode ver os descendentes das nações hitita, assíria, babilônica, embora todas fossem grandes potências do mundo antigo. Na realidade, não fosse pela Bíblia, os hititas jamais seriam lembrados pela História, permanecendo até agora sepultados nas areias do tempo. Tempos atrás, escarnecedores costumavam ridicularizar a Bíblia por mencionar os hititas; pensava-se que eles eram fictícios. Mas arqueólogos, no século XIX, confirmaram finalmente a precisão da Escritura, quando extraíram da terra a evidência irrefutável do extenso império hitita. Portanto, você não achará nenhum hitita hoje. Tampouco verá também qualquer assírio ou babilônio. Todos esses povos orgulhosos desapareceram para sempre. Estão extintos.

Isso, porém, não ocorreu com os judeus! Embora eles fossem expulsos de Israel pelos romanos em 135 d.C., após a rebelião de Barchaba – quando o governo romano publicou um decreto no sentido de que qualquer judeu encontrado na Palestina fosse morto imediatamente –, eles nunca deixaram de ser um povo. Espalhados por toda a Europa Oriental, Espanha e, finalmente, nas Américas (onde mais da metade dos judeus do mundo residem hoje), mantiveram sua herança nacional ao longo de 17 séculos de exílio sangrento.

Por que os judeus continuaram a sobreviver, quando os poderosos hititas, assírios e babilônios desapareceram? *Porque Deus prometeu!* Há tantas promessas na Escritura de que Deus finalmente reuniria os filhos de Israel em sua pátria que, se nada ocorresse no século XX para que voltassem a ser uma nação, a Bíblia passaria como fraudulenta.

"SENHOR DEUS, TU O SABES"

O que se segue é apenas um exemplo das muitas promessas que podem ser citadas sobre o restabelecimento de Israel.[2] Deus mostrou ao profeta Ezequiel os ossos da nação hebraica e perguntou-lhe se eles podiam reviver. O piedoso profeta respondeu prudentemente: "Senhor Deus, tu o sabes" (Ezequiel 37.3). Então ele escreveu:

> Então, profetizei segundo me fora ordenado; enquanto eu profetizava, houve um ruído, um barulho de ossos que batiam contra ossos e se ajuntavam, cada osso ao seu osso. Olhei, e eis que havia tendões sobre eles, e cresceram as carnes, e se estendeu a pele sobre eles; mas não havia neles o espírito. Então, ele me disse: Profetiza ao espírito, profetiza, ó filho do homem, e dize-lhe: Assim diz o Senhor Deus: Vem dos quatro ventos, ó espírito, e assopra sobre estes mortos, para que vivam. Profetizei como ele me ordenara, e o espírito entrou neles, e viveram e se puseram em pé, um exército sobremodo numeroso. Então, me disse: Filho do homem, estes ossos são toda a casa de Israel. Eis que dizem: Os nossos ossos se secaram, e pereceu a nossa esperança; estamos de todo exterminados.
>
> Dize-lhes, pois: Assim diz o Senhor Deus: Eis que tomarei os filhos de Israel de entre as nações para onde eles foram, e os congregarei de todas as partes, e os levarei para a sua própria terra. Farei deles uma só nação na terra, nos montes de Israel, e um só rei será rei de todos eles. Nunca mais serão duas nações; nunca mais para o futuro se dividirão em dois reinos. Nunca mais se contaminarão com os seus ídolos, nem com as suas abominações, nem com qualquer das suas transgressões; livrá-los-ei de todas as suas apostasias em que pecaram e os purificarei. Assim, eles serão o meu povo, e eu serei o seu Deus (Ezequiel 37.7-11; 21-23).

COMO ISSO ACONTECEU

O desenvolvimento gradual da nação israelita da dispersão para o pleno desenvolvimento do corpo é espantoso. Como indica a profecia de Ezequiel: "...houve um ruído, um barulho de ossos que batiam contra ossos e se ajuntavam, cada osso ao seu osso" (37.7). Depois disso, "olhei, e eis que havia tendões sobre eles, e cresceram as carnes, e se estendeu a pele sobre eles; mas *não havia neles o espírito*" (37.8, ênfase acrescentada). A partir do ruído do episódio de um terremoto (Primeira Guerra Mundial), a nação de Israel, aparentemente morta, estava *gradualmente* formando um corpo, *após* o que o espírito seria soprado nele. Afirmamos que a História registra o nascimento da nação de Israel exatamente desta maneira, começando em 1917.

O falecido especialista em Bíblia, Dr. David L. Cooper, costumava dizer como ele lembrava claramente os assombrosos fatos, cujas raízes podem ser traçadas a partir da Primeira Guerra Mundial. Por volta de 1916, a guerra era desfavorável à Inglaterra. Metralhadoras alemãs e outros armamentos avançados estavam ceifando a flor da mocidade da Europa. A Inglaterra estava desesperada para encontrar um método rápido de fabricar o TNT e uma pólvora sem fumaça. Um brilhante judeu chamado Chaim Weizmann inventou uma tal fórmula que tornou possível a rápida produção desses materiais vitais, mudando assim o curso da guerra. Como compensação, David Lloyd George, representando o governo britânico, pediu ao Dr. Weizmann que dissesse o preço. Rejeitando recompensa pessoal, Weizmann pediu que a Palestina fosse declarada a pátria do povo judeu. Na seqüência, a Declaração Balfour foi redigida e assinada em 2 de novembro de 1917. Uma carta famosa relata o que aconteceu a seguir:

Prezado Lord Rothschild:
Tenho muito prazer em comunicar-lhe, em nome do Governo

de Sua Majestade, a seguinte declaração de simpatia com as aspirações sionistas dos judeus, a qual foi submetida ao e aprovada pelo Gabinete. O Governo de Sua Majestade vê com favor o estabelecimento na Palestina de uma pátria nacional para o povo judeu e envidará seus melhores esforços para facilitar a consecução deste objetivo, sendo claramente compreendido que nada será feito que possa prejudicar os direitos civis e religiosos das comunidades não-judaicas existentes na Palestina ou os direitos e posição política desfrutados por judeus em qualquer outro país.

Ficaremos gratos se Vossa Excelência transmitir esta declaração ao conhecimento da Federação Sionista.

Sinceramente,

Arthur James Balfour[3]

Poderia ser mera coincidência de linguagem que o ímpeto para começar oficialmente o reajuntamento de Israel tivesse sido profetizado como um "ruído e um estremecimento", e que o seu cumprimento tivesse lugar durante a guerra mais estrepitosa – em razão da quantidade extraordinária de TNT e pólvora usada – que o mundo jamais tinha visto? Eu estava estacionado na Alemanha após a Segunda Guerra Mundial e ouvi muitas explosões de TNT, constatando que ele sempre gera um grande tremor. Temerosos de que nossos ex-aliados russos varressem a Alemanha e confiscassem nosso estoque de aeronaves P-51, P-47 e P-38, o governo norte-americano ordenou que os aviões fossem destruídos. Por dois meses, nossa base aérea foi sacudida por detonações de TNT, quando aqueles outrora poderosos bombardeiros foram reduzidos a cacos. Não é necessário ser dogmático sobre este ponto, mas o paralelo entre dinamite e um "ruído" e um "estremecimento" parece digno de nota.

O reajuntamento dos judeus na Palestina após a assinatura do Tratado Balfour foi, na verdade, um desenvolvimento gradual –

"osso por osso". Em 1917, estima-se que menos de 25 mil judeus viviam no país. Por volta de 1922, havia 83 mil; em 1932, 180 mil; em 1935, 300 mil; em 1937, 430 mil; e em 1945, acima de 500 mil. Hoje, a população é de 5 milhões e em crescimento. Assim como a população tem crescido, também os fundos sionistas, 350 mil acres de terra, prioritariamente para projetos agrícolas. Israel hoje é um país com 21.671km^2, incluindo Jerusalém e o território ocupado de Golan. Não estão computados a Faixa de Gaza e Jericó, áreas administradas pela autoridade palestina. [Informações do Consulado Geral de Israel no Brasil – N.R.] Entre 1917 e 1948, vagarosa mas seguramente, "cada osso ajuntou-se ao seu osso".

Mas, enquanto Deus abençoava Israel, a Grã-Bretanha rompia seu tratado de 1917. Em 1939, após muita deliberação sobre os crescentes conflitos entre árabes e judeus, os ingleses emitiram um documento oficial que favorecia a independência e o controle da área pelos árabes. Depois de fracassar a manutenção da paz entre árabes e judeus após a Segunda Guerra Mundial, os britânicos retiraram-se da Palestina; logo a seguir, o Conselho Nacional e o Conselho Geral Sionista proclamaram em Tel-Aviv o estabelecimento do Estado soberano de Israel. A data foi 14 de maio de 1948. David Ben Gurion foi nomeado primeiro-ministro, e o Dr. Chaim Weizmann foi eleito presidente de um conselho provisório. Os Estados Unidos e a Rússia reconheceram o novo país, o qual, após muito debate, foi aceito como membro das Nações Unidas por uma votação de 37 a 12.

TRÊS MILAGRES DE ISRAEL

Na versão de Lucas sobre as palavras no monte das Oliveiras (Mateus 24–25, os dois capítulos mais importantes sobre profecia na Bíblia), Jesus profetizou que "até que os tempos dos gentios se completem, Jerusalém será pisada por eles" (Lucas 21.24). Nos quatro versículos seguintes, o próprio Senhor estabelece um período de tempo para "os tempos dos gentios", que começa com o cativeiro na Babilônia, em 606 a.C., e prossegue até o fim da Tribulação e a vinda de Cristo.

A que distância estamos do fim dos "tempos dos gentios"? Só resta um milagre a ser cumprido. A existência dos judeus hoje é em si um milagre, tanto quanto o que ocorreu em 1967, quando, pela primeira vez desde o cativeiro babilônico, eles se apoderaram de Jerusalém. Este foi o cumprimento mais impressionante da profecia bíblica em 20 séculos!

Na famosa Guerra dos Seis Dias, o herói da guerra, general Moshe Dayan, fez uma coisa estranha. Depois de hastear a bandeira israelense sobre a cúpula da mesquita islâmica (que ocupa agora o lugar onde os judeus devem reconstruir o templo), ele decidiu ser conciliatório para com os cativos islâmicos. Em vez de ocupar esse lugar, cobiçado por todo judeu ortodoxo do mundo, o general decidiu retirar a bandeira e dar aos muçulmanos o controle sobre aquele lugar sagrado.

Por quê? Aparentemente, Dayan, um judeu secularista, estava tentando aplacar o mundo árabe. Muito embora seus exércitos tivessem ganho a guerra, ele sabia que seus vizinhos árabes dispunham de um contingente de 50 homens para cada israelita. Pensando em fazer dos árabes seus amigos, ele conseguiu apenas irritá-los. Talvez o general tivesse pensado que seria mais seguro deixar os árabes permanecerem em seu lugar santo do que permitir que os judeus religiosos se apossassem dele, pois sabia que eles destruiriam a mesquita para reconstruírem ali o seu templo. Isto, certamente, teria provocado uma guerra santa.

Alguns religiosos judeus até hoje não perdoaram Dayan por seus atos. Mas, se ele assim o tivesse feito, bem poderia ter cumprido a profecia, pois hoje, embora os israelenses controlem a maior parte de Jerusalém, ainda não controlam o setor árabe e o cobiçado lugar do templo. E, assim, "os tempos dos gentios" ainda não chegaram ao fim.

O fato de os últimos 50 anos testemunharem um reagrupamento geral e o restabelecimento do povo israelita – que está agora pronto para criar o cenário requerido para a revelação do anticristo e o início da Tribulação – é o grande indicador de Deus de que muitos outros atuais desdobramentos mundiais são profeticamente significativos. O Dr. John Walvoord elucida:

> Dos muitos fenômenos peculiares que caracterizam a geração atual, poucos acontecimentos podem alegar igual significação, de acordo com a profecia bíblica, como o retorno de Israel à sua terra. Ele constitui uma preparação para o fim dos tempos, o cenário para a vinda do Senhor para sua Igreja, e o cumprimento do destino profético de Israel. O "super-sinal" de Deus sobre o fim dos tempos é um claro indicador de que o tempo está próximo. Deus está preparando o mundo para os eventos finais, conduzindo a regeneração nacional de Israel.[4]

SOMENTE UM SOPRO

Tudo o que restou da visão de Ezequiel a ser cumprido relaciona-se à afirmação: "mas não havia neles o espírito" (Ezequiel 37.8). Tal expressão não é difícil de decifrar para os estudiosos da Bíblia, uma vez que "sopro" ou "vento" freqüentemente refere-se ao Espírito Santo. Isto indica que, em um destes dias, Israel vai ter uma nova visitação do Espírito Santo, quando um poderoso reavivamento varrerá a terra. Isto concorda com muitas passagens que predizem um grande despertamento espiritual, quando os judeus invocarão o Messias que rejeitaram em 30 d.C. (veja Joel 2.18-32; Zacarias 12.10–13.2; Romanos 11.26-27; Apocalipse 7.1-10).

É importante notar que este reavivamento é a única *parte* desta profecia que ainda não foi cumprida. Mais de cinco décadas se passaram desde que Israel tornou-se uma nação, e ele ainda rejeita Cristo como Messias. Eis a razão por que o profeta desafiou-o a "[ouvir] a palavra do Senhor" (Ezequiel 37.4). Se a nação "ouvir" realmente o testemunho escriturístico quanto à verdadeira identidade do Messias, ela será forçada a reconhecer Cristo como o Senhor.

INTERESSE ESPIRITUAL RENOVADO

Na última vez que estive em Israel, nosso guia judeu, um professor universitário e major do exército israelita, disse-me que muitos judeus estão examinando as profecias messiânicas do Velho Testamento como nunca antes. Os religiosos judeus estão de tal modo preocupados com isso que estão tentando compreender as qualificações esperadas do Messias. Estão convencidos de que o tempo da revelação do Messias à nação está próximo.

Em meu livro *Um Homem Chamado Jesus* [publicado pela Editora United Press], falo de um dos poucos rabinos na América que é especialista em Velho e Novo Testamentos. Ele admitiu na televisão que Jesus cumpriu tantas profecias messiânicas durante seu tempo de vida que Ele é o Messias para os gentios – mas o Messias judeu está ainda por vir. Alguns judeus estão começando a reconhecer que o seu Messias será justo como Jesus Cristo! Isto indica que a nação está perto do estágio "sopro". Israel está apenas a um "sopro" de voltar-se para o seu Messias.

A GERAÇÃO QUE VÊ ISRAEL REEMERGIR

Este é o momento para aprendermos a "parábola da figueira":

> Aprendei, pois, a parábola da figueira: quando já os seus ramos se renovam e as folhas brotam, sabeis que está próximo o verão. Assim também vós: quando virdes todas estas coisas, sabei que está próximo, às portas. Em verdade vos digo que não passará esta geração sem que tudo isto aconteça (Mateus 24.32-34).

Muitos estudiosos de profecia interpretam esta passagem no sentido de que, quando vemos a ascensão de Israel como nação (como ocorreu em 1948), sabemos que o fim está "próximo, às portas". Eles raciocinam que, quando uma figueira é usada simbolicamente na Escritura, ela geralmente se refere à nação de Israel. Se esta é uma suposição pertinente (e cremos que é), então, quando Israel tornou-se oficialmente uma nação em 1948, o "sinal" de Mateus 24.1-8, o começo das "dores de parto", tal fato significa que "o fim dos tempos" está "próximo". É como se a árvore fosse plantada em 1914–1918, quando a primeira "dor de parto" foi sentida, mas não se desenvolveu em plena árvore, capaz de florescer, senão em 1948, quando Israel recebeu a condição de Estado, cumprindo assim Ezequiel 37.1-8.

Se, de fato, isto é o que nosso Senhor tinha em mente quando falou da figueira em Mateus 24.32, então podemos admitir que estamos "na época" da vinda do Senhor. Pois Ele disse: "Assim também vós: quando virdes todas estas coisas, sabei que está próximo, às portas" (Mateus 24.33). Em outras palavras, quando todos os sinais mencionados aparecerem – Primeira Guerra Mundial, fome, pestilência, terremotos, e Israel tornar-se uma nação –, sabemos que o retorno de Jesus está próximo, às portas.

DUAS AFIRMAÇÕES SEMELHANTES

Há duas afirmações semelhantes – "estas coisas" e "tudo isto" – em Mateus 24.33-34. Se você não discerni-las, não compreenderá o que nosso Senhor disse. Elas *não* são, definitivamente, a mesma coisa. A primeira, "estas coisas", no versículo 33, refere-se aos eventos tumultuosos iniciados pelos versículos 7 e 8. A segunda expressão, "tudo isto" refere-se ao futuro profético, incluindo a Tribulação e o Aparecimento Glorioso de Cristo.

Portanto, nosso Senhor quer dizer nos versículos 32 e 33 que, assim como a árvore em flor indica que o verão está chegando, as primeiras "coisas" significam que a vinda do Senhor está perto, "às portas". Podemos assim conhecer a época de seu retorno.

Grande cuidado deve ser tomado para não se estabelecer datas na mesma conexão! Jesus disse: "Mas a respeito daquele dia e hora ninguém sabe, nem os anjos dos céus, nem o Filho, senão o Pai" (Mateus 24.36). O estudo de profecia tem sofrido provavelmente mais com as fixações de datas do que qualquer outra coisa. Por outro lado, esta passagem indica claramente que *podemos* conhecer a ocasião. É nossa crença que estamos não somente nela, mas na última parte dela. Não devemos, entretanto, tornar nossa interpretação mais específica do que o Senhor fez em sua profecia. Como veremos, Ele indicou que a ocasião poderia durar tanto quanto uma "geração".

A GERAÇÃO-CHAVE

Estamos agora prontos para examinar a chave do tempo de toda esta passagem e responder à pergunta dos discípulos em Mateus 24.3: "Quando sucederão estas coisas?" A chave está no versículo 34. Jesus disse: "Não passará esta geração sem que tudo isto [as segundas "coisas"] aconteça." A questão decisiva refere-se ao sentido de "esta geração", pois qualquer geração que Ele tivesse em mente não passaria até que sua segunda vinda ocorresse.

No grego, o pronome demonstrativo *haute* (esta) refere-se sempre à pessoa ou coisa mencionada imediatamente antes dela. A coisa mencionada logo antes de "geração" envolve aqueles que vêem o sinal de Israel quando ele ou torna-se uma nação reconhecida, ou toma posse da parte maior de Jerusalém. Parece haver somente quatro gerações das quais escolher:

1. A geração dos discípulos. Nada como isto aconteceu

historicamente durante sua existência. Sua geração passou, e o Senhor ainda não veio, por isso não parece possível que Ele tivesse em mente a geração dos discípulos.

2. *A geração que viu a Primeira Guerra Mundial.* Esta poderia ser uma possibilidade, de acordo com o pensamento de muitos competentes estudiosos da Bíblia. Aquele cenário torna-se cada vez mais improvável hoje, porque a maioria dos daquela geração já passou. Entretanto, a possibilidade improvável de que "esta geração" significa a geração que viu a Primeira Guerra Mundial não deve ser excluída completamente de outros cinco anos mais ou menos.

3. *A geração que viu Israel tornar-se oficialmente uma nação em 1948.* Aquela geração era bastante velha para "ver" as Nações Unidas reconhecerem oficialmente Israel como nação. Admitindo-se que essa geração inclui crianças de dez anos ou mais em 1948, ela provavelmente significa a geração nascida por volta de 1938 – mais ou menos cinco ou dez anos.

4. *A geração que viveu durante a Guerra dos Seis Dias em 1967.* Esta guerra aconteceu quando o exército israelense desfilou em Jerusalém e ergueu sua bandeira sobre a cidade. Isto significaria a geração nascida por volta de 1957.

Uma coisa é certa: É perigoso ser dogmático! Eis por que preferimos dizer que acreditamos que "esta geração" refere-se àqueles que viviam em 1948. Pode, entretanto, significar aqueles vivos em 1967, ou ainda aqueles vivos durante alguma futura guerra, quando os judeus novamente tiverem o total controle de sua cidade santa.

QUANTO TEMPO DURA UMA GERAÇÃO?

A segunda maior questão interpretativa sobre esta profecia é o significado de "geração". Qual é o tempo de uma geração bíblica?

Logo após Israel ter sido reconhecido como nação em 1948, muitos estudiosos de profecia predisseram que Cristo retornaria por volta de 1988. Eles raciocinaram que, como uma geração era de 40 anos, então todas essas coisas seriam consumadas por volta de 1988, incluindo o retorno de Cristo. Evidentemente, estavam equivocados! Eles quiseram promover ansiosamente a iminente vinda de Cristo, mas sua especulação escriturística não sensibilizou o interesse em sua vinda. Um homem escreveu um livro intitulado *Eighty-Eight Reasons Christ Will Return in 1988* (Oitenta e Oito Razões de que Cristo Voltará em 1988). Muito embora ele estivesse errado, vendeu 300 mil exemplares do seu livro. Quando 1988 chegou e se foi, em vez de admitir o seu erro, ele refez seus cálculos e explicou que tinha errado em um ano. Resolveu então reimprimir rapidamente o livro para dizer que Cristo voltaria em 1989. Tomei conhecimento de que havia 30 mil exemplares desse livro encalhados em algum depósito. O lugar deles é lá! Tais especulações causam somente prejuízo e desilusão ao corpo de Cristo.

Esse homem errou em muitos pontos, mas especialmente por assumir que uma geração na Bíblia é exatamente de 40 anos. Esta não é uma estimativa segura. Somente porque Israel peregrinou por 40 anos no deserto, ou porque Davi e Salomão reinaram em Israel por 40 anos, não quer dizer que quatro décadas sejam a duração da extensão bíblica de uma geração. Como meu amigo e estudioso de profecia, Dr. Arnold Fruchtenbaum, escreveu: "Em lugar algum a Bíblia limita o período de uma geração simplesmente a 40 anos. O único lugar onde ao termo *geração* é dado um tempo específico de duração de 100 anos é Gênesis

15.13-16. Realmente, o termo geração pode significar 20, 40, 70, 80 ou 100 anos."[5]

O salmo 90.10 expressa: "Os dias da nossa vida sobem a setenta anos ou, em havendo vigor, a oitenta; neste caso, o melhor deles é canseira e enfado." Moisés afirma aqui que a duração de uma geração é de 70 a 80 anos. Isto não significa que uma geração seja limitada a 70 ou 80 anos; ele está apenas informando-nos a duração geral de uma geração.

Devemos pesar as palavras do Senhor com muito cuidado aqui. Ele disse: "Em verdade vos digo que não passará esta geração sem que tudo isto aconteça" (Mateus 24.34). Quantas pessoas compõem uma geração? Nenhum número em particular – mesmo uma pessoa que compreendesse os eventos significativos de 1948 se qualificaria para representar a "geração". Entretanto, não devemos esperar que uma geração inteira venha a passar antes de Jesus retornar! Jesus estava ciente de que a última geração antes de sua vinda seria marcada pela longevidade – estamos familiarizados com vários homens e mulheres de 90 anos de idade –, portanto "esta geração" *não* está limitada a 80 anos.

Portanto, se usarmos a data, seja de 1948 ou de 1967, apliquemos a extensão da vida de uma pessoa (acrescentando ou subtraindo os seus anos para "ver" e compreender os eventos), diminuamos em seguida sete ou mais anos intermediários para a Tribulação e um período entre o Arrebatamento e a assinatura do pacto com Israel, e chegaremos ao mesmo período de tempo para o retorno do nosso Senhor, que muitos outros têm sugerido: algum tempo entre a virada do século e o primeiro quarto do século XXI. Em outras palavras, *esta* geração.

Embora não possamos estar seguros de que a nossa geração será a última geração antes que o Senhor retorne, estamos certos de uma coisa: nossa geração tem mais razão para crer que Ele *pode* retornar durante o nosso tempo de vida do que qualquer outra geração que nos procedeu.

ISRAEL, A CHAVE DE DEUS PARA O FUTURO

Por muitos anos, Israel tem sido chamado de o "cronômetro de Deus" ou "relógio de ponto de Deus" pelos estudiosos de profecia bíblica. A confirmação de que estes são, seguramente, os tempos finais está quase todas as noites nos noticiários da TV, de como os cinco milhões de judeus de Israel ocupam nossa atenção. O retorno miraculoso dos judeus à sua pátria após 1.700 anos de exílio pode ser o mais importante entre os sinais do fim dos tempos, sendo mesmo o "super-sinal". Significantemente, este retorno aconteceu em nossa geração – a mais convincente das evidências de que estamos vivendo os últimos tempos.

Isto deve lembrar-nos não somente que Deus mantém suas promessas, mas que os ponteiros do relógio de Deus começaram a girar para marcarem a meia-noite desta nossa era. Alguma coisa de enormes proporções está para acontecer, tal como Jesus e os profetas predisseram.

Considere isto: Israel, apesar do seu tamanho, é um dos países mais preparados militarmente na terra. Ele tem a bomba atômica, e suspeita-se que possua a bomba de nêutron. Tem um sistema defensivo antimíssil muito aperfeiçoado, desde que os mísseis Patriot dos Estados Unidos tiveram um fraco desempenho de protegê-lo do ataque dos mísseis SCUD de Saddam Hussein, durante a Guerra do Golfo. Possui os últimos dos *delivery systems* [tecnologia para disparar artefatos nucleares a seus alvos com precisão – N.T.] e pode esmagar qualquer exército ou país que o ataque, um fato que seus vizinhos árabes conhecem bem. Francamente, cremos que esta é a única razão humana para os países árabes não o atacarem; eles sabem que não são adversários para Israel.

Um de meus amigos de longa data é um piloto da Marinha,

familiarizado com todos os bombardeiros F-16 e F-18. Com o passar dos anos, ele tornou-se conhecido de muitos pilotos da Força Aérea de Israel, alguns dos quais chegaram aos postos mais altos. A última vez que meu amigo esteve em Israel, ele e um amigo general tripularam os F-18 em missão de treinamento. Mais tarde, ele me disse que os israelenses pegaram nossos melhores bombardeiros e últimos equipamentos e os aperfeiçoaram. Seus aviões, que estão em constante alerta, podem provavelmente obter um desempenho melhor do que os nossos, nos Estados Unidos, e podem disparar as bombas com mais precisão.

Os judeus têm suas costas voltadas para as paredes e usarão quaisquer meios necessários para defender sua pátria contra qualquer agressor. Do outro lado está um ódio intenso dos árabes. Vários dos vizinhos muçulmanos de Israel estão apoiados e armados por países ricos em petróleo, que compartilham de sua fé e do seu ódio a Israel. Os árabes não descansarão até que Israel seja escorraçado da terra – e Israel não se afastará da terra.

Os Estados Unidos estão no meio. Sessenta e cinco por cento do petróleo do país vêm do Oriente Médio, das nações inimigas de Israel. Certamente, você deve ter notado um mover de águas na atitude política dos oficiais federais norte-americanos, que desejam que Israel ceda sua terra em favor das "negociações". Isto é loucura – as hostilidades estão prestes a explodir mais cedo ou mais tarde.

A questão é que Israel e os seus vizinhos árabes, que representam apenas um milésimo da população do mundo, estão no centro do palco do mundo – exatamente como a Bíblia disse que seria no fim dos tempos.

SEGUNDA PARTE

Eventos

SEIS

A Grande Apostasia

Apostasia
2 Timóteo 4.1-4

Dizer arbitrariamente, escreveu o Sumo Pontífice Pedro em declaração oficial da Enigma Babilônia, que a Bíblia judaica e protestante, que contém apenas o Velho e o Novo Testamentos, é a única regra de fé e prática, representa o ponto mais alto da intolerância e da desunião. Isso é um insulto a tudo o que temos realizado, e os seguidores dessa falsa doutrina são considerados hereges.
Comando Tribulação, p. 375

Os leitores da nossa série *Deixados para Trás* ficaram conhecendo um personagem insinuante chamado Peter Mathews, que, após o Arrebatamento, torna-se o líder de uma única religião mundial apóstata. Mathews não acredita que Jesus ressuscitou fisicamente dentre os mortos, nem que Ele nasceu de uma virgem, nem que a Bíblia seja mais inspirada do que os livros sagrados de outras religiões, ou que o Cristianismo ofereça o único caminho para Deus. Mathews, evidentemente, é totalmente um personagem de ficção.

Ou não é?

O que você pensaria de um bispo episcopal que sustenta a plenos pulmões as seguintes opiniões?

- A ressurreição de Cristo não foi um episódio real, mas uma lenda.
- Não houve túmulo vazio, nem anjos, nem aparições.
- Nenhuma pessoa racional pode crer na interpretação literal da Bíblia.
- A virgem de uma Bíblia literal – a virgem da anunciação, Belém e a manjedoura – "tem de desaparecer".
- A igreja deve apoiar ativamente, e até celebrar, o comportamento homossexual, bem como ligações heterossexuais fora do casamento.

John Shelby Spong, bispo episcopal de Newark, New Jersey, tem promovido entusiasticamente todas essas concepções heréticas em seus muitos livros controvertidos. Em sua última publicação, *Por que o Cristianismo Deve Mudar ou Morrer* – que diz ser o resumo da sua obra –, ele insiste que as idéias do primeiro século que moldaram o Novo Testamento são infelizmente antiquadas e provincianas, devendo ser suprimidas, se o Cristianismo quiser sobreviver no mundo moderno. Ele se intitula um "crente no exílio".

Um crítico deste livro escreveu: "Por muito estranhas que

sejam, as opiniões de Spong não são especificamente novas. Na realidade, seus pontos de vista parecem mais de acordo com as de uma versão humanista-religiosa do unitarismo. O que é singular não são propriamente suas crenças, mas sim o fato de um bispo episcopal ser o único a admiti-las."[1]

Singular sim – mas certamente inconcebível.

A GRANDE DESERÇÃO

O apóstolo Paulo predisse que viria o tempo quando homens e mulheres apostatariam da fé que "uma vez por todas foi entregue aos santos" (Judas 3) e, contrariamente, se inclinariam para a heresia. Ele escreveu à jovem igreja tessalonicense:

> Irmãos, quanto à vinda de nosso Senhor Jesus Cristo e à nossa reunião com ele, rogamos a vocês que não se deixem abalar nem alarmar tão facilmente, quer por espírito, quer por palavra, quer por carta supostamente vinda de nós, como se o dia do Senhor já tivesse chegado. Não deixem que ninguém os engane de modo algum. Antes daquele dia virá a *apostasia*... (2 Tessalonicenses 2.1-3, NVI, ênfase acrescentada).

O apóstolo está dizendo que, antes do dia do Senhor e da revelação do homem do pecado [o homem da iniqüidade], haverá primeiro uma rebelião ou deserção. A palavra grega para "rebelião" é *apostasia*. Isto significa abandonar a verdade ou afastar-se daquilo que fora dado primeiramente. O sentido claro desta profecia é que, antes do retorno de Cristo, muitos que depositaram sua confiança na verdade se afastarão dela.

Robert L. Thomas, escrevendo em *The Expositor's Bible Commentary*, explica que a palavra *apostasia* "indica o abandono deliberado de uma posição professada anteriormente... Após o Arrebatamento daqueles que estão em Cristo (1 Tessalonicenses 4.17), todos os que estiverem verdadeiramente nele partirão. As condições serão próprias para as pessoas, especialmente aquelas que se considerem cristãs sem na verdade o serem, voltarem as costas para Deus por aquilo que já fazem, bem como por aquilo que já têm em mente. Então, sua insinceridade demonstrar-se-á externamente. Este movimento global anti-Deus será tão universal a ponto de receber uma designação especial: 'a apostasia' – isto é, o clímax das crescentes tendências apóstatas evidentes antes do arrebatamento da igreja."[2]

Esta não é a única passagem bíblica que fala dessa "deserção". Em 1 Timóteo 4.1-2, Paulo acrescenta estes detalhes:

Ora, o Espírito afirma expressamente que, nos últimos tempos, alguns apostatarão da fé, por obedecerem a espíritos enganadores e a ensinos de demônios, pela hipocrisia dos que falam mentiras e que têm cauterizada a própria consciência.

A palavra traduzida "apostatarão" significa "desviarão", "desertarão", "afastarão", etc. O comentarista Ralph Earle escreve: "Em vez de serem guiados pelo Espírito Santo, esses apóstatas dão atenção a espíritos enganadores e doutrinas de 'demônios'. Uma vez que esta última palavra ocorre somente aqui nas epístolas pastorais, podemos abrir um espaço para examiná-la. Algumas edições da Bíblia usam 'demônios'. Mas no grego há uma clara distinção entre *daimonion* ('demônio', geralmente no plural), e *diabolos* ('diabo', regularmente no singular). O Novo Testamento ensina claramente que há muitos 'demônios', mas somente um 'diabo'. O plural de *diabolos* ocorre somente nas epístolas pastorais (1 Timóteo 3.11; 2 Timóteo 3.3; Tito 2.3), onde aparece aplicado aos humanos – maldizentes e caluniadores."[3] E *The New Bible Commentary* diz simplesmente: "Contrastando com o Espírito e o mistério da piedade, resisti aos espíritos enganadores e seu falso ensino."[4]

Neste tempo de "apostasia", diz Paulo, serão levados por "demônios" humanos que blasfemam contra Deus e sua obra. Seu ensino pode gotejar como mel, mas ele é produzido, empacotado e distribuído pelos demônios do inferno.

Demasiado para os mestres apóstatas. Uma apostasia não pode de fato prosperar, a menos que os falsos mestres por trás dela sejam capazes de atrair alguns seguidores leais. Assim, Paulo também fala sobre eles:

> Pois virá o tempo em que não suportarão a sã doutrina; pelo contrário, sentindo coceira nos ouvidos, segundo os seus próprios desejos juntarão mestres para si mesmos. Eles se recusarão a dar ouvidos à verdade, voltando-se para os mitos (2 Timóteo 4.3-4, NVI).

Os falsos mestres raramente existem em um vácuo espiritual. Eles começam a aparecer porque as pessoas desejam ouvir e agir com base em suas "doutrinas" prediletas. De muitas maneiras, a espiritualidade é uma comodidade tal como a eletrônica ou os congelados e está sujeita às leis semelhantes de oferta e procura. Nesta passagem, Paulo diz que os indivíduos carnais "sentindo coceira nos ouvidos, segundo os seus próprios desejos juntarão mestres para si mesmos". Em outras palavras, as pessoas desejam ouvir fábulas pecaminosas, e logo os falsos mestres começam a aparecer para suprir sua necessidade, como as moscas que se servem de um monturo de lixo.

Paulo instruiu seu discípulo Timóteo de que sua primeira responsabilidade como pastor em Éfeso era defender e proclamar a sã doutrina. Por quê? Porque viria o tempo quando as pessoas não dariam atenção à verdade, mas amontoariam sobre si falsos mestres ansiosos de dizer qualquer coisa que os ouvidos com coceira de seus adeptos quisessem ouvir – ouvidos a respeito dos quais um comentarista disse "estão sempre sentindo comichão, com um desejo ansioso por aquilo que gratifique as inclinações de um coração carnal obstinado".[5]

Temos outra imagem sombria desta apostasia neste final dos tempos quando estudamos as palavras do Salvador sobre a igreja de Laodicéia, em Apocalipse 3. Como exponho em meu comentário *Revelation Illustrated and Made Plain* (Apocalipse Ilustrado e Facilitado), as sete igrejas retratadas em Apocalipse 2-3 fornecem-nos a imagem da Igreja ao longo da História. Cada uma das sete igrejas representa uma época diferente da história eclesiástica. Laodicéia, a última igreja da série, ilustra o que a Igreja será antes que ocorra o Arrebatamento. Aqui está o que nosso Senhor diz sobre a igreja apóstata:

> Conheço as suas obras, sei que você não é frio nem quente. Quem dera você fosse frio ou quente! Assim, porque você é morno, nem frio nem quente, estou a ponto de vomitá-lo da minha boca. Você diz: "Estou rico, adquiri riquezas e não preciso de nada." Não reconhece, porém, que é miserável, digno de compaixão, pobre, cego e nu. Eu o aconselho a comprar de mim ouro refinado no fogo, para que se torne rico, e roupas brancas para vestir, para cobrir a sua vergonhosa nudez, e colírio para ungir os seus olhos, a fim de que você veja (Apocalipse 3.15-18, NVI).

Laodicéia era uma cidade rica, afastada do mar, localizada a 65 quilômetros de Éfeso. De herança grega tanto na cultura como no ensino, suas indústrias fizeram-na um centro comercial próspero. Sabemos que a igreja deve ter sido rica, uma vez que três edifícios dela, datando do início do Cristianismo, foram descobertos entre as ruínas da cidade. Diferente da igreja de Éfeso, que é bem conhecida por suas atividades evangelísticas, Laodicéia não deixou nenhum relato de pregação do evangelho em sua área. Laodicéia é a única igreja entre as sete descritas em Apocalipse 2-3 acerca da qual o Senhor nada tinha de bom para dizer.

Esta igreja dos últimos dias não era nem zelosa para as boas obras, nem inanimada. Era, antes, indiferente. Alegava representar Jesus Cristo, mas nunca teve uma alma transformada das trevas para a luz.

Você me pergunta: A Igreja de hoje parece identificar-se com a igreja de Laodicéia? Certamente a Igreja de hoje é rica. Seus edifícios são os melhores. Ela ostenta uma admirável arquitetura, edifícios de milhões e milhões em dinheiro e um grande rol de membros, porém de pessoas não-regeneradas.

Suponho que a Igreja como um todo está na mesma situação daqueles religiosos identificados por Jesus em Mateus 7.22-23: "Muitos me dirão naquele dia: Senhor, Senhor, não profetizamos nós em teu nome? Em teu nome não expulsamos demônios e não realizamos muitos milagres? Então eu lhes direi claramente: Nunca os conheci. Afastem-se de mim vocês, que praticam a iniqüidade!" (NVI)

O IMPULSO PARA A APOSTASIA

Por certo, a Igreja verdadeira de Jesus Cristo sempre tem sido contaminada pela apostasia – porém nada como nos dias de hoje. O diabo tem um meio habilmente nefasto de semear o joio entre o trigo (a Igreja), exatamente como nosso Senhor ilustrou em sua parábola do trigo e do joio em Mateus 13. A Bíblia deixa bem claro que a confusão doutrinária aumentará de forma crescente nos últimos dias, levando muitos a abandonar a fé, ao mesmo tempo em que seguirão ansiosos os espíritos enganadores e prontamente adotarão as doutrinas dos demônios.

Muitas das religiões e cultos falsos da História vingaram e cresceram em decorrência de mistificações ou ramos "apóstatas" do Cristianismo. No curso dos séculos, toda vez que a Igreja permitiu erros teológicos infiltrar-se em seu meio, Deus suscitou reformadores para reconduzir as pessoas às doutrinas fundamentais da Escritura. Ou levantou Ele outros que lideraram movimentos para cismas de conformidade com as Escrituras; eis por que muitas de nossas denominações atuais foram formadas.

Na metade do século XIX, quase todas as denominações nos Estados Unidos eram de um mesmo ramo, todas basicamente fundamentalistas, adeptas das doutrinas ortodoxas de seus fundadores. A Guerra Civil levou várias dessas denominações a se desmembrarem, passando a ser demarcadas por linhas geográficas, mas os fatores foram sociais, e não teológicos. Muito pouco mudou na virada do século. A Igreja estava ainda aquecendo-se no ocaso das cruzadas evangelísticas de Charles A. Finney, seguidas por aquelas de D. L. Moody e outros.

Àquela altura, certos indivíduos educados na Europa e influenciados pelo racionalismo alemão começaram a ensinar em seminários denominacionais. O diabo sabia que o melhor meio de instilar sua doutrina apóstata nas igrejas era infiltrando-se nos seminários, doutrinando os jovens ministros e enviando-os às igrejas para difundir seus falsos conceitos ao redor do mundo. O grau de fidelidade à Palavra de Deus encontrada nestas denominações atualmente reflete diretamente o sucesso dos líderes denominacionais em manter os hereges fora de seus seminários durante as duas últimas gerações. É uma luta constante! Alguns que venceram a batalha durante o último meio século parecem perdê-la agora.

Uma ilustração da eficácia deste método diabólico é um professor de seminário já falecido. Por mais de 25 anos, ele ocupou "a cadeira de ética cristã" em um que era o maior seminário do país. Ele contribuiu para orientar o pensamento de milhares dos ministros da geração atual. Há vários anos, esse homem foi identificado, sob juramento, como um membro do partido comunista. É alguma surpresa que sua denominação seja a mais radical e descrente da cristandade? Muitos homens, operando consistentemente durante anos, transformaram toda uma denominação, distanciando-a da fé bíblica.

Os precursores desse homem deviam estar em atividade antes e durante a Primeira Guerra Mundial, porque o modernismo tornou-se cada vez mais influente pouco tempo depois de 1920 e desafiou abertamente os fundamentalistas para o controle dos seminários e denominações. É triste dizer que em muitos casos os partidários do modernismo venceram.

Desde aqueles dias, a fragmentação tem sido o resultado. Muitas igrejas e grupos romperam com suas denominações ancestrais, dando origem a outras; mais tarde, algumas delas se dividiram novamente. Hoje, há centenas de grupos e denominações "evangélicos". Há 120 anos, o grupo ao qual pertenço tinha somente uma denominação nos Estados Unidos; na última avaliação, havia 29.

Em algumas grandes denominações, as congregações locais têm pouco a dizer sobre a designação de um ministro, e o poder é centralizado nas mãos de uns poucos. Sob tais condições, os apóstatas agressivos têm conseguido muita influência. Milhões de membros têm enfrentado a decisão entre permanecer na denominação ou afastar-se e iniciar uma nova igreja. Muitos daqueles que "permaneceram no navio" têm sido incapazes de estancar a contínua migração para a apostasia.

OS EFEITOS LETAIS DA APOSTASIA

Clérigos liberais organizaram o Conselho Federal de Igrejas na década de 1940, mas ele tornou-se tão ultraliberal e pró-comunista que os leigos o abandonaram em massa. Ele foi dissolvido, e o Conselho Nacional de Igrejas de Cristo na América tornou-se o porta-voz do Cristianismo cultural. Embora a estrutura tenha sido levemente alterada, um olhar cuidadoso nos ocupantes de cargos de lideranças revelou um jogo de troca de cadeiras;

muitos dos líderes do ex-Conselho Federal dirigiam o Conselho Nacional.

Esta organização religiosa tem acelerado o afastamento da Igreja em relação à Bíblia, empurrando-a cada vez mais fundo para a apostasia. Por negligenciar e rejeitar os ensinos bíblicos, este grupo está levando a práticas e programas que chegam ao limite da blasfêmia.

O modernismo da primeira parte do século XX foi muito radical para muitas pessoas e mesmo alguns líderes; por isso, um novo grupo de teólogos introduziu a neo-ortodoxia nos anos 30. Nesta abordagem, os líderes usam algo da linguagem dos fundamentalistas, mas com significado bem diferente. Este subterfúgio tem enganado a muitos. Alguns neste movimento apóstata degeneraram a tal ponto que vários de seus professores de seminário lançaram o movimento "Deus está morto". Alegam ser "cristãos ateus", seja lá o que isso signifique (provavelmente alguma coisa aparentada com "crente no exílio").

O relacionamento entre políticos socialistas e apostasia teológica tem sido constante. Os primeiros modernistas rejeitaram os ensinos básicos do Cristianismo, tais como o nascimento virginal de Cristo, sua divindade, sua impecabilidade, e muitas outras doutrinas essenciais. Uma vez que isto não deixa nenhuma mensagem espiritual para o povo, eles surgem com o evangelho social. Este tem sido o único padrão imutável do movimento apóstata nos Estados Unidos, que tem empurrado seus adeptos para a linha de frente de uma revolução social.

Atualmente, muitas denominações liberais estão alinhadas com as causas socioliberais, enquanto os teólogos conservadores tendem a alinhar-se com a política conservadora do governo. Na realidade, o ataque maligno de hoje contra os absolutos morais não tem sido induzido somente por humanistas seculares, mas tem sido advogado por ministros liberais de muitas denominações e líderes das principais correntes, além de líderes do Conselho

Nacional de Igrejas. Alguns dos líderes religiosos que mais agressivamente estão instigando a homossexualidade são apóstatas das doutrinas do nascimento virginal, da divindade de Cristo e da inerrância das Escrituras. Um apóstata em teologia dificilmente adotará as diretrizes morais das Escrituras!

A apostasia arruína todas as denominações. A Igreja Metodista serve como ilustração. Quando iniciei meu ministério, os metodistas suplantavam todas as outras denominações protestantes, uma continuação dos dias do movimento de santidade do século XIX. Então os apóstatas começaram a dominar as escolas, como o Seminário Teológico União, e produziram uma geração de ministros apóstatas, que, por sua vez, foram para as igrejas e seminários metodistas e presbiterianos, onde fizeram muitos apóstatas entre as igrejas. Como conseqüência disso, ambas as denominações têm sofrido um sério absenteísmo em seus cultos e uma grave queda no número de membros; todos os grupos dividiram-se e começaram novos grupos baseados nas Escrituras. Muitos membros ficaram tão desiludidos com esta heresia liberal que deixaram definitivamente de comparecer à igreja.

A apostasia não somente destrói a doutrina e a prática cristãs, mas Deus também abandona os apóstatas à sua mente pervertida, e eles começam a morrer. Hoje, estas entre as maiores igrejas perderam a qualidade de caráter doutrinário cristão. A mídia liberal ainda mantém contato com elas, quando procura comentários da comunidade cristã, não porque sejam lídimas cristãs, mas porque compartilham do mesmo programa moral da mídia. Enquanto isso, estas igrejas perderam enorme influência sobre homens e mulheres dos bancos das igrejas.

QUÃO PERTO ESTAMOS?

A história de como Deus governou durante este século de apostasia é muito extensa para ser detalhada aqui, mas é uma história emocionante. Perto do final do século XIX e ao longo do século XX, D. L. Moody e outros foram incomodados e compelidos a organizar institutos bíblicos, centros de treinamento cristão e colégios, os quais prepararam um exército de pastores que se apegaram com obstinação às Escrituras. Este e outros movimentos do Espírito promoveram um crescimento fenomenal entre igrejas conservadoras, até um recente levantamento do Gallup indicar que 41% da população norte-americana alega ter "nascido de novo", uma doutrina raramente ou nunca mencionada pelas denominações apóstatas.

Não fosse pelo mover do Espírito Santo e a obediência de milhões de cristãos ao simples ensino da Escritura, os Estados Unidos seriam hoje uma nação totalmente secularizada, destruindo-se assim a maior fonte na história das missões mundiais. Ao contrário, mesmo neste momento de apostasia denominacional, o Espírito Santo está operando nos corações de numerosos crentes verdadeiros. É maravilhoso observar como as igrejas que ensinam a Bíblia, dependem do ministério do Espírito Santo e evangelizam estão produzindo congregações crescentes e dinâmicas. Ao mesmo tempo, as igrejas apóstatas estão morrendo aos milhares – outro sinal do fim dos tempos.

SETE

Florescimento no Deserto

O humilde personagem intitulava-se botânico, mas ele era de fato um engenheiro químico, formulador de um fertilizante sintético que transformou as areias do deserto de Israel para produzirem como se fossem uma estufa.
— A irrigação funcionou por várias décadas – disse o homem. – Mas ela só umedecia a areia. Minha fórmula, acrescentada à água, fertiliza a areia.
Buck não era um cientista, mas sabia o suficiente para abanar a cabeça diante daquela simples afirmação. A fórmula de Rosenzweig estava fazendo de Israel rapidamente a nação mais rica do mundo, muito mais lucrativa do que o oneroso petróleo de seus vizinhos. Cada centímetro de terra florescia, dando grãos e flores, incluindo produtos jamais concebidos antes em Israel. A Terra Santa tornou-se uma exportadora em potencial, a inveja do mundo, com desemprego praticamente zero. Todos os seus cidadãos prosperaram.
Deixados para Trás, p. 13

Embora grande parte dos maiores eventos descritos em nossa série *Deixados para Trás* baseie-se diretamente em profecias bíblicas específicas acerca da Tribulação e do fim dos tempos, uns poucos elementos significativos do enredo dependem menos da interpretação profética do que da pura imaginação. Um desses elementos imaginativos no primeiro livro foi o desenvolvimento por um cientista israelita (Chaim Rosenzweig) de uma fórmula química secreta que podia fazer o deserto florescer e seus inventores enriquecerem – e, em conseqüência, seus vizinhos, ciumentos e irados.

Embora a invenção de tal composto químico não tenha base na Escritura, como um artifício literário, capacitou-nos a desenvolver dois enredos com genealogia profética definida:

1. A bênção extraordinária de Deus sobre o solo de Israel;
2. Um possível "gatilho" para o ataque surpresa da Rússia e seus aliados contra Israel (veja o capítulo 8).

Que Deus intenta conceder sua extraordinária bênção sobre a terra de Israel no futuro está evidenciado em várias passagens do profeta Isaías:

> O deserto e a terra se alegrarão; o ermo exultará e florescerá como o narciso. Florescerá abundantemente, jubilará de alegria e exultará... Águas arrebentarão no deserto, e ribeiros, no ermo. A areia esbraseada se transformará em lagos, e a terra sedenta, em mananciais de águas; onde outrora viviam os chacais, crescerá a erva com canas e juncos (Isaías 35.1-2, 6-7).

> Abrirei rios nos altos desnudos e fontes no meio dos vales; tornarei o deserto em açudes de águas e a terra seca, em

mananciais. Plantarei no deserto o cedro, a acácia, a murta e a oliveira; conjuntamente, porei no ermo o cipreste, o olmeiro e o buxo, para que todos vejam e saibam, considerem e juntamente entendam que a mão do Senhor fez isso, e o Santo de Israel o criou (Isaías 41.18-20).

Eis que faço coisa nova, que está saindo à luz; porventura, não o percebeis? Eis que porei um caminho no deserto, e rios, no ermo (Isaías 43.9).

Deus está determinado a mostrar ao mundo que Ele não se esqueceu de Israel, nem desviou seus olhos da terra da promessa. Em nossa época, temos visto várias áreas do mundo transformar-se, de pastagens e terras cultivadas, em áreas estéreis e estorricadas; o deserto do Saara no norte da África, por exemplo, continua ano após ano avançando mais e mais sobre as terras. Mas, quando foi a última vez que vimos um deserto tornar-se num jardim viçoso? Isto, porém, é exatamente o que Deus prometeu fazer na terra de Israel!

Embora crentes de que Deus realizará este grande feito durante o reino milenar de Cristo, já antevemos indícios do que Ele tem em mente. Nos anos desde que Israel tornou-se uma nação, a chuva tem aumentado visivelmente sobre toda a Palestina. Em conseqüência disto, o país tem produzido colheitas de proporção extraordinária. De fato, quando estivemos em Israel há algum tempo, vimos frutas e vegetais maiores do que aqueles que crescem no famoso Vale Imperial da Califórnia!

Uma coisa está bem clara: Certamente, o deserto israelita parece pronto a "alegrar-se", "exultar", "jubilar-se" e "florescer abundantemente", como o narciso. Poderia ser de outra forma? Ora, quando a mão de Deus abençoa um pedaço de terra, esta floresce e explode em uma empolgante demonstração de vida.

OITO

Um Desastroso e Sorrateiro Ataque

O rádio noticiava os relatos dos pilotos israelenses. Eles diziam que não conseguiram chegar ao espaço aéreo em tempo para fazer qualquer coisa, a não ser ficar olhando toda a ofensiva aérea russa parecendo querer auto-aniquilar-se totalmente.

Milagrosamente, nenhuma morte foi noticiada em todo o Israel. Em outras condições, Buck poderia ter acreditado que algum misterioso desacerto tivesse levado míssil e avião a destruir-se mutuamente. Mas as testemunhas disseram que tinha sido uma tempestade de fogo acompanhada de chuva, granizo e tremor de terra, que anulara o esforço ofensivo.

Teria sido uma chuva de meteoros determinada divinamente? Talvez. Mas o que dizer de centenas e milhares de fragmentos de aço queimados, retorcidos, derretidos, arremessados contra o solo em Haifa, Jerusalém, Tel-Aviv, Jericó, e até em Belém – demolindo os antigos muros, mas não chegando sequer a arranhar uma criatura viva? A luz do dia revelou o massacre e denunciou a aliança secreta da Rússia com as nações do Oriente Médio, principalmente a Etiópia e a Líbia.

No meio das ruínas, os israelenses encontraram material que poderia servir como combustível e preservar seus recursos naturais por mais de seis anos. Forças especiais competiam com falcões e abutres pela carne dos inimigos mortos, procurando enterrá-los antes que seus ossos fossem descarnados e a doença ameaçasse a nação.
Deixados para Trás, p. 18

O profeta Ezequiel recebeu uma profecia detalhada há 2.500 anos, segundo a qual a Rússia tornar-se-ia um participante dominante no cenário mundial dos últimos dias (Ezequiel 38–39). Ele chega mesmo a predizer que seus aliados marchariam a seu lado contra as montanhas de Israel. Seu objetivo seria terminar o que Adolf Hitler não foi capaz de fazer, ou seja, a destruição de todos os judeus da face da terra.

Entretanto, esses invasores serão bem menos sucedidos que os nazistas, pois Ezequiel também prediz que Deus destruirá de maneira sobrenatural os exércitos agressores da Rússia para mostrar-lhes seu poder onipotente perante o mundo e demonstrar que Ele tem planos ainda não concluídos para a nação de Israel.

QUANDO E QUEM?

Estas duas passagens proféticas estão entre as mais específicas e fáceis de compreender. Elas não somente indicam o tempo do seu cumprimento, por seguir-se imediatamente ao capítulo 37 – uma descrição do reagrupamento gradual de Israel –, mas o profeta também afirma expressamente que os acontecimentos se darão "depois de muitos dias... no fim dos anos" (Ezequiel 38.8). Poucos estudiosos de profecia, se é que haja algum, questionam o cumprimento potencial deste texto no fim dos tempos e que a Rússia e seus aliados descerão à pequena nação de Israel "para tomar o despojo" (Ezequiel 38.13).

Veio a mim a palavra do Senhor, dizendo: Filho do homem, volve o rosto contra Gogue, da terra de Magogue, príncipe de Rôs, de Meseque e Tubal; profetiza contra ele e dize: Assim diz o Senhor Deus: Eis que eu sou contra ti, ó Gogue, príncipe de Rôs, de Meseque e Tubal. Far-te-ei que te volvas, porei anzóis no teu queixo e te levarei a ti e todo o teu exército, cavalos e cavaleiros, todos vestidos de armamento completo, grande multidão, com pavês e escudo, empunhando todos a espada; persas e etíopes e Pute com eles, todos com escudo e capacete; Gômer e todas as suas tropas; a casa de Togarma, da banda do norte, e todas as suas tropas, muitos povos contigo. Prepara-te, sim, dispõe-te, tu e toda a multidão do teu povo que se reuniu a ti, e serve-lhe de guarda. Depois de muitos dias, serás visitado; no fim dos anos, virás à terra que se recuperou da espada, ao povo que se congregou dentre muitos povos sobre os montes de Israel, que sempre estavam desolados; este povo foi tirado de entre os povos, e todos eles habitarão seguramente. Então, subirás, virás como tempestade, far-te-ás como nuvem que cobre a terra, tu, e todas as tuas tropas, e muitos povos contigo...
Virás, pois, do teu lugar, das bandas do norte, tu e muitos povos contigo, montados todos a cavalo, grande multidão e poderoso exército; e subirás contra o meu povo de Israel, como nuvem, para cobrir a terra. Nos últimos dias, hei de trazer-te contra a minha terra, para que as nações me conheçam a mim, quando eu tiver vindicado a minha santidade em ti, ó Gogue, perante elas...

Naquele dia, quando vier Gogue contra a terra de Israel, diz o Senhor Deus, a minha indignação será mui grande. Pois, no meu zelo, no brasume do meu furor, disse que, naquele dia, será fortemente sacudida a terra de Israel... Chamarei contra Gogue a espada em todos os meus montes, diz o Senhor Deus; a espada de cada um se voltará contra o seu próximo. Contenderei com ele por meio da peste e do sangue; chuva inundante, grandes pedras de saraiva, fogo e enxofre farei cair sobre ele, sobre as suas tropas e sobre os muitos povos que estiverem com ele. Assim, eu me engrandecerei, vindicarei a minha santidade e me darei a conhecer aos olhos de muitas nações; e saberão que eu sou o Senhor (Ezequiel 38.1-9, 15-16, 18-19, 21-23).

Etimologicamente, Gogue e Magogue de Ezequiel 38 e 39 podem somente significar a Rússia desta época. "Magogue foi o segundo filho de Jafé, que, de acordo com Josefo, o grande historiador, estabeleceu-se ao norte do mar Negro. Tubal e Meseque foram o quinto e sexto filhos de Jafé, cujos descendentes estabeleceram-se ao sul do mar Negro."[1] Estas tribos casaram-se entre si e ficaram conhecidas como Magogue. Vários historiadores (Plínio, Josefo, Heródoto e outros) indicam que eles foram também conhecidos como citas e referem-se a eles como "um povo bárbaro".[2]

Não dependemos somente do estudo de etimologia para provar a identidade de Gogue. Em Ezequiel 39.2, Deus diz a Gogue: "Far-te-ei que te volvas e te conduzirei, far-te-ei subir dos lados do Norte e te trarei aos montes de Israel." Todas as direções bíblicas são dadas em relação a Israel. "Norte" significa norte de Israel, "sul" significa sul de Israel, etc. Qualquer mapa mostrará que a Rússia está efetivamente situada ao norte de Israel. O texto reafirma isto por referir-se à nação agressora como sendo "das bandas do norte" (38.15).

Temos, pois, evidência tanto interna quanto externa para crer que a Rússia é, certamente, a nação que cumprirá a predição do profeta Ezequiel para os últimos dias.

O fato ainda mais notável é que os aliados de Gogue – Pérsia, Líbia, Gômer [supõe-se que seja a Turquia], Etiópia e Togarma – são todos países árabes muçulmanos hoje, sendo "por acaso" sua fiel aliada a Rússia. Seu ódio pactuado, esmagador e veemente é para com Israel. Na verdade, 55 milhões dos 250 milhões de habitantes da Rússia são árabes, a *maioria* dos quais odeia Israel. Por séculos, os estudiosos de profecia convenceram-se de que a Rússia e aqueles que a controlam liderarão a marcha do mundo árabe em direção às montanhas de Israel, onde Deus mostrar-se-á poderoso para todo o mundo ao destruir os exércitos inimigos.

CORPOS, CORPOS POR TODA PARTE

Tu, pois, ó filho do homem, profetiza ainda contra Gogue e dize: Assim diz o Senhor Deus: Eis que eu sou contra ti, ó Gogue, príncipe de Rôs, de Meseque e Tubal. Far-te-ei que te volvas e te conduzirei, far-te-ei subir das bandas do norte e te trarei aos montes de Israel. Tirarei o teu arco da tua mão esquerda e farei cair as tuas flechas da tua mão direita. Nos montes de Israel, cairás, tu, e todas as tuas tropas, e os povos que estão contigo; a toda espécie de aves de rapina e aos animais do campo eu te darei, para que te devorem...

Os habitantes das cidades de Israel sairão e queimarão, de todo, as armas, os escudos, os paveses, os arcos, as flechas, os bastões de mão e as lanças; farão fogo com tudo isto por sete anos... Naquele dia, darei ali a Gogue um lugar de sepultura em Israel, o vale dos Viajantes, a oriente do mar; espantar-se-ão os que por ele passarem. Nele, sepultarão a Gogue e a todas as suas forças e lhe chamarão o vale das Forças de Gogue. Durante sete meses, estará a casa de Israel a sepultá-los, para limpar a terra (Ezequiel 39.1-4, 9, 11-12).

O julgamento de Deus sobre essas hordas invasoras será seguro e rápido. Embora os amigos de Israel vejam claramente o ataque iminente, tudo o que farão é enviar uma delegação para perguntar a respeito das intenções da Rússia: "Sabá e Dedã, e os mercadores de Társis, e todos os seus governadores rapaces te dirão: Vens tu para tomar o despojo? Ajuntaste o teu bando para arrebatar a presa, para levar a prata e o ouro, para tomar o gado e as possessões, para saquear grandes despojos?" (Ezequiel 38.13). Mas esta é a extensão da sua resposta. Eles não oferecem ajuda alguma a Israel – e então Deus intervém.

O Senhor Todo-Poderoso enviará um terremoto e um violento tremor, tão grande que "os montes serão deitados abaixo" (Ezequiel 38.20). Ele fará chover sobre Gogue grandes pedras de saraiva, fogo e enxofre, juntamente com chuva inundante e pestilência. E, quando isso terminar, nenhum dos inimigos de Deus será deixado de pé. Antes, seus cadáveres jazerão sobre o solo, tornando-se em comida para as aves de rapina e os animais do campo.

Tão grande será o massacre que o povo de Israel passará sete meses procurando e enterrando os corpos das tropas aniquiladas. Uma enorme sepultura comum será escavada naquele que será chamado o vale de Hamom Gogue ("as hordas de Gogue"). Os apetrechos de guerra deixados para trás pelos exércitos dizimados serão também recolhidos, não para reutilização, mas para destruição e queima. Tantas serão as armas a serem recuperadas que, para queimá-las, serão necessários sete anos.

Este período profetizado de sete anos para a queima das armas russas é a razão por que em *Deixados para Trás* colocamos o ataque da Rússia sobre Israel uns três anos e meio antes do início da Tribulação. A Escritura ensina que, na segunda metade dos sete anos de Tribulação, Israel uma vez mais será expulso de sua pátria; portanto, se o país deve passar sete anos queimando aquelas armas, a invasão russa deve ter lugar pelo menos três anos e meio antes desse tempo.

Alguns leitores desta profecia têm tropeçado sobre a referência à queima das armas. Enquanto tal atividade fazia sentido nos tempos das lanças, flechas e carros de madeira, raciocinam eles, certamente não faz sentido nestes dias de tanques, aviões e canhões de aço. Como queimar o aço?

A resposta é: não haverá necessidade de fazer isso. Há alguns anos, os russos têm usado Lignostone [madeira pétrea], inventado por um holandês em Ter Apel; é um tipo especial de madeira usada como "quebra-coque". É mais forte do que o aço, é muito elástico... e queima melhor do que carvão.[3]

DAS CINZAS DA HISTÓRIA

A história russa remonta ao capítulo dez de Gênesis, cerca de 2.000 ou mais anos antes de Cristo. Apesar de tão longa existência, a Rússia equivale a pouco. Na melhor das hipóteses, ela poderia ser descrita por um historiador como "um povo bárbaro, que habitou nas montanhas Moschi". Por outro lado, os russos receberam menção escassa da História até Pedro, o Grande, no século XVIII, o qual tentou sem sucesso amalgamar o povo e fazer dele um poder coeso. Pelos padrões europeus, os russos foram sempre um povo retrógrado. No ano de 1905, tão impotente era a Rússia que não pôde competir nem mesmo com uma nação asiática emergente, o Japão, na guerra russo-japonesa.

Três anos após o início da Primeira Guerra Mundial, os bolcheviques destronaram o czar e executaram sua família, pondo um fim à monarquia para sempre. A partir dali, o povo soviético sofreu mais de 70 anos sob a mais desumana repressão imposta ao ser humano. Estima-se que seus sucessivos ditadores comunistas mataram mais de 65 milhões de pessoas. Durante esses anos de sofrimento e penúria, os comunistas elitistas exauriram o país, levando-o a uma bancarrota virtual na vã tentativa de fazer da nação uma superpotência igual aos Estados Unidos.

É interessante que a Rússia tenha pouca história do evangelismo cristão nos últimos anos, quando, após a Segunda Guerra Mundial e a queda do império soviético, os esforços evangelísticos foram feitos por onda curta radiofônica. Desde então, milhões chegaram à fé em Cristo. Infelizmente, porém, estes novos cristãos representam aqueles que o presidente russo Boris Yeltsin e os comunistas que ainda controlam o país gostariam de eliminar; entretanto, este é o único grupo que, no gozo da liberdade, desenvolveria melhor a vida e a cultura da Rússia.

Hoje a Rússia está aliada com as nações muçulmanas – como delineou Ezequiel – e juntas têm condições de fazer exatamente o que o profeta predisse. É significativo que todas essas condições podem ser esboçadas desde a Primeira Guerra Mundial e a revolução bolchevique que produziu o império comunista russo. Tudo começou como resultado do envolvimento do governo russo na Primeira Guerra Mundial em 1917, o mesmo ano em que os judeus começaram a retornar a Israel.

O COLAPSO POTENCIAL DA RÚSSIA

A atual capacidade da Rússia para fazer o que Ezequiel predisse faz dela um significante "sinal" ou "dor de parto" do retorno de Cristo e do fim dos tempos.

Nos dias da chamada guerra fria, a hostilidade entre as superpotências, os Estados Unidos e a Rússia, Israel era constantemente um espinho no lado russo. Os oficiais soviéticos não podiam traçar um plano tático levando em conta apenas os Estados Unidos; eles tinham sempre de considerar Israel, de certo modo o terceiro país mais poderoso do mundo. Como aliado da América do Norte, Israel estava armado até os dentes. A Rússia nunca pôde considerar o ataque aos Estados Unidos ignorando o poderio de Israel. Cremos que a razão de os soviéticos terem aplicado bilhões de rublos (dos quais mal podiam dispor) para armar o mundo árabe teve como objetivo contrabalançar o poderio do Estado de Israel.

O problema é que, nos últimos dez anos, desde a queda do muro de Berlim e o colapso da União Soviética, a Rússia tem vivido sobre um terreno movediço. O líder da nação, o carismático Boris Yeltsin, tem sido praticamente ineficiente por causa do seu vício alcoólico e sua condição cardíaca. A economia do país está em escombros desde quando os oficiais se recusaram a adotar a livre empresa em alta escala. O perfil do país está pior hoje do que quando desfrutou de liberdade pela primeira vez em 70 anos. O governo instável torna o país vulnerável à tomada do controle pela linha dura dos comunistas, que estão esperando nas alas do partido para reconquistar o poder. A paz está em risco no mundo, porque a Rússia e seus países satélites ainda possuem mais de 30 mil mísseis nucleares apontados para o Ocidente.

Ascensão da Rússia
Ezequiel 38–39

Nossa vantagem é que a Rússia está em condições precárias. Ela pode enfrentar uma revolução, tornar-se uma ditadura, ou simplesmente ruir sob seu próprio peso burocrático, tornando-se um quinto poder. Seu exército não é mais o monstro temível que foi considerado há algum tempo; prova disso foi o que aconteceu no Afeganistão e no pequeno país independente da Chechênia.

Não parece que o tempo está favorecendo a Rússia. Se ela está caminhando para ser a potência que Ezequiel previu que seria, é melhor que se apresse, ou não será capaz de fazê-lo. Se a Rússia deve atacar Israel, seria melhor fazer isso logo!

E indícios há de que a Rússia está se preparando para fazer exatamente isto. De acordo com muitas informações vindas dessa região do mundo, a Rússia e seus aliados muçulmanos estão fazendo tudo o que podem para fomentar a guerra contra Israel. Que milhões de vidas estejam em risco é inconseqüente para eles, que desejam aniquilar Israel a qualquer preço.

Durante anos, uma das mais confiáveis fontes de inteligência geopolítica (informações secretas), notadamente sobre a Europa e o Oriente Médio, tem sido o *Intelligence Digest*. Em 19 de setembro de 1997, a edição tinha por título "A Próxima, e Final, Guerra Árabe-Israelense", e os editores publicaram este incrível relato:

> Há evidência agora para apoiar a visão de que a hora da verdade do Oriente Médio pode ocorrer por volta da segunda metade de 1998 – e a razão para isto é tão dramática como a própria notícia. Há toda possibilidade de Moscou, por quaisquer motivos próprios, tomar a decisão de precipitar uma guerra árabe-israelense dentro desse período. A Guerra Árabe-Israelense Tem Estado Consideravelmente Mais Próxima pelas Ações Recentes da Rússia. Os próximos 18 meses no Oriente Médio serão carregados de perigo, havendo a intervenção diplomática mais alta possível da parte dos Estados Unidos, no caso de uma guerra catastrófica no Oriente Médio que envolva armas químicas, biológicas e nucleares, as quais devem ser evitadas. *Uma guerra árabe-israelense pode eclodir tão logo como a segunda metade de 1998.*

Há razões para termos previamente discutido que a próxima guerra árabe-israelense é improvável de ocorrer antes de 2000. A primeira razão é que não há lógica alguma em promover guerra antes de toda concessão possível ter sido feita por Israel por meios pacíficos, e, por toda sua pública oposição ao processo de paz, aqueles do partido árabe/iraniano da guerra sempre entenderam que negociar a recuperação da Faixa de Gaza, Margem Ocidental e, possivelmente, as colinas de Golan fez muito mais sentido do que lutar por elas. Assim, como argumentamos, é bem provável que a guerra aconteça antes do final de 2000. Agora, porém, a opinião no campo da guerra é que muito das maiores concessões já foi feito por Israel. Ninguém acredita mais que o exército israelita deixará a demarcação da Margem Ocidental, abandonará o vale do Jordão, ou sairá das colinas de Golan – esperemos para ver.

Atualmente, 40 mil palestinos armados estão na Margem Ocidental e em Gaza. Recente espionagem mostrou que a Síria tem muito mais mísseis SCUD C (montados com ogivas químicas de tipo avançado) do que anteriormente se supunha. Mais importante ainda, um último informe dos serviços de inteligência mostra que a Síria tem uma alta proporção inusitada de lançadores de mísseis... Isto habilitará a Síria a lançar uma barragem de fogo de mísseis contra Israel em um único impulso. Com tal capacidade, a Síria pode pensar legitimamente que Israel não ousará usar seu arsenal nuclear.[4]

Ora, 1998 já veio e se despediu, e este ataque não aconteceu. Mas a Rússia permanece ainda na dúvida entre dois infelizes dilemas. Ou ela avança contra Israel no futuro próximo, ou cai na lata de lixo econômica da História, perdendo, nesse caso, suas reais condições, restando a seus aliados fazerem o que o profeta Ezequiel profetizou. Quanto tempo a Rússia tem antes de sua débil economia destruí-la interiormente? Com base em seu grau de declínio desde o desmantelamento do seu império, os especialistas dizem que cinco, dez, talvez 20 anos. Sabe-se que as ogivas têm vida de sete anos em estoque; elas morrerão em seus depósitos antes que chegue a próxima década, e a Rússia não mais será capaz de cumprir a profecia.

Apenas mais uma razão para crer que Cristo pode vir em nossa geração.

NOVE

Arrebatados!

As emissoras de televisão de todas as localidades do mundo informavam ocorrências estranhas, especialmente em áreas de horários diferentes, onde o acontecimento se deu durante o dia ou ao anoitecer. A televisão mostrou via satélite o vídeo de um noivo desaparecendo enquanto colocava a aliança no dedo de sua noiva. Numa cerimônia fúnebre realizada em determinada residência na Austrália, quase todos os presentes desapareceram durante o serviço religioso, incluindo o cadáver, enquanto em outro velório, no mesmo instante, somente uns poucos desapareceram, permanecendo o cadáver. Os necrotérios também relataram o desaparecimento de corpos. Num enterro, três dos seis que carregavam o caixão o largaram, e ele caiu no chão. Os três desapareceram. Quando levantaram o caixão, os circunstantes perceberam que ele estava vazio.
Deixados para Trás, p. 47

Um dos eventos proféticos mais persuasivos na Bíblia

é chamado de o "Arrebatamento" da Igreja. Ele é ensinado claramente em 1 Tessalonicenses 4.13-18, onde o apóstolo Paulo provê-nos os melhores detalhes disponíveis:

> Não queremos, porém, irmãos, que sejais ignorantes com respeito aos que dormem, para não vos entristecerdes como os demais, que não têm esperança. Pois, se cremos que Jesus morreu e ressuscitou, assim também Deus, mediante Jesus, trará, em sua companhia, os que dormem. Ora, ainda vos declaramos, por palavra do Senhor, isto: nós, os vivos, os que ficarmos até à vinda do Senhor, de modo algum precederemos os que dormem. Porquanto o Senhor mesmo, dada a sua palavra de ordem, ouvida a voz do arcanjo, e ressoada a trombeta de Deus, descerá dos céus, e os mortos em Cristo ressuscitarão primeiro; depois, nós, os vivos, os que ficarmos, seremos arrebatados juntamente com eles, entre nuvens, para o encontro do Senhor nos ares, e, assim, estaremos para sempre com o Senhor. Consolai-vos, pois, uns aos outros com estas palavras.

Ninguém pode contestar que o arrebatamento da igreja ensinado nesta passagem consistirá dos seguintes cinco eventos:

1. "O Senhor mesmo, dada a sua palavra de ordem, ouvida a voz do arcanjo, e ressoada a trombeta de Deus, descerá dos céus."
2. "Os mortos em Cristo ressuscitarão primeiro."
3. "Depois, nós, os vivos, os que ficarmos, seremos arrebatados juntamente com eles, entre nuvens."
4. "Para o encontro do Senhor nos ares."
5. "Estaremos para sempre com o Senhor."

UM GRANDE MISTÉRIO

A palavra *arrebatamento* vem da tradução latina do século IV, chamada Vulgata, do grego *harpadzo* (que ocorre em 1 Tessalonicenses 4.17), e tem sido adotada por muitos como a melhor palavra isolada para expressar o acontecimento que ela caracteriza. Alguns tradutores têm usado outras palavras para identificar o mesmo fato, mas nenhuma expressão é melhor do que "arrebatar, arrebatamento".

Em 1 Coríntios 15.51-52, Paulo desvelou o que ele chamou "mistério" – que os cristãos "transformados seremos todos num momento, num abrir e fechar de olhos". Este mistério foi revelado primeiramente pelo apóstolo Paulo; ele não é mencionado quer no Velho Testamento quer por Jesus em sua exposição no monte das Oliveiras. Alguns acham que João alude a isto em Apocalipse 4.1-2.

Enoque, no Velho Testamento, serve como uma ilustração desta experiência transformadora. A Bíblia diz: "Andou Enoque com Deus e já não era, porque Deus o tomou para si" (Gênesis 5.24). Virá o dia quando todos os crentes serão transformados como o piedoso Enoque, cujo corpo terreno foi repentinamente feito apropriado para estar no céu com Deus. Nos termos de Paulo, isto acontecerá quando "este corpo corruptível se revestir de incorruptibilidade" (1 Coríntios 15.54).

Portanto, o Arrebatamento não é somente para aqueles cristãos que estiverem vivos e permanecerem quando da vinda de Cristo, mas inclui todos os crentes do dia de Pentecoste (quando começou a Igreja) até o dia da volta de Cristo para a sua Igreja. O ensino claro deste texto é que, em uma fração de tempo, em resposta à "sua palavra de ordem", tanto os crentes mortos como os santos vivos serão arrebatados e subirão aos ares, entre nuvens, para o encontro com o Senhor.

ARREBATAMENTO, A BENDITA ESPERANÇA

Preferimos chamar este acontecimento miraculoso de "a bendita esperança", a expressão que Paulo usa em Tito 2.13: "Aguardando a bendita esperança e a manifestação da glória do nosso grande Deus e Salvador Cristo Jesus." É exatamente isto que o Arrebatamento significa, uma bendita esperança.

Quando a Bíblia usa a palavra "esperança" aqui, isso não significa algo lindo que ansiosamente achamos que pode acontecer, mas sim um fato cabal do futuro, prometido pela Palavra infalível de Deus. Neste caso, "esperança" significa uma expectativa presente, confiável, de certo evento futuro. É esta esperança que tem caracterizado os crentes em Cristo por 2.000 anos. Quando algum ser amado morre (ou "dorme em Jesus", para usar a terminologia bíblica), ele espera esta ressurreição, quando os mortos ressuscitarão primeiro e, então, os crentes que ainda estiverem vivos serão transformados para estar com o Senhor. E este não é um repouso temporário, umas férias curtas das dificuldades terreais! Paulo acrescenta: "estaremos *para sempre* com o Senhor". Ora, *isto é* esperança!

DOIS ESTÁGIOS DA SEGUNDA VINDA DE CRISTO

Quando as mais de 300 referências bíblicas sobre a segunda vinda de Cristo são cuidadosamente examinadas, torna-se claro que há dois estágios dela. Há de longo tempo muitas atividades conflitivas relacionadas com seu retorno, no propósito de fundir em uma as duas vindas. Somos devedores ao Dr. Thomas Ice, diretor-executivo da Pre-Trib Research Center, por haver traçado dois gráficos ilustrativos, um que traz uma lista dos eventos contrastantes, e outro fornecendo os textos bíblicos relacionados a cada qual.

Uma vez que sabemos que não há contradições na Palavra de Deus, nosso Senhor deve estar nos dizendo alguma coisa aqui. Muitos estudiosos que tomam a Bíblia literalmente, sempre

Localizando o Período da Tribulação
Mateus 24.29-31

A Casa do Pai

TRIBUNAL DE CRISTO   BODAS do CORDEIRO
1 Co 3.9-15

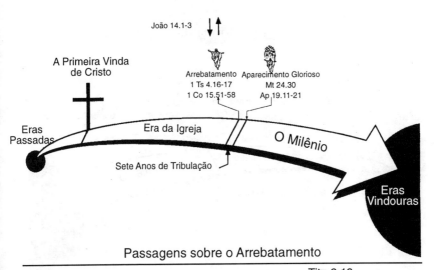

João 14.1-3

A Primeira Vinda de Cristo

Arrebatamento
1 Ts 4.16-17
1 Co 15.51-58

Aparecimento Glorioso
Mt 24.30
Ap 19.11-21

Eras Passadas

Era da Igreja

Sete Anos de Tribulação

O Milênio

Eras Vindouras

Passagens sobre o Arrebatamento

João 14.1-3		Tito 2.13
Romanos 8.19	1 Tessalonicenses 1.10	Hebreus 9.28
1 Coríntios 1.7-8	1 Tessalonicenses 2.19	Tiago 5.7-9
1 Coríntios 15.51-53	1 Tessalonicenses 4.13-18	1 Pedro 1.7, 13
1 Coríntios 16.22	1 Tessalonicenses 5.9, 23	1 Pedro 5.4
Filipenses 3.20-21	2 Tessalonicenses 2.1	1 João 2.28–3.2
Filipenses 4.5	1 Timóteo 6.14	Judas 1.21
Colossenses 3.4	2 Timóteo 4.1, 8	Apocalipse 2.25
		Apocalipse 3.10

Passagens sobre a Segunda Vinda de Cristo

Daniel 2.44-45	Mateus 26.64	2 Tessalonicenses 1.6-10
Daniel 7.9-14	Marcos 13.14-27	2 Tessalonicenses 2.8
Daniel 12.1-3	Marcos 14.62	1 Pedro 4.12-13
Zacarias 12.10	Lucas 21.25-28	2 Pedro 3.1-14
Zacarias 14.1-15	Atos 1.9-11	Judas 1.14-15
Mateus 13.41	Atos 3.19-21	Apocalipse 1.7
Mateus 24.15-31	1 Tessalonicenses 3.13	Apocalipse 19.11–20.6
		Apocalipse 22.7, 12, 20

que possível, acreditam que Ele está falando de uma "vinda" em dois estágios. Primeiro, Ele virá repentinamente nos ares para arrebatar sua igreja e levar os crentes para a casa de seu Pai, em cumprimento à sua promessa em João 14.1-3. Lá, eles comparecerão diante do trono do julgamento de Cristo (2 Coríntios 5.8-10) e participarão da ceia das bodas do Cordeiro (Apocalipse 19.1-10). Segundo, Ele termina sua segunda vinda ao retornar à terra gloriosa e publicamente, com grande poder, para estabelecer seu reino.

A Segunda Vinda de Cristo

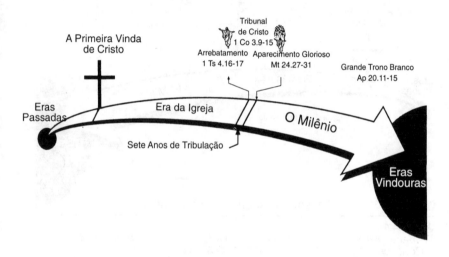

Embora muitas passagens falem tanto do Arrebatamento como do Aparecimento Glorioso, cinco passagens primordiais ilustram quão diferentes são esses dois acontecimentos. As melhores que caracterizam o Arrebatamento são João 14.1-3, 1 Tessalonicenses 4.16-17 e 1 Coríntios 15.50-58. As melhores que detalham o Aparecimento Glorioso do Senhor são a própria afirmação de Jesus de sua vinda em Mateus 24.27-31 e a única em Apocalipse 19.11–20.6. Observe os detalhes cuidadosamente!

ACONTECIMENTOS DO ARREBATAMENTO

1. O próprio Senhor descerá da casa de seu Pai, onde Ele está preparando um lugar para nós (João 14.1-3 e 1 Tessalonicenses 4.16).
2. Ele virá novamente para receber-nos para si mesmo (João 14.1-3).
3. Ele ressuscitará aqueles que dormem nele (crentes mortos que não precederemos; 1 Tessalonicenses 4.14-15).
4. O Senhor dará a ordem enquanto desce (1 Tessalonicenses 4.16).
   Tudo isto tem lugar "num abrir e fechar de olhos" (1 Coríntios 15.52).
5. Ouviremos a voz do arcanjo (talvez para liderar Israel durante os sete anos de Tribulação, como ele fez no Velho Testamento; 1 Tessalonicenses 4.16).
6. Ouviremos também a trombeta de Deus (1 Tessalonicenses 4.16), sua última trombeta para a Igreja. (Não confundir esta com a sétima trombeta do julgamento sobre o mundo durante a Tribulação, em Apocalipse 11.15.)
7. Os mortos em Cristo ressuscitarão primeiro. (As cinzas corruptíveis de seus corpos mortos serão tornadas incorruptíveis e juntar-se-ão ao seu espírito, que Jesus trará com Ele; 1 Tessalonicenses 4.16-17.)
8. Então, nós, os que estivermos vivos e permanecermos, seremos transformados (feitos incorruptíveis, com nosso corpo "imortal" (1 Coríntios 15.51, 53).
9. Então seremos arrebatados juntos (1 Tessalonicenses 4.17).
10. Com eles nas nuvens (onde crentes mortos e vivos terão uma esplendorosa reunião; 1 Tessalonicenses 4.17).
11. Para encontrar o Senhor nos ares (1 Tessalonicenses 4.17).
12. "Voltarei e vos receberei para mim mesmo". Jesus nos

leva para a casa do Pai, "para que, onde eu estou, estejais vós também" (João 14.3).
13. "Assim, estaremos para sempre com o Senhor" (1Tessalonicenses 4.17).
14. O tribunal de Cristo (2 Coríntios 5.10). Quando da sua chamada aos crentes, Cristo julgará todas as coisas. Os cristãos comparecerão perante o trono do julgamento de Cristo (Romanos 14.10; 2 Coríntios 5.10), descrito detalhadamente em 1 Coríntios 3.11-15. Este julgamento prepara os cristãos para...
15. As bodas do Cordeiro. Antes de sua vinda à terra, com poder e grande glória, Cristo encontrará sua noiva, a Igreja, e serão celebradas as bodas do Cordeiro. Nesse entretempo, após o arrebatamento da Igreja, o mundo sofrerá um tempo sem precedente da ira de Deus, que nosso Senhor chama de a Grande Tribulação (Mateus 24.21).

(Nota: Somente a posição pré-tribulacionista permite suficiente tempo para o trono do julgamento de Cristo e as bodas do Cordeiro.)

EVENTOS DO APARECIMENTO GLORIOSO
1. Imediatamente após a Tribulação (Mateus 24.29)
2. Fenômeno cósmico no sol, na lua e nas estrelas (Mateus 24.29)
3. O céu se abre, Cristo aparece sobre um cavalo branco (Apocalipse 19.11)
4. Seguido por exércitos do céu (Apocalipse 19.14)
5. Sinal do Filho do Homem no céu, visto por todos (Mateus 24.30)
6. Vindo em poder e grande glória (Mateus 24.30)
7. Os descrentes lamentam por não estarem preparados (Mateus 24.30)

8. A besta (anticristo) e seus exércitos confrontam Cristo (Apocalipse 19.19)
9. Cristo lança a besta e o falso profeta no lago de fogo (Apocalipse 19.20)
10. Os que o rejeitaram são mortos (Apocalipse 19.21)
11. Satanás é lançado no abismo por mil anos (Apocalipse 20.1-3)
12. Ressurreição dos santos do Velho Testamento e da Tribulação (Mateus 24.31; Apocalipse 20.4)
13. Cristo julga as nações e estabelece seu reino (Mateus 25)

Mesmo uma leitura casual destas duas listas revela que elas falam de dois eventos totalmente diferentes. Uma retrata uma vinda secreta e seletiva de Cristo para sua Igreja, uma grande fonte de conforto para todos os incluídos; outra retrata um aparecimento público, quando todo olho o verá, uma grande fonte de pesar e lamento para aqueles cujo dia do julgamento chegou. Analise a próxima ilustração e imagine, se puder, se estes eventos são simultâneos; achamos que você concluirá que *precisará* haver um período de tempo entre eles. Sete anos seriam suficientes para todas estas coisas e a Tribulação acontecerem.

A vinda de Cristo *precisa* ocorrer em dois estágios, para dois grupos de pessoas diferentes e cumprimento de dois propósitos diferentes. O primeiro é o Arrebatamento, quando todos os cristãos vivos e mortos serão transportados ao alto para estarem com Cristo na casa do Pai. O segundo é para todas as pessoas do mundo, que serão julgadas por rejeitarem Cristo. O primeiro é secreto, para um grupo especial; o segundo é público, para todos os que ficaram na terra. São eventos inteiramente distintos!

O Dr. David L. Cooper freqüentemente comparava a segunda vinda de Cristo a uma peça teatral em dois atos, separados por um intervalo de sete anos (a Tribulação). O apóstolo Paulo distinguiu estes dois eventos em Tito 2.13 ao designá-los de "a bendita esperança e a manifestação da glória".

"A bendita esperança" pode muito bem referir-se unicamente ao arrebatamento dos crentes exatamente um pouco antes do começo da Tribulação. Por outro lado, pode também referir-se à ressurreição, quando todos os crentes serão ressuscitados para viver com Deus na eternidade, onde estarão com seus amados que compartilham da fé em Cristo. Ou pode se referir a ambas as coisas, pois elas são uma "bendita esperança" para o cristão e são designadas por Deus para "confortar" seus filhos (1 Tessalonicenses 4.18). Esta doutrina traz conforto e esperança tanto quando perdemos nossos amados pela morte, como quando examinamos os sinais dos tempos e concluímos que a Tribulação pode estar se aproximando rapidamente.

A CRONOLOGIA DO ARREBATAMENTO

Por quase 200 anos, houve uma controvérsia crescente e muito acre sobre a cronologia do Arrebatamento. Algumas vezes, o debate tornou-se cáustico – uma circunstância muito lamentável, uma vez que todos esses mestres (quaisquer que fossem suas interpretações) amavam o Senhor e ansiavam por seu retorno. Na realidade, temos vários amigos com os quais concordamos sobre muitas outras doutrinas bíblicas; entretanto, sobre este ponto discordamos.

Em consideração a eles, devo comentar que geralmente tomam literalmente outros importantes ensinos da Bíblia; somente em passagens proféticas, optam por uma abordagem mais simbólica. Por esta razão, tendem a crer que a Tribulação não deve ser tão drástica como uma leitura literal de muitas passagens sobre o assunto indica.

Tenho freqüentemente brincado com esses amigos: "Não se preocupem, todos nós estamos indo no mesmo tempo, de acordo com a previsão dele, não sua ou minha." Penso que eles, no

Eventos da Segunda Vinda de Cristo Comparados
A Casa do Pai

TRIBUNAL DE CRISTO   BODAS do CORDEIRO
1 Co 3.9-15

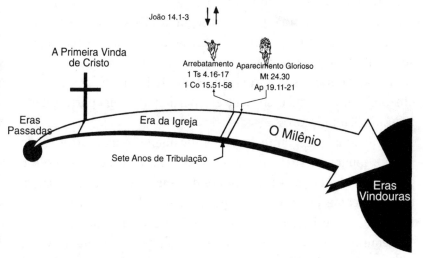

Arrebatamento/Bendita Esperança	Aparecimento Glorioso
1. Cristo vem nos ares para buscar a Igreja	1. Cristo vem com os seus para a terra
2. Arrebatamento de todos os crentes	2. Ninguém é arrebatado
3. Os crentes são levados para a Casa do Pai	3. Os santos ressuscitados não vêem a Casa do Pai
4. Nenhum julgamento sobre a terra no ato do Arrebatamento	4. Cristo julga os habitantes da terra
5. A Igreja é levada ao céu no Arrebatamento	5. Cristo estabelece seu reino sobre a terra
6. Arrebatamento iminente – pode acontecer a qualquer momento	6. O Aparecimento Glorioso só acontecerá no fim de sete anos
7. Não haverá sinais para o Arrebatamento	7. Muitos sinais para a vinda física de Cristo
8. Somente para os crentes	8. Afeta toda a humanidade
9. Tempo de alegria	9. Tempo de lamento
10. Antes do "dia da ira" (Tribulação)	10. Imediatamente após a Tribulação (Mateus 24)
11. Nenhuma menção a Satanás	11. Satanás é preso no abismo por mil anos
12. Tribunal de Cristo	12. Nenhuma ocasião ou lugar para julgamento
13. Bodas do Cordeiro	13. A noiva de Cristo desce com Ele
14. Somente os que são dele o verão	14. Todo olho o verá
15. A Tribulação começa	15. O reino milenar tem início

fundo, esperam que estejamos certos, pois ninguém de boa mente desejaria passar pelos traumas da Tribulação.

TRÊS POSIÇÕES ALTERNATIVAS

Muitos (se não todos) pré-milenistas acreditam em um arrebatamento. Eles diferem por alguns pensarem que serão arrebatados no meio da Tribulação; os "pré-ira" imaginam que o Arrebatamento acontecerá cerca de três quartos do caminho; e os pós-Tribulação crêem em um tipo de arrebatamento ioiô (isto é, arrebatamento e outra descida em seguida). Estamos convencidos de que a única visão que leva em consideração todas as passagens sobre a "bendita esperança" e o Aparecimento Glorioso é que Cristo arrebatará sua Igreja antes da Tribulação. O que está em pendência aqui é se a Igreja participará, em parte ou no todo, da Tribulação.

A ilustração seguinte revela graficamente onde, na linha do tempo, muitos mestres em profecia colocam o Arrebatamento e o Aparecimento Glorioso. Observemos que somente sete anos separam os dois acontecimentos; conseqüentemente, do ponto de vista da linha do tempo humano, eles não estão extremamente separados. Entretanto, porque a Tribulação é um tempo tão traumático, de aflições sem similares na História, torna-se extremamente importante para aqueles que forem deixados para trás localizar o tempo exato do Arrebatamento. Quer a Igreja esteja livre de toda a Tribulação ou participe de metade dela, milhões de pessoas que viverem nesse tempo serão inquestionavelmente afetados.

POR QUE O ARREBATAMENTO
DEVE ANTECEDER A TRIBULAÇÃO

Pois bem, quando então o Senhor voltará para a sua Igreja – antes, no meio ou no fim da Tribulação? Quando apropriadamente compreendidas, as Escrituras são bem claras sobre este assunto. Eu creio que elas ensinam que o Arrebatamento acontecerá antes

Três Posições sobre o Arrebatamento

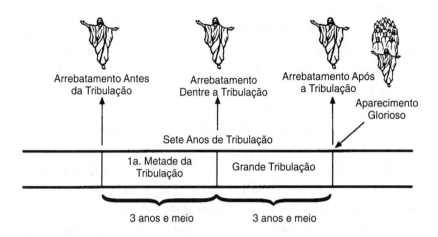

de começar a Tribulação. Atente para estas quatro razões que nos levam a sustentar esta posição:

1. O próprio Senhor prometeu livrar-nos.

Uma das melhores promessas garantindo o arrebatamento da Igreja antes da Tribulação é encontrada em Apocalipse 3.10: "Porque guardaste a palavra da minha perseverança, *também eu te guardarei da hora da provação* que há de vir sobre o mundo inteiro, *para experimentar os que habitam sobre a terra*" (ênfase acrescentada). Este versículo é a promessa do próprio Cristo a uma das suas sete igrejas, a igreja de Filadélfia.

As sete igrejas da Ásia Menor foram escolhidas entre as centenas de jovens igrejas da época, porque elas eram típicas das sete igrejas que existiriam desde o primeiro século até o presente. A mensagem de Apocalipse 2 e 3 é às igreja*s* (plural), não apenas às sete igrejas da Ásia Menor. Por outro lado, a maioria delas teria sido excluída. A mensagem de Cristo à igreja de Filadélfia não se destinou apenas àquela pequena igreja, mas também a toda igreja de "porta aberta" – isto é, a igreja evangelística, voltada para a obra missionária, que se iniciou em 1750 e permanecerá até o tempo em que Cristo vier para arrebatar sua Igreja.

Durante os 50 anos passados, manifestou-se alguma oposição a esta interpretação. Uma leitora do nosso livro *Deixados para Trás* escreveu para questionar a promessa do Senhor à igreja de Filadélfia em Apocalipse 3.10, que incluiria a época atual. Ela alegou que a promessa foi dada somente à pequena igreja de Filadélfia, nada mais. Respondi-lhe esclarecendo que isto não podia significar tão-somente a pequena igreja, porque ela foi totalmente destruída pela invasão turca em 1382, muito antes da "hora da provação que há de vir sobre o mundo inteiro"! Esse período ainda não chegou! É o mesmo período que nosso Senhor chama de "grande tribulação, como desde o princípio do mundo até agora não tem havido e nem haverá jamais" (Mateus 24.21). Ele predisse que seria um tempo tão horrível que, se Deus não o abreviasse, "ninguém seria salvo" (Mateus 24.22). Certamente, a igreja de Filadélfia tem uma significação nos últimos tempos, pois ela é referida como "viva" durante os últimos dias.

Os adeptos das posições meio [dentre] e pós-Tribulação afirmam que Deus nos guardará *através* da Tribulação. Isto é difícil de conciliar, porém, com outras passagens que ensinam que poucos, se haverá algum, crentes habitarão a terra quando Ele vier "com poder e grande glória" no fim da Tribulação. Em vez disto, os santos que foram poupados da ira estarão com Jesus quando Ele descer à terra.

A palavra "da" (equivalente ao grego *ek*), em Apocalipse 3.10, significa literalmente "fora da". Deus está dizendo: "Eu te guardarei *fora da* provação que há de vir." O editor de *Our Hope Magazine* (Revista Nossa Esperança) escreveu em agosto de 1959:

Ek é traduzido "fora de" centenas de vezes, como, por exemplo: "Do Egito [ou: para fora do Egito] chamei o meu Filho (Mateus 2.15); "Tira primeiro a trave do [ou: para fora do] teu olho" (Mateus 7.5); "Porque do [ou: de dentro para fora do] coração procedem maus desígnios" (Mateus 15.19); "E, saindo dos [de dentro para fora] sepulcros depois da ressurreição de Jesus" (Mateus 27.53); "Estou a ponto de vomitar-te da [fora da] minha boca" (Apocalipse 3.16); etc.[2]

Este versículo ensina que a Igreja fiel, de porta aberta, que não nega Seu nome, mas pratica boas obras, evangelismo e missões será guardada "fora da hora" da provação (a Grande Tribulação) que se estenderá por todo o mundo. A garantia do arrebatamento antes da Tribulação dificilmente pode ser mais poderosa. Não admira que um escritor rotulou-o de o "texto cardeal".[3]

A falha em reconhecer esta verdade tem levado cristãos a crer que a Igreja participará da Tribulação, o contrário da promessa de nosso Senhor.

2. A igreja deve ser poupada da ira vindoura.

A promessa em 1 Tessalonicenses 1.10 ("Jesus... nos livra da ira vindoura") foi dada pelo Espírito Santo, por meio do apóstolo Paulo, à jovem igreja plantada em sua segunda viagem missionária. Ele teve somente três semanas para estabelecer essa igreja fundada na Palavra de Deus, antes de ser expulso da cidade. Muitos dos seus ensinos durante aquele breve período pertencia evidentemente à profecia bíblica e aos acontecimentos dos últimos tempos, uma vez que esta carta – um dos primeiros livros do Novo Testamento a ser escrito – enfatiza a segunda vinda, o retorno iminente de Cristo, o Arrebatamento, a Tribulação, e outros assuntos referentes ao fim dos tempos. Estes tópicos podem indicar que assuntos Paulo considerou essenciais para os recém-convertidos.

Paulo escreveu esta epístola sobre a morte de alguns dos irmãos amados da igreja. Como Paulo tinha predito que os crentes seriam arrebatados, os tessalonicenses indagavam a respeito das pessoas mortas, já sepultadas. Evidentemente, eles escreveram a Paulo uma carta fazendo perguntas, e em resposta ele estendeu seu comentário sobre questões proféticas para os santos de todas as épocas.

Paulo menciona a segunda vinda de Cristo em cada capítulo, por isso não há nenhuma dúvida acerca do assunto principal da sua carta. Depois de saudar seus leitores por sua fé e testemunho, recomendou-lhes que se voltassem para "Deus, para servirdes o Deus vivo e verdadeiro, e para aguardardes dos céus o seu Filho, a quem ele ressuscitou dentre os mortos, *Jesus, que nos livra da ira vindoura*" (1Tessalonicenses 1.9-10, ênfase acrescentada).

O contexto desta passagem é o Arrebatamento, pois os cristãos não estavam esperando o Aparecimento Glorioso (veja o capítulo 15). Paulo lhes diz em 2 Tessalonicenses 2.1-12 que o último não ocorrerá até que o anticristo (ou "o homem da iniquidade", veja o capítulo 21) seja revelado (versículo 8). Não, os cristãos de Tessalônica estavam aguardando a vinda de Cristo para sua igreja – isto é, o Arrebatamento. Eles já sabiam que a Tribulação (ou "ira vindoura") seguiria o Arrebatamento, por meio do qual Deus prometeu preservar os cristãos "fora dela".[4]

3. Os cristãos não estão destinados à ira.

De acordo com 1 Tessalonicenses 5.9, "Deus não nos destinou para a ira, mas para alcançar a salvação mediante nosso Senhor Jesus Cristo". Novamente, este texto, que se segue à mais vigorosa passagem sobre o Arrebatamento na Bíblia, deve ser considerado à luz do seu contexto.

Depois de ensinar sobre o Arrebatamento, Paulo leva seus

leitores a "tempos e estações" do "dia do Senhor". Alguns alegam que isto se refere ao único dia no qual Cristo retornará à terra para estabelecer seu reino, mas tal posição é incompatível com outras referências bíblicas ao "dia do Senhor". Algumas vezes, esta expressão não se refere ao Aparecimento Glorioso, mas, em outras ocasiões, abrange o Arrebatamento, a Tribulação e o Aparecimento Glorioso (veja o capítulo 2).

Para o nosso propósito aqui, 1 Tessalonicenses 5.9 deixa claro que Deus não nos "destina à ira" (a Tribulação), mas a "obter salvação" ou livramento dela. Uma vez que tantos santos serão martirizados durante a Tribulação, haverá poucos (se alguém) vivos no Aparecimento Glorioso de Cristo. Esta promessa não pode significar, pois, que Ele livrará os crentes *durante* o tempo da ira, pois os santos mencionados lá (os santos da Tribulação) *não* se livrarão; na verdade, muitos serão martirizados. Para livrar-se dela, a Igreja terá de ser arrebatada antes que ela comece.[5]

Uma vez que a Tribulação é *especialmente* o tempo da ira de Deus, e visto que os cristãos não são destinados à ira, segue-se então que a Igreja será arrebatada *antes* da Tribulação. Em resumo, o Arrebatamento acontecerá antes da Tribulação, enquanto o Aparecimento Glorioso ocorrerá depois dela.

4. A Igreja está ausente em Apocalipse 4–18.

A Igreja é mencionada 17 vezes nos três primeiros capítulos de Apocalipse, mas, depois que João (um membro da Igreja) é chamado ao céu no capítulo 4, ele contempla de lá os eventos da Tribulação – e a Igreja não é mencionada ou vista novamente até o capítulo 19, quando retorna à terra com seu Noivo em seu Aparecimento Glorioso. Por quê? A resposta é óbvia: Ela não está na Tribulação. Ela é arrebatada para estar com seu Senhor antes que a Tribulação aconteça!

Há muitas outras razões além destas quatro para a crença de que o Arrebatamento acontecerá antes da Tribulação. Citei muitas delas em um livro anterior, *Rapture under Attack* (Arrebatamento sob Ataque).

A VISÃO PRÉ-TRIBULACIONISTA É UMA TEORIA RECENTE?

Por vários anos, oponentes da posição pré-tribulacionista têm argumentado que ela foi inventada por John Darby, em meados dos anos 1800, e nunca foi mencionada antes disso. Muito simplesmente, este argumento é falso – um fato que custou a um escritor pós-tribulacionista uma boa quantia em dinheiro. Esse autor ofereceu quinhentos dólares a quem pudesse provar que a teoria pré-tribulacionista acerca do Arrebatamento foi conhecida antes de John Darby começar a popularizá-la por volta de 1840. Quando se descobriu que o reverendo Morgan Edwards assumiu-a em 1742, o escritor foi obrigado a arcar com o seu compromisso. Ele teve de admitir seu erro e cumprir com o pagamento da oferta.

O reverendo Morgan Edwards era um pastor batista em Filadélfia, que descreveu um retorno de Cristo pré-Tribulação para sua igreja em seu livro de 1788, *Millennium, Last Days Novelties* (Milênio, Novidades dos Últimos Dias). Embora ele considerasse uma Tribulação de somente três anos e meio, percebeu definitivamente que o Arrebatamento ocorreria antes da Tribulação. O que é ainda mais interessante é que ele alegava que tinha pregado e escrito a mesma coisa antes, em 1742. Ele pode ter sido influenciado por John Gill antes dele ou por outros, cujos escritos ou ensinos eram disponíveis naquele tempo, mas não foram preservados.

O que se conhece é que a Reforma Protestante resultou na proliferação de Bíblias traduzidas, impressas e colocadas à disposição das pessoas comuns pela primeira vez nos anos 1700. À medida que os crentes começaram a ler as Escrituras, ficaram impressionados com os muitos ensinos proféticos que elas contêm. Tenho um exemplar de um comentário do livro de

Apocalipse escrito por Sir Isaac Newton, na metade do século XVII. Ele era um ávido estudioso da Bíblia (bem como um dos maiores cientistas da História) e foi obviamente influenciado por outros antes dele. Assim, o desenvolvimento gradual do entendimento profético ao longo da História é compreensível – ele progrediu em razão da disponibilidade da Bíblia e do estudo dela.

No século XIX, a Bíblia era disponível e lida por milhões de pessoas que falavam inglês no mundo. Dizia-se que a "profecia estava no ar", notadamente no Trinity College de Dublin, Irlanda, onde John Darby e outros estudiosos de profecia estudaram entre 1800 e 1830. Inegavelmente, alguns dos mestres da Bíblia na faculdade tinham uma forte influência sobre o pensamento de Darby, como talvez S. R. Maitland, que desenvolveu o caso para o futurismo (a posição de que muito do que está na Bíblia será cumprido no futuro). Maitland escreveu seu primeiro livro sobre este assunto em 1826.

Darby alegou que teve a inspiração para sua compreensão de um arrebatamento pré-Tribulação em 1828, após ver a diferença entre Israel e a Igreja em seu estudo do livro de Efésios. Poucos estudiosos que não fazem essa diferença vêem um arrebatamento pré-Tribulação da Igreja. Na realidade, separar Israel e a Igreja é uma das mais importantes chaves para compreender corretamente a profecia bíblica. Em segundo lugar, sempre que possível, tomar os textos proféticos literalmente.

Grant Jeffrey, um estudioso contemporâneo de profecia e conferencista, tem feito extensiva pesquisa nos escritos de muitos mestres de profecia anteriores ao século XVIII. Em seu livro *Apocalypse* (Apocalipse), ele cita muitos que tiveram uma compreensão definida da diferença entre os dois estágios da vinda de nosso Senhor, principalmente sua vinda para o seu povo antes da Tribulação e a revelação do "homem da iniqüidade".

A contribuição mais importante de Jeffrey foi sua extraordinária descoberta de uma afirmação em um sermão apocalíptico do século IV. Designado como Pseudo-Efrém, há alguma dúvida de que ele foi realmente escrito por Efrém de Nísibe, 306-373 d.C., um prolífico pai sírio da Igreja. Alguns preferem uma data posterior para esta homilia, chamada "Sermão sobre o Fim do Mundo", e sugerem que pode não ter sido escrito antes de 565-627 d.C. Para o nosso propósito, a data real é secundária. O importante a considerar é a prova de que mesmo nesta data remota (1.100 anos antes de John Darby), alguns cristãos consideravam o Arrebatamento ocorrendo *antes* da Tribulação. Ao desafiar os cristãos a uma vida santa (sempre um resultado do ensino do Arrebatamento), o antigo autor escreveu:

> Por que, portanto, não rejeitamos todo cuidado dos atos terrenos e nos preparamos para o encontro com o Senhor Jesus Cristo, para que Ele possa arrancar-nos da confusão que oprime todo o mundo?... *Todos os santos e eleitos de Deus serão reunidos juntos antes da tribulação, que deve vir, e serão levados ao Senhor*, para que não vejam, em qualquer tempo, a confusão que oprime o mundo por causa dos nossos pecados.[6]

Não pode haver dúvida alguma de que nesse quarto (ou, no máximo, sétimo) século o estudioso da Bíblia viu os santos ajuntando-se *antes* da Tribulação. Sua afirmação tem todas as marcas de um arrebatamento pré-Tribulação dos santos distinto do Aparecimento Glorioso. Embora Efrém (ou qualquer outro que tenha sido o autor) tenha concluído que a Tribulação duraria somente três anos e meio, o fato permanece de que ele viu um arrebatamento *pré-Tribulação* da Igreja muito antes que esta visão se tornasse popular no século XIX. Considerando que menos de 10% dos documentos cristãos antigos têm sido preservados, não temos dúvida de que deve ter havido outros estudiosos bíblicos que também descobriram o ensino da "bendita esperança".

QUANTO TEMPO ANTES DA TRIBULAÇÃO?

Uma vez que as Escrituras ensinam que o Arrebatamento ocorrerá antes da Tribulação, é razoável perguntar: Quanto tempo antes da Tribulação? A resposta é simples: *Ninguém sabe!* Uma das maiores concepções errôneas sobre o arrebatamento pré-Tribulação é que ele inicia a Tribulação. Não é verdade. Daniel 9.27 é claro: A assinatura do pacto entre o anticristo e Israel inicia os sete anos da Tribulação, *não* o Arrebatamento. O Arrebatamento pode acontecer um dia, uma semana, ou vários anos antes da assinatura do pacto.

Em *Deixados para Trás,* pusemos arbitrariamente o Arrebatamento duas semanas antes da assinatura. Devemos confessar que apenas pressupomos que isso daria a Nicolae Carpathia (o nome que demos ao anticristo) tempo para organizar seu sistema de um governo universal único. Na realidade, ele pode levar dois meses ou dois ou mais anos.

O ARREBATAMENTO É IMINENTE

Uma das principais características do arrebatamento da Igreja é que ele será repentino, inesperado e tomará as pessoas de surpresa. Alguns estudiosos da Escritura procuram prever a época ou período, mas, como disse nosso Senhor, "nenhum homem sabe o dia ou a hora". Eis por que devemos viver "apercebidos porque, à hora em que não cuidais, o Filho do homem virá" (Mateus 24.44). Somente o arrebatamento pré-Tribulação preserva a expectativa de que sua vinda se dará em qualquer momento.

Deus, em sua sábia providência, designou a profecia bíblica de tal maneira que o Arrebatamento tem parecido iminente aos cristãos de cada geração. Nada é mais motivador do que crer que Jesus pode vir a qualquer momento! Um arrebatamento iminente leva-nos a maior consagração, a uma vida santificada em um tempo de impiedade e à evangelização e missões (tanto contribuindo como praticando). Positivamente, esta é a razão por que quase duzentos estudiosos de profecia, autores e mestres associaram-se a mim para fundar o *Pre-Trib Research Center* (Centro de Pesquisas Pré-Tribulação) há cinco anos, para ajudar a popularizar o ensino bíblico de que Cristo pode vir a qualquer momento. Não vemos quaisquer outras teorias acerca do Arrebatamento com tal efeito sobre o corpo de Cristo.

Embora não afirmemos que nossos irmãos que estejam esperando o Salvador para depois da Tribulação sejam enganados pelo diabo, não achamos que sua posição traga qualquer contribuição para motivar o corpo de Cristo a atentar para as palavras do Senhor: "Negociai [as minas] até que eu volte" (Lucas 19.13).

A GRANDE MENTIRA

A Escritura ensina que uma grande mentira será publicada e crida pelas massas deixadas para trás quando do Arrebatamento. O apóstolo Paulo argumenta desta forma:

> Ora, o aparecimento do iníquo é segundo a eficácia de Satanás, com todo poder, e sinais, e prodígios da mentira, e com todo engano de injustiça aos que perecem, porque não acolheram o amor da verdade para serem salvos. É por este motivo, pois, que Deus lhes manda a operação do erro, para darem crédito à mentira, a fim de serem julgados todos quantos não deram crédito à verdade; antes, pelo contrário, deleitaram-se com a injustiça (2 Tessalonicenses 2.9-12).

Esta passagem ensina que as pessoas deixadas para trás após o Arrebatamento crerão na "mentira", um descalabro monstruoso e espalhafatoso apresentado com "todo engano de injustiça aos que perecem, porque não acolheram o amor da verdade para serem salvos".

Ninguém sabe com certeza o que esta "mentira" será, mas no

livro *Comando Tribulação* imaginamos que seria uma cuidadosa invenção planejada e criada para "dar uma satisfação" sobre o Arrebatamento. Supomos que a pessoa inclinada à religiosidade deveria receber uma "explanação" como esta:

> Aqueles que se opuseram às doutrinas ortodoxas da Igreja Mãe foram peneirados dentre nós. A Escritura diz que os últimos dias serão semelhantes aos da época de Noé. E você há de lembrar que, nos dias de Noé, as pessoas boas ficaram e as más pereceram.[7]

Para a multidão secular e irreligiosa, criamos outra "explanação": alguma confluência de eletromagnetismo na atmosfera, combinada com um processo desconhecido de ionização atômica gerada pelo poder nuclear e os estoques de armamentos mundiais, foi disparada por alguma causa natural, tal como um raio, resultando no desaparecimento instantâneo de milhões de pessoas no mundo inteiro.

A mentira real que será perpetrada é desconhecida de nós, mas conhecemos seu propósito: minimizar e desacreditar a obra de Deus no mundo e permitir que homens e mulheres permaneçam em suas próprias concupiscências. Seja qual for a mentira, é o que eles farão.

VOCÊ ESTÁ PREPARADO?

Esta nossa "bendita esperança" contrasta agudamente com a "desesperança" dos descrentes mencionados em 1 Tessalonicenses 4.13. Que enorme abismo separa esta "bendita esperança" dos cristãos da "desesperança" dos não-cristãos! E sobre o abismo pode haver uma ponte somente por uma genuína experiência de salvação.

Este estilo de vida "sem esperança" é desnecessário a qualquer pessoa que leia este livro. Pois, como disse o apóstolo, "se cremos que Jesus morreu e ressuscitou, assim também Deus, mediante Jesus, trará, em sua companhia, os que dormem" (1Tessalonicenses 4.13). E o que todos devem fazer para ter esta bendita esperança? Crer na morte de Cristo por nossos pecados e na sua ressurreição! Se você não acredita nisto, nós o estimulamos a confessar seus pecados diretamente a Cristo e convidá-lo a entrar em sua vida, para que se torne seu Senhor e Salvador. Se você deseja receber Cristo pela fé, mas não sabe como agir com segurança, sugerimos que repita a seguinte oração ou faça outra semelhante a esta:

> Amado Pai celestial, creio que enviaste teu Filho Jesus para morrer na cruz por meus pecados e pelos pecados do mundo. Creio também que o ressuscitaste dentre os mortos e que Ele logo virá para estabelecer o seu reino. Por isso, confesso hoje meu pecado de rebeldia para contigo e convido Jesus a entrar em meu coração para tornar-se meu Senhor e Salvador. Dedicar-me-ei a Ele e o servirei enquanto viver. Amém.

Este assunto é de tão grande importância que insistimos que examine seu coração para ter a certeza de que convidou Jesus a entrar em sua vida. Se você tem qualquer dúvida sobre já ter alguma vez feito isto, supere-a hoje, invocando o nome do Senhor e recebendo sua salvação. A aceitação do dom da salvação de Cristo ajuda a evitar as aflições da Tribulação na terra, bem como permite que você desfrute a eternidade com Cristo.

Se você já é um cristão, podemos sugerir que, à luz do que acabou de ler, entregue sua vida a Cristo e coopere com Ele para tornar-se santo. Quando o apóstolo Pedro dirigiu seu olhar para a futura vinda do Senhor, ele deu o seguinte conselho a todos os cristãos:

> Visto que todas essas coisas hão de ser assim desfeitas, deveis

ser tais como os que vivem em santo procedimento e piedade, esperando e apressando a vinda do Dia de Deus, por causa do qual os céus, incendiados, serão desfeitos, e os elementos abrasados se derreterão. Nós, porém, segundo a sua promessa, esperamos novos céus e nova terra, nos quais habita justiça. Por essa razão, pois, amados, esperando estas coisas, empenhai-vos por serdes achados por ele em paz, sem mácula e irrepreensíveis... antes, crescei na graça e no conhecimento de nosso Senhor e Salvador Jesus Cristo. A ele seja a glória, tanto agora como no dia eterno (2 Pedro 3.11-14, 18).

DEZ

O Templo Reconstruído

"Quem, a não ser o Messias, poderia pedir aos devotos muçulmanos que mudassem o santuário que, na religião deles, é o segundo em importância depois de Meca, o local de nascimento de Maomé? Mas veja, a Cúpula do Rochedo no Monte do Templo está construída bem em cima do Monte Moriá, onde acreditamos que Abraão tenha mostrado sua submissão a Deus, dispondo-se a sacrificar seu filho Isaque. Evidentemente não cremos que Maomé seja divino, portanto acreditamos que nosso local sagrado está sendo profanado, enquanto a mesquita muçulmana estiver ocupando o Monte do Templo."
"Então hoje é um grande dia para Israel."
"Um grande dia! Desde que nossa nação foi estabelecida, temos reunido milhões de pessoas do mundo inteiro para a reconstrução do templo. A obra já começou. Muitas paredes pré-fabricadas estão terminadas e, em breve, serão enviadas para o local. Quero viver para assistir à reconstrução do templo. Ele será mais espetacular do que o templo da época de Salomão!"
Comando Tribulação, p. 274-275

Todos os mestres de profecia que interpretam as Escrituras literalmente concordam que o templo judaico em Israel será reconstruído.

O primeiro templo, construído por Salomão, foi destruído pelos babilônios em 586 a.C. O segundo templo – iniciado em 535 a.C. e concluído em 516 a.C., reformado ricamente por Herodes, o Grande, a partir de 19 a.C. – foi destruído pelos romanos em 70 d.C. Haverá um terceiro templo, que foi anunciado pelo profeta Daniel, pelos apóstolos Paulo e João, e ninguém mais que o próprio Senhor Jesus. Todos eles ensinam que o terceiro templo de Israel será reconstruído ou antes do início da Tribulação ou logo depois, pois ele é antevisto em pleno funcionamento na metade da Tribulação, quando será profanado. Obviamente, uma vez que Israel não tem um templo agora, o terceiro templo deve ser reconstruído para que tal evento aconteça.

A ESCRITURA FALA

Na sua profecia no monte das Oliveiras, Jesus disse: "Quando, pois, virdes o abominável da desolação de que falou o profeta Daniel, no lugar santo..." (Mateus 24.15).

Nosso Senhor tinha em mente a passagem de Daniel, onde se lê: "Ele [o anticristo] fará firme aliança com muitos, por uma semana [neste contexto, um período de sete anos]; na metade da semana, fará cessar o sacrifício e a oferta de manjares; sobre a asa das abominações virá o assolador" (Daniel 9.27). E, pouco mais tarde, "sairão [dele] forças que profanarão o santuário, a fortaleza nossa, e tirarão o sacrifício diário, estabelecendo a abominação desoladora" (Daniel 11.31).

O apóstolo Paulo disse isto desta maneira: "Ninguém, de nenhum modo, vos engane, porque isto não acontecerá sem que primeiro venha a apostasia e seja revelado o homem da iniqüidade, o filho da perdição, o qual se opõe e se levanta contra tudo que se chama Deus ou é objeto de culto, a ponto de assentar-se no santuário de Deus, ostentando-se como se fosse o próprio Deus" (2 Tessalonicenses 2.3-4).

E o apóstolo João escreveu: "Foi-me dado um caniço semelhante a uma vara, e também me foi dito: Dispõe-te e mede o santuário de Deus, o seu altar e os que naquele adoram; mas deixa de parte o átrio exterior do santuário e não o meças, porque foi ele dado aos gentios; estes, por quarenta e dois meses, calcarão aos pés a cidade santa" (Apocalipse 11.1-2).

Tanto Daniel como João localizam esse terrível acontecimento no meio da Tribulação, no começo daquilo que o Senhor chamou de "Grande Tribulação". Evidentemente, se o templo deve ser profanado nessa ocasião, deverá ser construído antes. Quando o anticristo cometer a última blasfêmia, ao aparecer no templo e declarar-se Deus, o verdadeiro Senhor do céu responderá infligindo à terra do anticristo os piores julgamentos da História – a Grande Tribulação.

QUANDO O TEMPLO SERÁ RECONSTRUÍDO?

Todo indivíduo interessado nas ocorrências do fim dos tempos tem seus olhos sobre o projeto do templo. Desde que os judeus exerceram a posse temporária do lugar do templo, após a Guerra dos Seis Dias, em 1967, rumores correm de que vários grupos estão trabalhando clandestinamente para preparar todos os materiais necessários – das vestimentas dos sacerdotes à tapeçaria do templo. Tenho mesmo ouvido relatos de que todos os utensílios elaborados para a adoração têm sido pré-fabricados em preparação para o dia quando a permissão for concedida para o início da construção do terceiro templo. Circulam informações de que um modelo detalhado do templo tem viajado pelos Estados Unidos para levantar recursos financeiros para o projeto. Isto faria sentido, pois quase 50% da comunidade judaica no mundo vive nos Estados Unidos, e indubitavelmente os judeus mais ricos do mundo residem neste país. Os judeus americanos têm uma longa história de fazer doações generosas aos necessitados e às causas de irmãos judeus, notadamente aqueles de Israel.

Um dos mais ativos indivíduos que recolhem donativos para o templo da Tribulação é Gershom Salomon, do Temple Mount Faithful, que usa métodos ativistas na tentativa de motivar os compatriotas a reconstruir o templo. O grupo de Salomon tem recebido muita atenção da imprensa norte-americana, particularmente acerca de suas viagens pelos Estados Unidos para acelerar tal projeto. Durante seu roteiro de viagens, Salomon foi convidado do *700 Club* (Clube 700), de Pat Robertson, e foi entrevistado em muitas estações de rádio cristãs por todo o país.

Salomon tem recebido também algumas fortes pressões em Israel e pelo mundo por seus esforços para organizar reuniões de oração no local de seus primeiros dois templos. Em certa ocasião, ele tentou colocar quatro toneladas e meia de pedras angulares sobre o Monte do Templo, mas foi impedido pelo governo israelense. As autoridades sabem que o Oriente Médio é um barril de pólvora esperando uma faísca para impelir a nação para outra guerra; e nada pior para incendiar mais cedo e prolongar mais o desastre do que profanar o lugar santo dos muçulmanos.

Em sua excelente série de livros de bolso, *The Truth about the Last Days Temple* (A Verdade sobre o Templo dos Últimos Dias), os pesquisadores Thomas Ice e Timothy Demy escreveram: "Muitos planos estão sendo feitos para uma reconstrução, e muitos grupos diferentes em Israel estão se preparando para isso."[1] Um dos grupos que eles mencionam é o Temple Mount Faithful, de Salomon, cujas palavras eles citam:

> No dia preciso – que eu creio está muito perto –, esta pedra será colocada no Monte do Templo, para ser trabalhada e polida... e será a primeira pedra para o terceiro templo. Agora mesmo, essa pedra está num lugar bem perto do Monte do Templo, bem perto dos muros da cidade velha de Jerusalém,

perto da Porta de Siquém... e essa pedra olha por sobre o Monte do Templo. Mas não está longe o dia quando essa pedra estará no lugar certo – pode ser hoje... ou amanhã, estamos muito perto do tempo certo.²

Outro grupo que Ice e Demy citam é o Instituto do Templo, liderado por Israel Ariel. Esta organização fez quase todos os 102 utensílios necessários para a adoração no templo, de acordo com os padrões bíblicos e rabínicos. Estes estão em exposição para turistas que queiram conhecê-los no Instituto do Templo, centro de turismo na cidade velha de Jerusalém. O Ateret Cohanim estabeleceu um *yeshiva* [escola religiosa] para a educação e treinamento dos sacerdotes do templo. Sua tarefa é pesquisar regulamentos, reunir levitas qualificados e treiná-los para um sacerdócio futuro. Muitos *yeshivas* têm surgido por toda Jerusalém a fim de preparar para a eventualidade de uma reconstrução, funcionando plenamente o serviço do templo. Roupas estão sendo feitas, e alguns rabinos estão decidindo que inovações modernas podem ser adotadas no novo templo. Além disso, um esforço está bem encaminhado para assegurar os animais *kosher* [padrão de qualidade de acordo com as leis judaicas – N.T.] para sacrifício, incluindo novilhas vermelhas. E algumas pessoas continuam a assistir à oração diária em favor do Monte do Templo para ajudar a preparar o caminho.³

Um dos ingredientes necessários para reativar o estilo de adoração do templo no Velho Testamento são as cinzas de uma novilha vermelha. No início de 1997, a imprensa do mundo ocidental mostrou fotografias de uma novilha vermelha rara em Israel. Esforços estão sendo feitos para criar tais animais. Não ficaríamos surpresos ao descobrir que experimentos de clonagem estão sendo conduzidos, porque, para um templo bem aparelhado, serão necessários vários desses animais.

Ice e Demy concluem, dizendo: "Muitos outros preparativos estão atualmente em curso, visando ao retorno de Israel a todos os aspectos da adoração no templo."[4] Há pouca dúvida de que os judeus fiéis de todo o mundo estejam preparando todos os materiais necessários, de modo que estejam prontos para começar a construção na primeira oportunidade. É duvidoso que eles já tenham cortado as pedras das rochas amarelas para o templo, pois seria impossível esconder tamanho número de tais pedras em Israel. Mas, quem pode dizer que agentes já não tenham preparado tais pedras em várias partes do mundo, prontos a embarcá-las mediante um simples aviso?

A questão é que, com os preparativos concluídos, navios modernos e equipamentos para construção, o templo poderá ser reconstruído em nove meses a um ano – plenamente funcionando e oferecendo os sacrifícios diários antes de o anticristo profaná-lo próximo da metade da Tribulação.

POSSÍVEIS CENÁRIOS PARA A RECONSTRUÇÃO DO TEMPLO

Alguns observadores vêem um problema insolúvel para a reconstrução do templo porque a mesquita muçulmana do Domo da Rocha ainda se encontra no local estratégico. Porém, estudiosos criteriosos dos textos proféticos vêem várias soluções possíveis. Considere estas:

1. O templo pode ser reconstruído em algum tempo entre o ataque da Rússia contra Israel (Ezequiel 38–39) e o começo da Tribulação.

Não é possível determinar precisamente quando a Rússia e seus aliados muçulmanos atacarão Israel. Isto pode ocorrer antes da derradeira colheita de almas, por Deus, antes do Arrebatamento, ou após o Arrebatamento e antes da Tribulação. Tenha em mente que pode haver um período de dias a vários anos entre o Arrebatamento e o início da Tribulação. Uma vez que os judeus queimarão os resíduos da guerra – descritos em Ezequiel 38–39 – por sete invernos (39.9) e serão expulsos da Terra Santa pelo anticristo durante os últimos três anos e meio da Tribulação (Apocalipse 12.6, 14), parece lógico que a destruição da Rússia e seus aliados ocorra pelo menos três anos e meio antes da Tribulação. Se esta dedução é correta, haverá muito tempo para os judeus reconstruírem seu templo. Em um momento, Deus terá quebrado a espinha dorsal das hordas muçulmanas que odeiam os judeus tão intensamente, liberando Israel para reconstruir o templo. Isto seria um chamariz para os judeus do mundo inteiro retornarem à Terra Santa para adorar em seu terceiro templo.

2. O anticristo pode negociar um acordo entre Israel e os remanescentes do mundo árabe para recolocá-los em outros países.

Considerando que o anticristo entrará em cena no mundo depois do esmagamento do poderio russo e de seus aliados árabes, ele pode dizer aos sobreviventes muçulmanos para transferirem sua mesquita sagrada para outro lugar.

3. Uma cláusula da aliança entre o anticristo e Israel pode permitir que os judeus reconstruam seu templo.

A Tribulação começa oficialmente quando o anticristo assinar uma aliança de sete anos com Israel (Daniel 9.27). Ele não honrará plenamente essa aliança, vindo a rompê-la no meio dos sete anos, profanar o novo templo, e então lançar a cruzada mais anti-semítica da História.

Ninguém conhece exatamente o conteúdo dessa aliança. Em nossa série *Deixados para Trás*, imaginamos que, como parte da aliança, ele prometa desmantelar e mudar a mesquita muçulmana do Domo da Rocha, do lugar do templo, para sua nova capital em Babilônia, onde ela seria estabelecida como um lugar sagrado dos muçulmanos. Isso resolveria a tensão entre judeus e árabes sobre o Monte do Templo e permitiria aos judeus reconstruir seu templo.

Quais destes cenários (se algum existe) é o real, ninguém sabe. Como Ice e Demy ponderam:

> De uma perspectiva cristã, nada há biblicamente que proíba ou ensine que o templo não possa ser reconstruído antes do Arrebatamento ou em nosso próprio tempo, embora todas as referências bíblicas ao templo da Tribulação ocorram durante o futuro período de sete anos, conhecido como a Tribulação. O templo pode ser reconstruído antes do Arrebatamento e da Tribulação – do mesmo modo que Israel, em nossa própria época, retornou à sua terra antes que os eventos da Tribulação tenham começado.

O fato de que há muitos movimentos e organizações em Israel hoje que estão planejando e preparando-se para o terceiro templo apenas aumentam nossa expectativa de que os problemas brevemente serão resolvidos e logo a construção será iniciada. O único requisito bíblico é que o templo tem de ser reconstruído e estar funcionando na metade dos sete anos de tribulação.[5]

QUÃO PRÓXIMOS ESTAMOS?

O templo de Israel desempenha um papel importante em várias profecias do fim do tempo da Tribulação. O anticristo profanará esse templo na metade da Tribulação – mas, para fazer isso, ele deve primeiro ser reconstruído.

Há 50 anos, não estaríamos discutindo a possibilidade da reconstrução do templo judaico. Era impossível. Hoje, isto é diferente. Pela primeira vez desde a destruição do segundo templo em 70 d.C., estamos às vésperas de ver um terceiro templo construído em cumprimento de profecia – outra poderosa constatação de que temos mais razão para acreditar que Cristo pode retornar em nossos dias do que qualquer geração antes de nós!

ONZE

Ascensão e Queda de Babilônia

– A logística por si é incrível, o custo, o... tudo.
– O quê?
– Ele quer transferir a ONU.
– Transferir?
Steve meneou a cabeça num gesto de afirmação.
– Para onde?
– Parece estúpido.
– Todas as coisas parecem estúpidas nestes dias – disse Bailey.
– Ele quer transferi-la para Babilônia.
– Você não está falando sério.
– *Ele* está.
– Ouvi dizer que a cidade está sendo reconstruída há anos. Milhões de dólares investidos para transformá-la em quê? Na Nova Babilônia?
– Bilhões.
Deixados para Trás, p. 315

Muito antes de Saddam Hussein tornar-se um nome familiar, ele estava ocupado cumprindo a profecia bíblica. Em 1971, ele recebeu 30 milhões de dólares de um rico cidadão iraquiano do petróleo para começar a reconstrução da antiga cidade de Babilônia. O doador era provavelmente um adorador do Sol, porque o primeiro edifício construído foi um templo dedicado ao deus Sol. Desde então, Hussein tem investido não se sabe quantos milhões mais para reconstruir a antiga cidade de 34 quilômetros quadrados, que foi historicamente uma das mais antigas e, seguramente, uma das mais importantes da História.

A IMPORTÂNCIA DE BABILÔNIA

Babilônia é mencionada 280 vezes na Bíblia – mais do que qualquer cidade, exceto Jerusalém. É inegavelmente a cidade pagã mais importante que já existiu, pois dificilmente houve uma cidade no mundo que não tenha sido influenciada por ela de algum modo – quer religiosa, governamental ou comercialmente. Sua influência espalhou-se não somente na Roma ocidental, onde ela modelou todos os países em desenvolvimento e muitas cidades durante os últimos dois milênios e meio, mas também no Oriente e no Sul. Muito antes que a palavra que o identifica fosse adotada, o socialismo tinha sido uma filosofia babilônica para a conduta do governo, comércio e religião. Muitos dos governos que a seguiram adotaram muitos de seus programas de ação – uma forma de vida organizada independente de Deus.

Babilônia é onde Satanás instalou seu quartel-general e começou a batalha milenar contra Deus para a conquista das almas humanas. Foi lá que as sementes foram plantadas para todas as principais religiões do mundo. Ali o governo teve seus antigos indícios, produzindo, finalmente, Nabucodonosor, considerado por alguns como o ditador mais autocrático da História. De acordo tanto com Daniel, o profeta, como com a história secular, todos os governos do mundo, daquele tempo em diante, foram inferiores ao de Babilônia.

Desde a queda de Roma, há 1.500 anos, nenhum outro governo mundial surgiu – como o profeta prenunciou (Daniel, capítulos 2 e 7). Não que muitos não tenham tentado! Mas todos falharam, pois Deus revelou que haveria somente quatro governos no mundo. Então, no "tempo do fim", o mundo se unirá uma vez mais sob dez reis, os quais receberão a autoridade de um único homem – um tipo de Nabucodonosor, se você preferir – o qual fará o que lhe aprouver, até "mudar os tempos e as estações"... por um curto tempo.

Mas, nos dias destes reis, o Deus do céu suscitará um reino que não será jamais destruído; este reino não passará a outro povo; esmiuçará e consumirá todos estes reinos, mas ele mesmo subsistirá para sempre (Daniel 2.44).

Estes grandes acontecimentos ocorrerão quando Deus puser um fim ao conflito que tem sido travado por milênios entre Ele e Satanás pela submissão do coração dos humanos. Deus almeja, por meio de sua Palavra e seu Espírito, que andemos por fé; Satanás almeja, por meio do governo, do comércio e da religião idólatra, que andemos por vista.

Quando Cristo vier para estabelecer o seu reino, Ele destruirá a cidade de Babilônia, bem como a religião, o comércio e o governo babilônios. Então, governará o mundo para sempre (Apocalipse 17-18). Mas, primeiro...

A CIDADE DE BABILÔNIA DEVE SER RECONSTRUÍDA!
Uma vez que Satanás mudou sua capital religiosa, comercial e governamental para a cidade de Roma (no primeiro século antes de Cristo), ele perdeu o interesse pelo lugar original de Babilônia, localizada no atual país do Iraque. A cidade foi abandonada muitos anos depois e foi aos poucos coberta pelos ventos e areias do tempo.

Por volta da virada para o século XX, alguns mestres da Bíblia começaram a popularizar a idéia de que a ruína da cidade cumpriu a profecia. Para sustentar sua posição, eles citavam algumas das profecias relacionadas à destruição final da cidade, notadamente aquelas que predizem que ela nunca mais será reconstruída. Fez-se uma pregação colorida, mas, como veremos, Babilônia nunca foi destruída como a Bíblia diz que seria, em um só dia, tal como Deus destruiu Sodoma e Gomorra.

O equívoco de assumir literalmente estas profecias sobre Babilônia levou, por outro lado, homens bem-intencionados a fazerem algumas tentativas imaginárias para identificar as cidades babilônicas de Apocalipse 17 e 18. Lembro-me bem de ter ouvido um conhecido mestre de profecia expor sobre esses textos, advogando que a cidade de Nova York era a nova Babilônia do século XX e prevendo sua iminente destruição. De novo, tratou-se de uma pregação colorida... mas errada.

Muitos de nós que fazem uma abordagem literal da profecia bíblica têm sentido por anos que a cidade de Babilônia deve ser restaurada antes da segunda vinda de Cristo. Na verdade, quando escrevi meu comentário sobre o livro de Apocalipse, há vinte anos, prenunciei que Babilônia seria reconstruída. Mal sabia eu que Saddam Hussein, um dos ditadores mais cruéis de nossos tempos, estava lançando um empreendimento – um monumento para si mesmo!

POR QUE BABILÔNIA DEVE SER RECONSTRUÍDA?

A razão principal para acreditar que Babilônia deve ser reconstruída depende de algumas profecias ainda não cumpridas a respeito da destruição da cidade. Consideremos brevemente cinco conjuntos dessas profecias.

1. Isaías 13 e 14 e Jeremias 50 e 51 antevêem a destruição de Babilônia "no dia do Senhor".

Uma leitura cuidadosa destes quatro capítulos revelará que as profecias sobre a destruição de Babilônia usam a lei da referência dupla; isto é, elas se referem a duas destruições de Babilônia. A primeira ocorreu no décimo sétimo ano do cativeiro de Israel. A segunda acontecerá no dia de Jeová, isto é, o sétimo ano da Tribulação. Naquele tempo, Babilônia será o quartel-general dos sistemas governamental, comercial e religioso – em oposição à vontade de Deus. E, naquela ocasião, ela será totalmente destruída, para nunca mais se levantar.

2. As ruínas de Babilônia têm sido usadas para construir outras cidades, ao contrário de Jeremias 51.26.

Jeremias profetizou sobre Babilônia: "De ti não se tirarão pedras, nem para o ângulo nem para fundamentos, porque te tornarás em desolação perpétua." É relatado com segurança que, no mínimo, seis cidades ostentam as marcas da antiga Babilônia em seus edifícios: Selêucia, construída pelos gregos; Césifon, pelos partos; Almaiden, pelos persas; Cufa, pelos califas; Hilá, a vinte minutos apenas a pé da antiga Babilônia, construída em quase toda a sua totalidade com as ruínas de Babilônia; e Bagdá, a oitenta quilômetros e meio ao norte de Babilônia, todas elas usaram materiais da antiga cidade.

Estes fatos por si requerem a reconstrução de Babilônia, porque, quando Deus a destruir, como registrado em Apocalipse 18, nenhuma parte dela jamais será usada para construir outra cidade.

3. As profecias de Jeremias e Isaías indicam que Babilônia será repentina e totalmente destruída.

"Repentinamente, caiu Babilônia e ficou arruinada", diz o profeta em Jeremias 51.8. E Isaías 13.19 afirma: "Babilônia, a jóia dos reinos, glória e orgulho dos caldeus, será como Sodoma e Gomorra, quando Deus as transtornou."

Um repasso na História revela que a cidade nunca foi destruída da forma como estes profetas hebreus predisseram que seria, o que garante que ela deve ser reconstruída. Babilônia declinou gradualmente, em centenas de anos, e nunca foi devastada em coisa alguma como na súbita conflagração que consumiu Sodoma e Gomorra. No curso dos séculos, Babilônia perdeu pouco a pouco sua influência e população, quando o comando mundial passou para os medas, depois para os gregos, e, finalmente, para os romanos, que já tinham estabelecido sua capital em Roma. Sabemos que Babilônia existia durante o tempo de Cristo, pois Pedro escreveu suas epístolas de lá (1 Pedro 5.13). Por volta de 917 d.C., ela era apenas uma pequena aldeia.

Um aspecto interessante da profecia de Isaías é que, como a cidade de Sodoma, Babilônia é construída sobre vastos suprimentos de asfalto betuminoso e piche. Quando meu amigo, mestre de profecia, Dr. Charles Pak, liderou uma viagem a Babilônia, em 1975, ficou sabendo que o asfalto está somente a três metros abaixo da superfície da terra ao longo de toda a cidade. Enquanto isto pode indicar que há petróleo no subsolo, é também uma condição ideal para produzir sua derradeira destruição pelo fogo e enxofre. Uma erupção vulcânica pode facilmente cumprir a profecia da destruição da cidade, como é anunciada em Apocalipse 18.

Levando tudo isto em conta, vemos que Babilônia deve ser reconstruída para que seja destruída e tornada uma desolação da maneira que a Bíblia prenuncia.

4. Isaías 13.20 declara que as ruínas de Babilônia nunca serão habitadas.

O profeta anunciou a devastação de Babilônia: "Nunca jamais será habitada, ninguém morará nela de geração em geração; o arábio não armará ali a sua tenda, nem tampouco os pastores farão ali deitar os seus rebanhos."

Como acabamos de ver, Babilônia *foi* habitada por muitos das antigas civilizações, mesmo depois que os medas e persas conquistaram o império babilônico. Na verdade, um escritor registra que, por volta de 1000 d.C., sob o nome de Hilá, Babilônia foi expandida e fortificada; em 1898, Hilá ostentava dez mil habitantes.

E, com certeza, nunca foi verdade que "o arábio não armará ali a sua tenda, nem tampouco os pastores farão ali deitar os seus rebanhos". Ambos os fatos ainda ocorrem até os dias de hoje. Nem pode ser dito de Babilônia: "Tornaram-se as suas cidades em desolação, terra seca e deserta, terra em que ninguém habita, nem passa por ela homem algum" (Jeremias 51.43). Ao longo dos tempos, o lugar tem sido rodeado de terras férteis com arvoredos de tâmaras estendendo-se ao longo das margens do rio Eufrates. E, nestes dias, os visitantes passam por lá normalmente.

Não, para efeito do cumprimento desta profecia, Babilônia deve ser reconstruída, e, depois, destruída mediante uma poderosa demonstração do justo poder de Deus.

5. Uma antiga regra rabínica de interpretação diz que, quando a Bíblia menciona duas vezes um acontecimento, isto significa que o acontecimento ocorrerá duas vezes.

Se esta norma rabínica é correta, então podemos estar seguros de que Babilônia será reconstruída, porque, tanto Isaías como o apóstolo João usam o mesmo verbo, duplamente, para caracterizar sua destruição.

Caiu, caiu Babilônia; e todas as imagens de escultura dos seus deuses jazem despedaçadas por terra (Isaías 21.9).

Caiu, caiu a grande Babilônia que tem dado a beber a todas as nações do vinho da fúria da sua prostituição (Apocalipse 14.8).

Caiu! Caiu a grande Babilônia e se tornou morada de demônios, covil de toda espécie de espírito imundo e esconderijo de todo gênero de ave imunda e detestável! (Apocalipse 18.2).

Considerando que a palavra "caiu" é usada duas vezes em cada uma destas passagens, a regra rabínica exige que a cidade caia duas vezes. Mas, se ela tem de cair novamente, deve primeiro ser reconstruída.

BABILÔNIA É UMA REALIDADE

Por volta dos primeiros anos da década de 1980, comecei a ouvir histórias da reconstrução de Babilônia. Diversas vezes, cogitei de fazer uma visita lá de modo a constatar o fato por mim mesmo. Meu amigo Dr. Joe Chambers foi convidado em 1989 a fazer uma visita oficial para a reconstrução da cidade como convidado do governo iraquiano. Quando ele retornou, escreveu um livro intitulado *A Palace for the Antichrist* (Um Palácio para o Anticristo), ilustrado com fotos dos muros, do portão magnificente de Ishtar (a deusa cuja história data da mãe de Ninrode, cujo culto está crescendo no mundo ocidental), do palácio de Nabucodonosor e de três templos pagãos.

Em 28 de junho de 1990, Diane Sawyer e Sam Donaldson mostraram à nação esta incrível cidade em seu programa de televisão *Prime Time Live* (Primeira Hora ao Vivo). Eles esclareceram que Saddam Hussein havia aplicado mais de um bilhão de dólares da riqueza de seu petróleo reconstruindo a cidade como um monumento a ele mesmo. Durante o programa, Sawyer disse:

> Agora, Saddam Hussein sonha com a reconstrução da magnificência, exibindo a visão. Esta é Babilônia há 2.500 anos, o centro deslumbrante de uma rica civilização. Havia os jardins suspensos, os palácios, todos construídos por um homem que administrava para unir o país e governar com mão de ferro. De fato, aqui bem acima estão os blocos que trazem uma inscrição antiga. Ela diz: "Eu sou o rei Nabucodonosor, rei da Babilônia, rei de todas as coisas, desde o mar até o mar

distante." Mas existem também blocos novos aqui, impressos com uma marca diferente. Aqui está um, que diz [a câmera de vídeo aponta para um bloco com inscrição arábica]: "Eu sou Saddam Hussein, presidente da República do Iraque."[1]

O fato real de Saddam misturar blocos com seu nome na fundação da cidade reconstruída, que já governou o mundo, confirma que ele prevê tornar-se a contraparte moderna do seu herói vitalício, rei Nabucodonosor. Por mais grotesco que possa parecer aos ocidentais, parece haver pouca dúvida de que Saddam Hussein sonhe em se tornar o próximo líder do mundo árabe.

SADDAM, O SERVO DE SATANÁS

É difícil explicar o estranho comportamento de Saddam Hussein sem pensar nele muito previsivelmente como um possuído do demônio. Antes de declarar a guerra de oito anos de duração ao seu vizinho mais próximo, o Irã – um conflito que custou a ambos os países mais de um milhão de homens e incontáveis milhares de outros mutilados para sempre –, ele já havia recebido o título de "carniceiro de Bagdá" por matar seu próprio povo. Mesmo recentemente, se não fosse pela presença das Nações Unidas e dos Estados Unidos ao norte do Iraque, ele teria exterminado os curdos que vivem em seu país.

Muitos ocidentais ainda não compreenderam o que Hussein estava fazendo quando invadiu o Kuwait e deflagrou a Guerra do Golfo. Ele tinha seus olhos fixados não apenas no pequeno Kuwait, mas nos Emirados Árabes Unidos, na Arábia Saudita, Síria e Jordânia – todos inimigos de Israel e justamente os países que possuem 70% do petróleo mundial. Muitas das nações que não produzem petróleo, como o Japão, entrariam em caos se o produto do Oriente Médio ficasse indisponível por 30 dias. Somos um mundo dependente do petróleo, e o megalomaníaco do Iraque vê o petróleo como seu trunfo para restaurar "a glória da excelência dos caldeus", os dias quando Babilônia governou o mundo. Saddam Hussein planejou controlar aquele petróleo, habilitando-se assim a governar o mundo e fazer de Babilônia sua capital. Pensou que sua amiga Rússia neutralizaria o Ocidente e lhe permitiria concretizar seus planos. Ele exibiu sua desumanidade ao usar os mísseis SCUD e talvez o maior suprimento de gás venenoso e armas químicas do mundo. Fazendo isto, Saddam subestimou o Ocidente e o fato de que as maiores companhias de petróleo não permitiriam que ele tivesse o controle por meio do petróleo.

Religiosamente, Saddam pode professar de lábios ser um serviçal de Maomé e agir como um muçulmano devoto, mas há fortes indicações de que ele é realmente um satanista. Uma chave é encontrada no relato do Dr. Charles Pak, de sua visita de 1975 a Babilônia para testemunhar em primeira mão a reconstrução dessa antiga cidade. Lá, pela primeira vez em sua vida, o Dr. Pak testemunhou a adoração do demônio em um templo reconstruído em louvor ao Sol. Quando nos lembramos de que Hussein é conhecido esmiuçador-controlador de todas as coisas em seu país, incluindo o projeto de toda essa reconstrução, podemos estar certos de que o templo para Satanás não estaria lá sem sua aprovação.

Certamente, Hussein não é tido como "normal". Que homem normal sacaria o revólver e estouraria os miolos de um de seus próprios generais, meramente por pedir ser excusado de uma reunião do gabinete (onde Hussein estava divagando sem parar), porque sua esposa o havia chamado simplesmente para dizer que ela teria de ir para o hospital a fim de dar à luz? Ou que homem normal prometeria segurança a seus genros, que haviam desertado para um país amigo, caso voltassem para casa com suas filhas, somente para matá-los quando retornassem?

O Dr. Charles Dyer, outro autor que esteve na Babilônia, disse em seu livro *The Rise of Babylon* (O Renascimento de

Babilônia) que a crueldade e desconsideração absoluta de Saddam Hussein para com seu próprio povo não é novidade; este foi o seu padrão comportamental quando, em 1978, assumiu a posição de presidente, uma mudança que se viabilizou graças a seus amigos e seguidores do Partido Baath. Por isso, não foi surpresa quando:

> Poucas semanas após tornar-se presidente do Iraque, em 1979, Saddam Hussein executou alguns de seus amigos mais chegados e membros do Partido Baath governante. Videoteipes da reunião à qual os "traidores" foram chamados mostram Hussein lendo seus nomes em uma lista, interrompendo para dar uma baforada de charuto, enquanto os presentes contorciam-se em seus assentos. À medida que seus nomes eram chamados, os supostos conspiradores marchavam em direção à porta e eram executados. Saddam Hussein tinha inaugurado seu modelo de governo pela força.[2]

O comportamento estranho de Hussein era novamente observado no fim de 1997 e início de 1998, quando se recusou a cumprir os acordos da Guerra do Golfo, desafiando uma vez mais a Organização das Nações Unidas por recusar-se a permitir que os inspetores da entidade tivessem acesso a suas fábricas de munições e seus depósitos. Ele ameaçou até atacar os aviões espiões U-2 dos Estados Unidos.

O ódio anormal de Saddam Hussein pelos judeus, Jesus Cristo, seus seguidores e qualquer outra coisa que se ponha em seu caminho, em sua meta de conquistar o mundo, pode ser melhor compreendido pela possessão demoníaca – um protótipo virtual do anticristo a surgir, que será possuído pelo próprio Satanás.

Apesar de tudo, há pouca dúvida de que Saddam Hussein veja a si mesmo como substituto de Nabucodonosor, como o homem cujo destino é governar o mundo. Naturalmente, não é adequado para posição tão elevada; na verdade, ele é um pouco mais do que uma imitação barata de Nabucodonosor. Pode bem ser, entretanto, o precursor daquele que cremos estará logo emergindo no cenário mundial para assumir o controle da Organização das Nações Unidas (ou sua sucessora), transferir as sedes comercial e governamental de seu governo mundial para Babilônia e governar o mundo daquela que chamamos, em nosso livro *Deixados para Trás,* a "Nova Babilônia". Esta cidade será mais do que uma réplica de uma antiga maravilha do mundo e a capital do último império satânico mundial; ela será a cidade mais avançada tecnologicamente, à prova de terremoto, no mundo moderno.

TÃO CERTO COMO DEUS MANTÉM SUA PALAVRA

Tão certo como há um Deus no céu que mantém sua palavra, Babilônia existirá novamente como "a sede de Satanás". Você pode estar certo de que qualquer cidade mencionada sete vezes em dois capítulos, como é Babilônia em Apocalipse 17 e 18, será uma cidade literal. E, uma vez que ela é vista ali como uma cidade enormemente influente, talvez mesmo a capital do governo, comércio e religião, ela precisa ainda ser reconstruída.

Babilônia tornar-se-á novamente a sede de Satanás por um curto tempo, servindo como a capital governamental e comercial do mundo durante a primeira metade da Tribulação. Então, após os reis da terra destruírem a Babilônia religiosa próximo da metade da Tribulação, Satanás transferirá a sede religiosa de Roma para Babilônia, preparando o palco para o período de três anos e meio, denominado de "a Grande Tribulação".

Agora mesmo, em nossa existência, Babilônia está sendo preparada para sua aparição final no palco da história humana. As antigas profecias acerca de Babilônia são reveladas diante de nós – exatamente como tantas outras profecias do fim dos tempos.

DOZE

A Tribulação: Uma Visão Geral

Bruce levantou a primeira folha de um bloco e mostrou uma escala de datas e respectivos eventos que ele havia anotado.

– Vou separar um tempo nas próximas semanas para doutriná-los criteriosamente, mas pareceu-me, e a muitas pessoas versadas no assunto que viveram antes de nós, que este período da história que estamos atravessando vai durar sete anos. Os primeiros 21 meses abrangem o que a Bíblia chama de os sete Julgamentos Selados, ou os Julgamentos do Livro Selado com Sete Selos. Em seguida, vem outro período de 21 meses, no qual veremos os sete Julgamentos das Trombetas. Nos últimos 42 meses destes sete anos de tribulação, se permanecermos vivos, sofreremos as provações mais severas, os sete Julgamentos das Taças. Esta última metade dos sete anos é chamada a Grande Tribulação.
Deixados para Trás, p. 276

Jesus advertiu seus discípulos de que nos últimos dias,

próximo da sua segunda vinda, "haverá grande tribulação, como desde o princípio do mundo até agora não tem havido e nem haverá jamais" (Mateus 24.21). Nosso Senhor estava se referindo aos mais curtos – porém mais traumáticos – dos acontecimentos proféticos planejados para a história humana.

UM ESPINHO POR QUALQUER OUTRO NOME

Os discípulos não desconheciam este tempo angustioso profetizado, pois muitos dos profetas hebreus tinham alertado Israel de que um período de intenso sofrimento nacional estava vindo porque a nação tinha se recusado a obedecer aos seus preceitos. O profeta Jeremias o denominou de "tempo de angústia para Jacó" (Jeremias 30.7). Ele será, com certeza, muito pior do que a Inquisição espanhola do século XVI ou mesmo o Holocausto de Adolf Hitler no século XX. Outros profetas chamaram-no de "o dia da sua ira" ou "o dia da ira de Jeová", e em certa ocasião Isaías referiu-se a ele como "o dia da vingança do nosso Deus" (Isaías 61.2). Curiosamente, quando Jesus citou Isaías 61, Ele fez uma pausa na leitura imediatamente antes de chegar a esta frase. Eis o relato de Lucas:

> Ele foi a Nazaré, onde havia sido criado, e no dia de sábado entrou na sinagoga, como era seu costume. E levantou-se para ler. Foi-lhe entregue o livro do profeta Isaías. Abriu-o e encontrou o lugar onde está escrito: "O Espírito do Senhor está sobre mim, porque ele me ungiu para pregar boas novas aos pobres. Ele me enviou para proclamar liberdade aos presos e recuperação da vista aos cegos, para libertar os oprimidos e proclamar o ano da graça do Senhor". Então ele fechou o livro, devolveu-o ao assistente e assentou-se. Na sinagoga, todos tinham os olhos fitos nele; e ele começou a dizer-lhes: "Hoje se cumpriu a Escritura que vocês acabaram de ouvir" (Lucas 4.16-20, NVI).

A passagem em Isaías diz realmente: "a apregoar o ano aceitável do Senhor *e o dia da vingança do nosso Deus*" (Isaías 61.2, ênfase acrescentada). Por que Jesus parou em "o ano aceitável do Senhor"? Por que Ele não mencionou "o dia da vingança"? Porque o dia da graça tinha chegado; o dia da vingança era ainda futuro.

O Dr. Arnold Fruchtenbaum, um erudito hebreu, tem isto a dizer sobre a Tribulação:

Em cada passagem das Escrituras onde encontramos a expressão "Dia de Jeová" ou "Dia do Senhor", é sempre e sem exceção uma referência ao período da Tribulação. Esta é a terminologia mais comum, no Velho Testamento, para este período, sendo também encontrada em várias passagens do Novo Testamento.

Há, porém, várias citações com outros nomes ou designações para esse período encontradas no Velho Testamento. De acordo com uma versão bíblica, de 1901, nos Estados Unidos (American Standard Version of the Bible), estes nomes incluem:

O Tempo de Angústia para Jacó (Jeremias 30.7)
A Septuagésima Semana de Daniel (Daniel 9.27)
A Obra Estranha de Jeová (Isaías 28.21)
O Ato Estranho de Jeová (Isaías 28.21)
O Dia da Calamidade de Israel (Deuteronômio 32.35; Obadias 1.12-14)
A Tribulação (Deuteronômio 4.30)
A Indignação (Isaías 26.20; Daniel 11.36)
O Dilúvio de Açoite (Isaías 28.15, 18)
O Dia da Vingança (Isaías 34.8; 35.4; 61.2)
O Dia das Retribuições [Acerto de Contas] (Isaías 34.8)

O Tempo de Angústia (Daniel 12.1; Sofonias 1.15)
O Dia da Indignação (Sofonias 1.15)
O Dia de Angústia (Sofonias 1.15)
O Dia de Alvoroço (Sofonias 1.15)
O Dia da Desolação (Sofonias 1.15)
O Dia da Escuridade (Sofonias 1.15; Amós 5.18, 20; Joel 2.2)
O Dia de Negrume (Sofonias 1.15; Joel 2.2)
O Dia de Nuvens (Sofonias 1.15; Joel 2.2)
O Dia de Densas Trevas (Sofonias 1.15; Joel 2.2)
O Dia da Trombeta (Sofonias 1.16)
O Dia de Alarme (Sofonias 1.16)

Os nomes e designações do Novo Testamento incluem:

O Dia do Senhor (1 Tessalonicenses 5.2)
A Ira de Deus (Apocalipse 15.1, 7; 14.10, 19; 16.1)
A Hora da Provação (Apocalipse 3.10)
O Grande Dia da Ira do Cordeiro (Apocalipse 6.16-17)
A Ira Vindoura (1 Tessalonicenses 1.10)
A Ira (1 Tessalonicenses 5.9; Apocalipse 11.18)
A Grande Tribulação (Mateus 24.21; Apocalipse 2.22; 7.14
A Tribulação (Mateus 24.29)
A Hora do Julgamento (Apocalipse 14.7)[1]

O profeta Daniel especificou um tempo para este "dia da vingança", como fez João no livro de Apocalipse. Daniel 9.24-27 diz que ele durará "uma semana". Neste contexto, os anos são o assunto, o que indica que a Tribulação durará sete anos. O versículo 27 diz que o príncipe do mal que virá (anticristo) fará uma aliança com Israel para começar esse período de sete anos; depois romperá essa aliança no meio dos sete anos ao profanar o templo reconstruído em Jerusalém. João dividiu esses mesmos sete anos em dois períodos de três anos e meio, estabelecendo nitidamente a distinção que o Senhor fez no discurso do monte das Oliveiras entre "Tribulação" e "Grande Tribulação" (Mateus 24.15-21).

Ninguém deseja pensar em um período futuro – mesmo um período breve de sete anos – que será o tempo do maior sofrimento e terror em toda a história humana. Mas a Bíblia é clara sobre as aflições desse período. Os cristãos que adotam uma posição meio-Tribulação, pós-Tribulação ou pré-Ira não fazem idéia de quanto sofrimento está reservado para aqueles sete anos completos. É irrealista espiritualizar as devastações que Deus desencadeará sobre este mundo durante a Tribulação. Embora tal período possa ser assim curto, os julgamentos parecerão infindáveis para aqueles que forem apanhados por esse episódio. Abra sua Bíblia e leia as seguintes passagens que falam dos julgamentos que Deus planeja enviar sobre a terra nessa ocasião:

- Os Julgamentos dos Selos: Apocalipse 6
- Os Julgamentos das Trombetas: Apocalipse 8-9
- Os Julgamentos das Taças: Apocalipse 16

A ilustração seguinte é tirada do livro de Tim, *Rapture under Attack: Why Christians Will Escape All the Tribulation* (O Arrebatamento sob Ataque: Por que os Cristãos Escaparão de Toda a Tribulação), e é baseada nas três séries de julgamentos descritos em Apocalipse 6-16. Considerando que estes julgamentos sucedem uns aos outros, como mostra a figura, é claro que todos os sete anos constituem a "tribulação", com os últimos três anos e meio piores do que os primeiros. Mesmo um exame superficial da figura e a leitura do texto escriturístico devem convencê-lo do que Jesus anteviu: "...grande tribulação, como desde o princípio do mundo até agora não tem havido, nem haverá jamais" (Mateus 24.21).

O Período da Tribulação

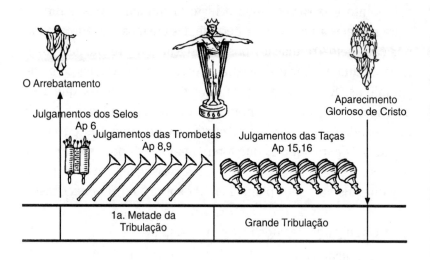

UM EVENTO ASSOMBROSO ATRÁS DE OUTRO

Nenhum outro evento na Bíblia, com exceção talvez da própria segunda vinda de Cristo, é mencionado mais freqüentemente do que a Tribulação. Ela é tão importante que não podemos abrangê-la totalmente, nem mesmo nos livros da série *Deixados para Trás*. Não há fim nos acontecimentos assombrosos desse período terrível. Considere estes que se seguem, claramente expostos na Escritura:

1. Os quatro cavaleiros do Apocalipse (incluindo uma guerra mundial que varre 25% da população do mundo)

2. As duas testemunhas, que têm o poder de parar a chuva e fazer descer fogo do céu
3. Os 144 mil servos de Deus que pregam o evangelho
4. Uma colheita de almas que ninguém pode contar
5. Martírio sem precedente
6. Outra guerra mundial que mata um terço da população remanescente
7. Incontáveis assassinatos e assassinos
8. Atividades sobrenaturais além de qualquer descrição

Não admira que Jesus tenha assinalado a singularidade da Tribulação, quando comparada a qualquer evento já registrado ou que venha a ocorrer!

POR QUE UMA TRIBULAÇÃO DE SETE ANOS?

Todo este horror nos leva à pergunta: "Qual é o propósito da Tribulação?" O profeta Daniel não nos deixa imaginando:

Setenta "semanas" estão determinadas sobre o teu povo e sobre a tua santa cidade, para fazer cessar a transgressão, para dar fim aos pecados, para expiar a iniqüidade, para trazer a justiça eterna, para selar a visão e a profecia e para ungir o santo dos santos" (Daniel 9.24).

Daniel recebeu a palavra para que as "setenta semanas" [ou 7 x 70 = 490 anos] especiais fossem decretadas para "seu povo [Israel] e sua santa cidade". Este período foi designado para:

1. acabar com a transgressão e pôr um fim ao pecado;
2. expiação da maldade (a primeira vinda e a morte de Cristo culminarão em sua segunda vinda);
3. trazer a justiça eterna (estabelecer o reino de Cristo);
4. selar a visão e a profecia (completar toda a profecia);

5. unção do santo dos santos – a segunda vinda do Messias (forçando bilhões de pessoas a escolher entre Cristo e o anticristo, uma decisão de conseqüências eternas).

E o que fazer dos 490 anos profetizados para cumprir todas estas coisas? Gleason Archer escreve:

> O versículo 25 é decisivo: "Desde a saída da ordem para restaurar e para edificar Jerusalém, até ao Ungido [*masiah*], ao Príncipe, sete semanas e sessenta e duas semanas." Deve-se observar que somente 69 semanas são registradas aqui, divididas em dois segmentos. O primeiro segmento de sete resulta em 49 anos, durante os quais a cidade de Jerusalém deve ser "reconstruída com ruas e valetas, mas em tempos angustiosos". [Isto ocorreu provavelmente em 457 a.C., quando Artaxerxes I autorizou Esdras, o escriba, a retornar a Jerusalém para restaurar o templo de adoração.]
> O versículo 26 especifica o término das sessenta e nove semanas: a remoção do Messias. Esclarecendo: após o aparecimento do Messias como Governador – 483 anos após as 69 semanas terem começado –, Ele será cortado.[2]

Em outras palavras, 483 dos 490 anos "decretados" para o povo de Daniel já expiraram; o "contador" divino parou exatamente antes da morte de Jesus, com sete anos ainda por vir. Este período de sete anos é o que chamamos de Tribulação.

Com base em várias outras passagens proféticas, sabemos que a Tribulação será um tempo de:

1. julgamento dos homens que rejeitaram o Salvador;
2. término da rebelião milenar da humanidade contra Deus pelo estabelecimento do reino de justiça de Cristo;
3. decisão que homens e mulheres terão forçosamente que

tomar sobre a quem servirão: Cristo ou o anticristo. Se escolherem o anticristo, serão mortos; se escolherem Deus, serão sujeitos ao martírio, exceto para uns poucos que "perseverarem até o fim" e entrarem no Milênio;
4. condições caóticas universais designadas por Deus para sacudir a falsa sensação de segurança dos homens e levar muitos a buscá-lo por livramento. Em síntese, será um conflito de sete anos entre Deus e Satanás pelas almas dos humanos em tempo de enorme população mundial;
5. ingresso em um reavivamento universal de proporções inauditas, resultando na conversão de "grande multidão que ninguém podia enumerar, de todas as nações, tribos, povos e línguas" (Apocalipse 7.9). Esta será conhecida como a maior colheita em toda a história da humanidade.

LOCALIZANDO A TRIBULAÇÃO

A grande pergunta é esta: Onde localizar a Tribulação no tempo? Felizmente, somos capazes de identificar o exato lugar pelas palavras do próprio Jesus no monte das Oliveiras: "Logo em seguida à tribulação daqueles dias... o sinal do Filho do Homem vindo sobre as nuvens do céu... e verão o Filho do Homem vindo sobre as nuvens do céu, com poder e muita glória" (Mateus 24.29-31).

É óbvio que a Tribulação deve acontecer imediatamente antes do Aparecimento Glorioso de Cristo. Esta localização no tempo é confirmada pelo apóstolo Paulo em 2 Tessalonicenses 2.1-10, onde ele anuncia que a vinda de Cristo à terra não ocorrerá antes da revelação do "homem da iniqüidade... o filho da perdição", a quem Cristo "matará com o sopro de sua boca e o destruirá pela manifestação de sua vinda".

Acreditamos que o tempo para o "relógio" dos sete anos de Deus começar a marcar novamente está muito perto. Você está preparado?

Localizando o Período da Tribulação
Mateus 24.29-31

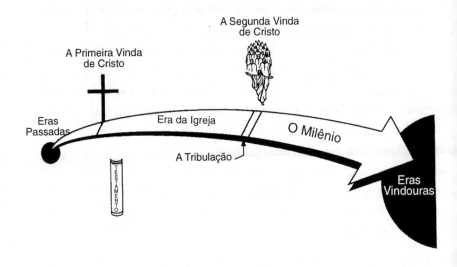

A Tribulação é um período estarrecedor de sete anos, nos quais Deus derramará sua ira sobre uma multidão rebelde e descrente. É também "o tempo da angústia de Jacó", quando o Senhor tratará uma vez mais especificamente com a nação de Israel, trazendo o povo judeu à fé em Jesus Cristo, o Messias que ele rejeitou há 2.000 anos.

Entretanto, embora este período seja primeiramente um tempo de ira e julgamento, também compreende um tempo de abundante misericórdia e graça – algo que muito freqüentemente é ignorado. Algumas vezes, pensamos que Deus fica com uma má imagem quando as pessoas põem em evidência os julgamentos e terrores esperados. Elas vêem o Senhor como um tipo de monstro enfurecido, amontoando catástrofes sobre catástrofes e atirando-as sobre a cabeça dos homens e mulheres indefesos e inocentes, como uma criança detestável pode derramar gasolina sobre um formigueiro com uma mão, preparando-se para acender o fósforo com a outra.

Mas isto está totalmente errado! Primeiro, aqueles sujeitos aos julgamentos de Deus na Tribulação *não* são "homens e mulheres inocentes". Como veremos no capítulo 26, os rebeldes vivos na ocasião não somente rejeitarão Deus e sua oferta de salvação, como correrão sôfregos em direção a todo pecado vil conhecido do homem, incluindo blasfêmia de um tipo inominável. E, segundo, a despeito do seu pecado grosseiro, Deus pretende que os julgamentos da Tribulação *possam levar até esses pecadores incréus à fé em seu Filho, Jesus Cristo!*

Esta é a razão por que temos um de nossos personagens no romance *Comando Tribulação* dizendo em uma reunião de homens e mulheres a respeito de entrar na Tribulação:

> Esses julgamentos, creio eu, têm a finalidade de nos soltar de qualquer fio de segurança que porventura tenhamos deixado para trás. Se o Arrebatamento não chegou a chamar a nossa atenção, os julgamentos chamarão. E, se os julgamentos não chamarem, morreremos apartados de Deus. Por mais horríveis que esses julgamentos venham a ser, exorto os senhores para que os considerem como advertências finais vindas de um Deus amoroso que não deseja que nenhuma alma pereça.[3]
> Com*ando Tribulação*, p. 61

Cremos de todo o nosso coração que os julgamentos divinos da Tribulação têm um duplo propósito: punir os pecadores impenitentes e sensibilizar outros para o arrependimento e a fé. A Tribulação será a derradeira ilustração da verdade encontrada em Romanos 11.22: "Considerai, pois, a bondade e a severidade de Deus." É verdade que a Tribulação demonstrará a severidade de Deus, mas é igualmente verdade que ela demonstrará sua bondade.

O profeta veterotestamentário Joel viu claramente estes dois aspectos da natureza de Deus operando paralelamente na Tribulação. Em Joel 2.28-32, o Senhor disse por meio dele:

> E acontecerá, depois, que derramarei o meu Espírito sobre toda a carne; vossos filhos e vossas filhas profetizarão, vossos velhos sonharão, e vossos jovens terão visões; até sobre os servos e sobre as servas derramarei o meu Espírito naqueles dias. Mostrarei prodígios no céu e na terra: sangue, fogo e colunas de fumaça. O sol se converterá em trevas, e a lua, em sangue, antes que venha o grande e terrível Dia do Senhor. E acontecerá que todo aquele que invocar o nome do Senhor será salvo; porque, no monte Sião e em Jerusalém, estarão os que forem salvos, como o Senhor prometeu; e, entre os sobreviventes, aqueles que o Senhor chamar.

Entendemos que estes versículos ensinam que haverá uma grande "colheita de almas" durante a Tribulação. Incontáveis milhões de homens, mulheres, meninas e meninos reconhecerão isto, embora tenham perdido o Arrebatamento, e, assim, terão de suportar os horrores da Tribulação; por isso, Deus ainda está chamando-os, atraindo-os para o seu lado. E, por meio do ministério do Espírito Santo, essas pessoas responderão arrependidas e, com fé, abandonarão a rebelião e, ao contrário, entregarão sua vida e seu futuro nas mãos do Senhor Jesus Cristo. É por isso que o apóstolo João pôde escrever:

> Depois destas coisas, vi, e eis grande multidão que ninguém podia enumerar, de todas as nações, tribos, povos e línguas, em pé diante do trono e diante do Cordeiro, vestidos de vestiduras brancas, com palmas nas mãos (Apocalipse 7.9).

Cremos que esses "santos da Tribulação" podem bem ser

contados entre os bilhões. E não se esqueça: cada um destes novos crentes foi deixado para trás após o Arrebatamento, precisamente porque ele ou ela tinha (até esse ponto) rejeitado a oferta da salvação de Deus. Entretanto, mesmo assim, o Senhor não se afastará deles! Usará quaisquer meios necessários – fogo, sangue, terremoto, praga, guerra, fome, perseguição – para sacudi-los do seu sono espiritual e conduzi-los ao despertar prazeroso da sua gloriosa luz.

Bem longe de ser uma mera exibição de vileza divina, a Tribulação demonstra, acima de toda dúvida, que nosso santo Deus é um Deus que ama além de toda a avaliação humana. Não admira que o apóstolo Pedro pôde escrever que o Senhor não quer "que nenhum pereça, senão que todos cheguem ao arrependimento" (2 Pedro 3.9)! Não admira que o apóstolo Paulo pôde escrever que "nosso grande Deus e Salvador Cristo Jesus... se deu por nós, a fim de remir-nos de toda iniqüidade e purificar, para si mesmo, um povo exclusivamente seu, zeloso de boas obras" (Tito 2.13-14)! E não admira que o próprio Jesus tenha dito: "Pois o próprio Filho do homem não veio para ser servido, mas para servir e dar a sua vida em resgate por muitos" (Marcos 10.45)!

A Escritura ensina que um contingente fantasticamente grande daqueles "muitos" que Jesus veio resgatar são o que chamamos de "santos da Tribulação". Sim, a Tribulação é um tempo de fúria, ira e julgamentos aterradores; mas é também um tempo de resignação, graça e misericórdia. Somente Deus pode manter ambos os extremos em perfeito equilíbrio.

E, na Tribulação, Ele faz exatamente isto.

TREZE

A Tribulação: Primeira Metade

Com apertos de mão, abraços e beijos no rosto, o tratado foi celebrado.
E os signatários do tratado – todos, exceto um – ignoravam suas conseqüências e não sabiam que fizeram parte de uma aliança profana.
O pacto acabara de ser celebrado. O povo escolhido de Deus, que planejava reconstruir o templo e restabelecer o sistema sacrificial até a volta de seu Messias, tinha assinado um acordo com o demônio.
Apenas dois homens na plataforma sabiam que esse pacto assinalava o início do final dos tempos. Um era diabolicamente confiante, o outro tremia só em pensar no que estava por acontecer.
Diante do famoso Muro, as duas testemunhas proferiam a verdade em tom de lamento. O som de seus gritos alcançava o Monte do Templo e mais além, enquanto elas proclamavam:
– E assim começa a terrível semana do Senhor!
A "semana" dos sete anos começara.

A Tribulação.
Com*ando Tribulação*, p. 347

O ex-presidente George Bush não teve a idéia de uma "nova ordem mundial" quando liderou as nações do mundo no ataque a Saddam Hussein e às forças armadas iraquianas durante a Guerra do Golfo. Ele simplesmente popularizou a expressão. Satanás, o conspirador-mestre, tinha em mente há séculos exatamente tal governo mundial. Deus revelou que um plano infernal tinha nascido – e a História demonstrou-o exatamente como foi anunciado.

A PROFECIA DE DANIEL SOBRE O FIM

Daniel foi o primeiro profeta a escrever sobre o governo mundial do anticristo, e, curiosamente, a profecia foi transmitida em sonho ao homem que os historiadores consideram o governante mais autocrático da História universal.

Em seu sonho, o rei Nabucodonosor viu uma bela estátua com quatro partes distintas, cada qual inferior à seção acima dela. Mortalmente assombrado, o rei ordenou que seus magos, feiticeiros e encantadores lhe dissessem a visão e sua interpretação – algo que eles não podiam fazer. Porém, Daniel, o profeta hebreu, invocou o Deus vivo, que lhe revelou tanto o sonho como sua interpretação. Daniel antecedeu suas observações ao rei, dizendo: "Há um Deus no céu, o qual revela os mistérios" (Daniel 2.28). Então, ele predisse que haveria quatro governos sucessivos no mundo, e nos últimos dias, pouco antes da vinda do Messias para estabelecer seu reino, dez reis formarão um governo universal final. Esta profecia é tão importante que merece o seu tempo para uma leitura tanto da visão como da sua interpretação.

Tu, ó rei, estavas vendo, e eis aqui uma grande estátua; esta, que era imensa e de extraordinário esplendor, estava em pé diante de ti; e a sua aparência era terrível. A cabeça era de fino ouro, o peito e os braços, de prata, o ventre e os quadris, de bronze; as pernas, de ferro, os pés, em parte, de ferro, em parte, de barro. Quando estavas olhando, uma pedra foi cortada sem auxílio de mãos, feriu a estátua nos pés de ferro e de barro e os esmiuçou. Então, foi juntamente esmiuçado o ferro, o barro, o bronze, a prata e o ouro, os quais se fizeram como a palha das eiras no estio, e o vento os levou, e deles não se viram mais vestígios. Mas a pedra que feriu a estátua se tornou em grande montanha, que encheu toda a terra. Este é o sonho.

A sua interpretação diremos ao rei. Tu, ó rei, rei de reis, a quem o Deus do céu conferiu o reino, o poder, a força e a glória; a cujas mãos foram entregues os filhos dos homens, onde quer que eles habitem, e os animais do campo e as aves do céu, para que dominasses sobre todos eles, tu és a cabeça de ouro. Depois de ti, se levantará outro reino, inferior ao teu; e um terceiro reino, de bronze, o qual terá domínio sobre toda a terra. O quarto reino será forte como ferro; pois o ferro a tudo quebra e esmiúça; como o ferro quebra todas as coisas, assim ele fará em pedaços e esmiuçará.

Quanto ao que viste dos pés e dos artelhos, em parte, de barro de oleiro e, em parte, de ferro, será esse um reino dividido; contudo, haverá nele alguma coisa da firmeza do ferro, pois que viste o ferro misturado com barro de lodo. Como os artelhos eram em parte de ferro e em parte de barro, assim, por uma parte, o reino será forte e, por outra, será frágil. Quanto ao que viste do ferro misturado com barro de lodo, misturar-se-ão mediante casamento, mas não se ligarão um ao outro, assim como o ferro não se mistura com o barro.

Mas, nos dias destes reis, o Deus do céu suscitará um reino que não será jamais destruído; este reino não passará a outro povo; esmiuçará e consumirá todos estes reinos, mas ele mesmo subsistirá para sempre, como viste que do monte foi cortada uma pedra, sem auxílio de mãos, e ela esmiuçou o ferro, o bronze, o barro, a prata e o ouro. O Grande Deus fez saber ao rei o que há de ser futuramente. Certo é o sonho, e fiel, a sua interpretação (Daniel 2.31-45).

A PRECISÃO HISTÓRICA DE DANIEL

Daniel escreveu seu livro muito antes de essa profecia se cumprir; entretanto, 2.500 anos nos separa do tempo em que foi escrita, e ela tem-se cumprido exatamente como ele anunciou. Na realidade, sua profecia foi tão específica que, por muitos anos, foi fantasiada, sugerindo-se que um autor desconhecido a havia escrito bem depois que os quatro governos universais tinham sido estabelecidos. Os céticos dizem que a razão de as profecias serem tão precisas é porque o escritor (seja ele quem for) estava simplesmente escrevendo história, e não profecia.

Para a infelicidade desses céticos, arqueólogos descobriram cópias da profecia de Daniel datadas do período do segundo reino (medo-persa). Não há dúvida atualmente de que a profecia de Daniel é exata, escrita anteriormente. E isto, evidentemente, poderia acontecer somente por revelação divina.

É importante observar que muitos tentaram conquistar o mundo e tornar-se um quinto líder mundial. Gêngis Khan, Napoleão, Kaiser Wilhelm, Adolf Hitler, Stalin e muitos outros tentaram, todos inutilmente. A Bíblia diz que haveria quatro governos mundiais, e a História revela que houve apenas quatro.

Babilônia, o primeiro reino na profecia e que fez de Daniel um cativo, deveria ser o império mais despótico que já existiu, como foi. Seguiram-se os medo-persas, depois os gregos sob Alexandre, o Grande. Quando Alexandre morreu, seus generais dividiram o mundo em quatro reinos, que, por fim, foram absorvidos

Tim LaHaye & Jerry B. Jenkins

Império Babilônico

Império Medo-Persa

Império Grego

Império Romano

Daniel 2.31-45

606 a.C. Cativeiro Babilônico

Anos do Silêncio Profético

Era da Igreja

Tribulação

Aparecimento Glorioso

Milênio

por Roma, o quarto reino "feito de ferro" para estampar seu *imprimatur* sobre todas as formas de governo. Hoje, embora Roma não seja mais um império, virtualmente todas as nações ocidentais assumiram os princípios básicos do governo romano. As leis, estatutos, senado e outros organismos debatedores dão continuidade ao que é chamado de "imperialismo cesarista".

AS DEMOCRACIAS DOS ÚLTIMOS DIAS

Muitos especialistas em profecia vêem os dez dedos da imagem da visão de Daniel como uma predição da democracia no fim dos tempos. Ferro e barro não se misturam bem e ensejam uma imagem de governos mais fracos. O que estamos querendo dizer por "governo mais fraco"? Por exemplo, a China comunista, um governo totalitário, em muitos aspectos tem um governo muito mais forte do que o dos Estados Unidos. Seus líderes fazem o que querem, e ninguém lhes faz oposição. O governo dos Estados Unidos, por outro lado, muda de liberal para conservador, dependendo da disposição dos eleitores, e os políticos que desejam garantir sua eleição não podem focalizar-se no que é melhor para o seu país, mas naquilo que lhes garantirá o maior número de votos. Isto não contribui para o fortalecimento e estabilidade do governo.

No capítulo 13 de Apocalipse, o apóstolo João descreve os dez reis de Daniel como "chifres" sobre as sete cabeças de uma besta. Não permita que esta imagem o confunda; enquanto Nabucodonosor via os governos futuros da humanidade como uma bela imagem ou estátua, Deus (em menções paralelas encontradas em Daniel 7 e 8) viu-os como bestas. Isto contrapõe as visões humana e divina sobre o governo. O homem vê o governo como belo e impressivo e adora-o, ao passo que Deus vê os governos deste mundo como bestas.

As sete cabeças que João descreve em Apocalipse (12.3; 13.1; 17.3, 7, 12-14, 16) referem-se provavelmente aos sete estágios do império romano, a personificação do governo maligno. Enquanto Apocalipse 17.9 diz que elas se referem às "sete montanhas" (provavelmente uma referência às sete colinas sobre as quais se diz que Roma foi edificada), o versículo seguinte diz que elas também se referem a sete reis, dos quais "caíram cinco, um existe, e o outro ainda não chegou". Acredito que os cinco reis que "caíram" foram cinco imperadores romanos antes da época de João; o sexto (o que permanece) foi Domiciano, o imperador no tempo em que João escreveu; e o sétimo (que "ainda não chegou") será o próprio anticristo – o gênio do mal que inaugurará a Tribulação ao assinar um tratado de sete anos com Israel (Daniel 9.27), somente para rompê-lo depois de três anos e meio, quando profanará o templo reconstruído ao declarar-se Deus.

TRÊS REIS DERROTADOS

Daniel revela que os dez reis do sonho de Nabucodonosor nem sempre obedecem a cada capricho do anticristo. Na verdade, três deles rebelam-se contra ele – e são rapidamente esmagados. Aqui está como o profeta narrou sua rebelião e morte:

> Estando eu a observar os chifres, eis que entre eles subiu outro pequeno, diante do qual três dos primeiros chifres foram arrancados, e eis que neste chifre havia olhos, como os de homem, e uma boca que falava com insolência (Daniel 7.8).

> Então, tive desejo de conhecer a verdade a respeito do quarto animal, que era diferente de todos os outros, muito terrível, cujos dentes eram de ferro, cujas unhas eram de bronze, que devorava, fazia em pedaços e pisava aos pés o que sobejava; e também a respeito dos dez chifres que tinha na cabeça e do outro que subiu, diante do qual caíram três,

daquele chifre que tinha olhos e uma boca que falava com insolência e parecia mais robusto do que os seus companheiros (Daniel 7.19-20).

Os dez chifres correspondem a dez reis que se levantarão daquele mesmo reino; e, depois deles, se levantará outro, o qual será diferente dos primeiros, e abaterá a três reis (Daniel 7.24).

Daniel esclarece bem que estes dez reis se "levantarão" antes que o anticristo tenha sua própria ascensão ao poder. Três deles não gostarão de sua rápida ascensão e tentarão resistir a ele, mas serão rapidamente derrotados; Daniel diz que eles serão "arrancados pelas raízes", "cairão", e serão "sujeitados" pelo anticristo, o chifre com olhos e uma boca insolente, "cuja aparência era maior que a de seus pares".

Em *Comando Tribulação*, imaginamos ser um destes reis o presidente dos Estados Unidos; ele se une aos líderes da Inglaterra e do Egito. Evidentemente, todos os três são rapidamente derrotados. "Tudo isso já estava escrito", escrevemos. "A rebelião contra o anticristo seria subjugada e daria início à Terceira Guerra Mundial, que acarretaria fome e pragas em todo o planeta e o extermínio de um quarto da população mundial."[1]

UMA OBSESSÃO DO SÉCULO XX

Estamos nos aproximando rapidamente do tempo em que os reis de Daniel e Apocalipse devem aparecer. Como chegamos a este cenário? Você ficaria surpreso em saber que o palco estava começando a ser montado no final da Primeira Guerra Mundial?

Como nunca antes, a Primeira Guerra Mundial levou milhões em todo o globo a clamar por "paz em nosso tempo". O presidente Woodrow Wilson, que prometeu ao povo norte-americano que manteria a nação fora da guerra, logo em seguida lançou-a nela. Ele não somente quebrou sua promessa, mas prometeu também que aquela seria "a guerra para acabar com todas as guerras" – uma idéia grandiosa que, entretanto, evidentemente nunca criou raiz.

Logo depois da guerra, Wilson e seu conselheiro mais confiável, o coronel Mandell House (um socialista obsessivo), foram à Conferência da Paz, em Genebra, e tentaram criar a Liga das Nações, o primeiro passo de grande escala em direção a um governo mundial único. Mas, quando retornaram aos Estados Unidos, suas esperanças foram desfeitas pelos conservadores do Senado, que, em 1919, negaram o envolvimento dos Estados Unidos na Liga. Apesar disso, House e seus associados não desistiram. Em 1921, ele e outros fundaram o Council on Foreign Relations (CFR) – Conselho de Relações Exteriores, provavelmente a organização mais influente nesse século. Este órgão tem promovido coerentemente um governo mundial único.

O conselho foi o primeiro passo no estabelecimento da Organização das Nações Unidas, em 1945, prometendo pôr fim ao antigo pesadelo do homem, a guerra. Infelizmente, o histórico da ONU não tem sido nada animador. Nos 60 anos passados, temos sofrido mais guerras e mortes decorrentes de guerras do que durante qualquer outro período equivalente na História. Isto, certamente, não detém os socialistas, que estão convencidos de que, se apenas puderem ter mais poder, serão bem-sucedidos.

Desde então, a Conferência do Clube de Roma, constituída dos líderes do mundo, tem anunciado que um governo mundial único é a única esperança para o nosso planeta. Seus membros estão convencidos de que a superpopulação vai destruir a terra; por isso, insistem em que a humanidade deve mudar sua atitude a respeito de filhos e na necessidade de se preservar o meio ambiente. Eles, com certeza, defendem o controle da natalidade por meio de aborto, preservativos e outros meios. Eles também insistem em que as nações ricas do mundo devem subsidiar os países do Terceiro Mundo, de modo que todos se tornem iguais, removendo assim a ganância como motivo para a guerra.

Durante a década de 1990, uma mudança importante ocorreu na CFR e em outros defensores de um governo mundial único: eles tornaram-se mais visíveis e transparentes quanto às suas intenções. A Guerra do Golfo proporcionou a mais alta exibição do que pode ser feito por meio da unidade mundial, quando um ditador como Saddam Hussein flexiona seus músculos. Os peritos planejadores não puderam possivelmente permitir que ele continuasse se apoderando do petróleo do mundo; portanto, em nome das Nações Unidas, o Exército, a Marinha e a Força Aérea dos Estados Unidos impuseram o que pode ser uma das suas últimas demonstrações de poder. No ritmo em que a América do Norte está-se desarmando e as Nações Unidas estão aumentando sua estatura e poder, é apenas uma questão de tempo até que a ONU seja capaz de controlar o mundo.

DEZ REIS NA PRANCHETA?

Uma idéia do Clube de Roma sugeriu que um ponto de partida para o governo mundial pode ser dividir o mundo em dez regiões, com um "dirigente" indicado para liderar cada área, com representação na ONU. O Conselho de Segurança pode ser aumentado para dez; conseqüentemente, o mundo seria governado pelo que um importante jornal dos Estados Unidos denominou de os "dez homens sábios"!

Existe já uma aceitação quase universal entre a elite dos participantes de que os governos do mundo renunciarão à sua soberania em favor de um líder internacional. Isto está claramente profetizado em Apocalipse 13, Daniel 2, 2 Tessalonicenses 2 e outras passagens proféticas. Muitas sociedades e organizações secretas já estão trabalhando incansavelmente para fazer com que isto seja consumado. Há poucos anos, muitos líderes influentes de alguns dos países mais poderosos do mundo têm-se comprometido a ingressar em um governo mundial único.

O importante sobre estas organizações é que, sempre que seus consórcios se organizam, incluem aqueles que controlam o governo, os bancos, a educação e a mídia. Poucos cristãos podem ser encontrados em tais grupos, que freqüentemente mostram hostilidade aberta à cultura e valores judaico-cristãos.

**Governo Mundial Único
Daniel 2**

Todos esses grupos estão trabalhando de uma forma ou de outra em prol de um governo mundial único. Não há dúvida de que Satanás prepara o mundo para uma unificação sob seu administrador-mor; ele usará um sistema de organizações secretas entrosadas que procurarão controlar a economia, a religião e a mídia do mundo. Com este poder, será capaz de controlar todos os líderes do mundo.

Na metade da década de 1990, os planejadores começaram a conversar sobre uma "taxa mundial", uma "corte mundial", uma "força policial mundial", um "padrão mundial para as nações", uma "economia mundial", e mesmo uma "religião mundial". Alguém sugeriu recentemente que, uma vez que a religião tem provado ser tão divisível, chegamos ao ponto em que necessitamos de uma religião mundial única, que "unirá o povo". Prognosticamos que isto se dará imediatamente depois que Cristo arrebatar sua Igreja.

Estamos nos aproximando rapidamente – na verdade, estamos já "às vésperas" – de um tempo quando o mundo será dividido em dez regiões, cujos líderes formarão o governo mundial único. Tudo em nome da paz mundial. Quem pode opor-se a isto? Somente os cristãos que conhecem sua Bíblia e sabem que esta é a condição mundial predita para logo antes de o anticristo assumir o poder.

Quando tudo isso tomará forma? Ninguém realmente sabe. Alguns otimistas do mundo unificado têm sugerido o ano 2000, mas achamos essa uma idéia prematura. Outros mais realistas sugerem o ano 2010; ainda outros, 2025. Estamos convencidos de que, a menos que Deus intervenha, os adeptos do mundo unificado não desistirão até que façam das Nações Unidas a força governante do mundo pelo menos até 2025 ou talvez bem mais cedo!

UMA RELIGIÃO MUNDIAL

Antes de considerarmos brevemente os julgamentos e pragas da primeira metade da Tribulação, convém compreender alguma coisa da razão para a ferocidade dos julgamentos divinos da Tribulação. Uma das causas preponderantes da ira divina é a religião mundial única que se erguerá naquele tempo.

Apocalipse 17 nos dá um retrato vivo desta "Igreja" global. João a chama de "BABILÔNIA, A GRANDE, A MÃE DAS MERETRIZES E DAS ABOMINAÇÕES DA TERRA" (versículo 5). Ele diz que ela cometeu fornicação com os reis da terra, "vestida de púrpura e escarlate, adornada de ouro, de pedras preciosas e de pérolas. Ela também tinha na mão um cálice de ouro transbordante de abominações e com as imundícias da sua prostituição" (versículo 4) – todos os símbolos de sua grande riqueza e influência corrupta. João diz no versículo 3 que ela estava "montada numa besta escarlate" – a mesma besta identificada em Apocalipse 13 como o anticristo. E ele complementa no versículo 16:

> Os dez chifres que viste e a besta, esses odiarão a meretriz, e a farão devastada e despojada, e lhe comerão as carnes, e a consumirão no fogo.

Estes versículos retratam a religião mundial única que, na primeira metade da Tribulação, exercerá controle significativo sobre até mesmo os dez reis que governarão o mundo sob o anticristo. A imagem da "meretriz" montada na besta indica que mesmo o anticristo não estará livre da sua influência controladora – pelo menos nos primeiros três anos e meio da Tribulação. Àquela altura, João nos diz que a meretriz será final e violentamente destruída, "devastada e despojada", e os dez reis que servem ao anticristo "lhe comerão as carnes, e a consumirão no fogo" (Apocalipse 17.16).

MISTÉRIO DA LONGA HISTÓRIA DE BABILÔNIA

Toda religião falsa no mundo pode ter Babilônia como seu protótipo. Mesmo antes de seus cidadãos tentarem construir a torre de Babel, Satanás tinha feito daquela cidade sua sede e introduzido ali a idolatria, as primeiras sociedades secretas, e muitas das práticas religiosas que persistem nos dias atuais. Estas, conseqüentemente, como ensinos fundamentais para o hinduísmo, o budismo, o taoísmo, o culto a Gaia, e numerosos outros sistemas cúlticos agrupados na Bíblia como "Mistério Babilônio". Essas falsas religiões violam regularmente os quatro primeiros mandamentos, que se referem à relação do homem com Deus ("Não terás outros deuses diante de mim." "Não farás para ti imagem de escultura... Não as adorarás, nem lhes darás culto." "Não tomarás o nome do Senhor, teu Deus, em vão." "Lembra-te do dia de sábado, para o santificar"; (veja Êxodo 20). Em resumo, todas as religiões pagãs dependem da adoração de imagens, ou, como alguns a chamam, "ajudas para adorar".

Se Babilônia é a mãe de todas as religiões falsas, e Jerusalém é a mãe da fé verdadeira (desde que Jesus Cristo foi crucificado, sepultado e ressuscitado ali), então Roma é a mãe de uma mistura dessacralizada de ambas. Uma das coisas que impressionam os turistas que visitam essa cidade é sua incrível história religiosa.

Ela existia muito antes de os romanos subirem ao poder, e hoje exibe as ruínas de muitas religiões pagãs, todas recebidas de Babilônia. Por volta da época de Paulo e da chegada de outros cristãos a Roma, a cidade tinha se tornado não somente a capital de um império mundial – portanto o centro da civilização e a cidade mais importante do mundo –, mas também o centro da religião pagã "Mistério Babilônio". Satanás tinha mudado sua sede espiritual de Babilônia para Roma antes do nascimento de Cristo.

Quando Constantino fez sua "confissão de fé" no século IV (se, de fato, foi o que sucedeu), ele transferiu aos líderes cristãos os templos pagãos, os quais, de acordo com os livros históricos de Roma, incluíam:

> As divindades gregas Atena, que tornou-se Minerva; Ares, chamado de Marte, e Afrodite, conhecida como Vênus. Apolo manteve seu nome grego, mas o deus grego da mitologia tornou-se o romano Olimpo. O templo de Ísis (diretamente de Babilônia) estava lá, juntamente com o egípcio Campus Martius, muitas divindades orientais, incluindo Mitras, o deus do Sol persa.[2]

A cidade de Roma, por volta de 320 d.C., estava cheia de templos, ídolos e santuários para quase cada deus no panteão das religiões pagãs. A transferência desses templos aos cristãos provou ser a pior coisa que Constantino fez e algo abominável para a Igreja primitiva. Diz-se que a Igreja reteve muitas imagens do estatuário dos templos pagãos; ela simplesmente rededicou-as ao cristianismo, removendo posteriormente os nomes das divindades pagãs e substituindo-os pelos dos apóstolos, de Jesus e de Maria. Aos poucos, as práticas e ensinos pagãos de Babilônia começaram a infiltrar-se no cristianismo. Estes incluíam orações pelos mortos, o ato de persignar-se (fazer o sinal da cruz), culto a santos e anjos, a instituição da missa, e a mariolatria – a qual, na igreja de Roma, foi seguida de orações diretas a Maria, levando em 1950 ao dogma da sua assunção ao céu e, em 1965, à proclamação de Maria como a "Mãe da Igreja".[3]

Como os ensinos pagãos aumentaram, a autoridade bíblica decresceu. Cem anos depois de Constantino, o brilhante Agostinho apareceu com seu estigma do humanismo grego e introduziu a "sabedoria do homem" ao lado da "sabedoria de Deus", abrindo mais adiante o caminho para mais pensamentos e práticas pagãos. Embora não fosse essa sua intenção, sua espiritualização das Escrituras acabou por descredenciá-las como a única fonte de autoridade para a sã doutrina. Ao mesmo tempo, as Escrituras foram mantidas fechadas em mosteiros e museus, deixando os cristãos indefesos contra a invasão do pensamento e prática pagãos e humanistas. Em conseqüência disto, a Idade Média prevaleceu, e a Igreja de Roma tornou-se mais pagã do que cristã.

Não fossem Wycliffe, Tyndale e outros valorosos heróis pré-protestantes da fé, o cristianismo teria sido destruído, e o misticismo babilônio de Satanás, prevalecido. Em vez disso, graças aos esforços corajosos de uns poucos estudiosos cristãos – alguns de dentro da própria Igreja Católica, incluindo muitos sacerdotes e bispos que desaprovavam a inclusão de doutrina e prática pagãs, juntamente com grupos dissidentes, como os morávios e valdenses, que aderiram aos ensinos da Bíblia –, o século XVI viu eclodir o movimento da Reforma Protestante. Sob gigantes intelectuais e espirituais, como Lutero, Calvino e muitos outros, os reformadores chamaram o cristianismo de volta à Bíblia e, ao mesmo tempo, condenaram muitas das práticas pagãs de Roma, incluindo a venda de indulgências, o purgatório e as orações a Maria.

Na Idade Média e nos tempos pré-modernos, crentes verdadeiros foram submetidos ao martírio em incrível escala. Estima-se que cerca de 40 milhões de pessoas foram mortas durante esse período em que o misticismo babilônio dominou a Igreja.

A França, o país mais avançado do século XVII, é um exemplo dos efeitos de Babilônia sobre as sete colinas da cidade de Roma. Considere como o papa e as autoridades católicas trabalharam com os reis católicos da França para produzir o massacre de São Bartolomeu, no qual 40 mil cristãos "nascidos de novo" foram mortos em um só dia. Isto foi seguido de outros massacres que eliminaram mais de quatro milhões de huguenotes, que seriam chamados de cristãos evangélicos, se estivessem vivos hoje. O genocídio encolerizou de tal modo céticos como Voltaire e Rousseau que eles se tornaram pensadores anticristãos e começaram a propagar um socialismo ateísta derivado do ceticismo francês, que, finalmente, mesclou-se com o racionalismo alemão. Hoje, seus descendentes intelectuais advogam uma filosofia chamada de "humanismo secular".

Até este dia, a Igreja Católica nunca se arrependeu, realmente, daqueles massacres perpetrados "em nome de Cristo e sua Igreja". Estes trágicos acontecimentos tornam difícil a muitos cristãos confiar nos atuais esforços para restabelecer a unidade entre protestantes e católicos.

Nosso Senhor e Salvador, Jesus Cristo, é o *único* provedor da salvação, que pode vir somente por fé pessoal nele, nunca por obras de justiça. Sua obra de redenção cumpriu-se de uma vez por todas sobre a cruz. Os verdadeiros cristãos nunca se "unirão" em prol da unidade religiosa com aqueles que não reconhecem a supremacia de Jesus Cristo. Levamos a exortação petrina muito a sério: "E não há salvação em nenhum outro; porque abaixo do céu não existe nenhum outro nome, dado entre os homens, pelo qual importa que sejamos salvos" (Atos 4.12).

AS RELIGIÕES DO MUNDO UNIFICADO

Embora possamos concordar com o papa João Paulo II sobre sua posição contra o aborto, o homossexualismo e outros aspectos da moralidade, devemos opor-nos à sua promoção da unidade entre as religiões mundiais que negam Cristo. Em 1986, ele promoveu uma conferência para 130 líderes religiosos do mundo em Iccese, Itália, a fim de "orar pela paz no mundo". Entre os presentes, estavam muçulmanos, budistas, hindus, panteístas, o Dalai Lama, e muitos outros que rejeitam Jesus Cristo. A quem eles podiam orar? Eles não concordam sobre quem (ou mesmo o que) Deus é ou em que nome devem orar. De uma coisa estamos certos: Não se pode rejeitar ou desconhecer o Filho de Deus e ainda esperar ter suas orações respondidas.

A idéia de que todas as religiões apontam para o mesmo deus é blasfêmia. Assim é a idéia de que há muitos caminhos para chegar a Deus. Buda, Maria, Gaia, Maomé *não* são da mesma categoria de Cristo. Eles todos não têm o mesmo peso que o Deus triúno da Bíblia. Apenas um foi "o Filho nascido de Deus", e somente Ele abre-nos acesso a Deus mediante a oração.

O papa atual tomou posição quanto à crença na Trindade e pode, de fato, orar em nome de Jesus Cristo. Entretanto, sua devoção à virgem de Fátima e sua veneração a Maria (a quem ele atribui o livramento de sua vida de uma bala assassina) preocupa alguns que receiam que ele esteja estabelecendo sua Igreja e as religiões do mundo para o cumprimento de Apocalipse 17, onde o "Mistério Babilônio, a mãe das meretrizes" unifica todas as religiões do mundo durante a primeira metade da Tribulação.

QUÃO PERTO ESTAMOS?

Tudo o que poderia levar as religiões do mundo a unir-se sob a liderança de Roma seria o arrebatamento de todos os verdadeiros cristãos. Isto despojaria com êxito a Igreja Católica, a Igreja Ortodoxa, o protestantismo liberal e as igrejas evangélicas de quaisquer crentes verdadeiros e promoveria a unidade religiosa sem considerar as diferenças doutrinárias, o que é instantaneamente possível. Foi exatamente isto em nosso livro *Comando Tribulação* que permitiu ao líder eventual de uma igreja mundial dizer:

> – E para que isso não pareça impossível aos seguidores de cada uma das religiões que aqui representamos – disse Mateus – houve unanimidade de nossa parte, de todos nós. Nossas religiões têm sido a causa de muitas divisões e derramamento de sangue no mundo inteiro como acontece com qualquer governo, exército ou armamento. A partir de hoje, nos uniremos sob a bandeira da Fé da Comunidade Global. Nosso emblema terá os símbolos sagrados de todas as religiões, e daqui em diante abrangerá todos esses símbolos. Quer acreditemos em Deus como um ser real ou simplesmente como um conceito, Deus está em tudo, acima de tudo e ao redor de tudo; Deus está em nós. Deus é igual a nós. Nós somos Deus.[4]

Você tem ouvido todas as vozes contemporâneas que clamam por unidade religiosa em nome da "tolerância"? São meramente precursoras do que está predito para a primeira metade da Tribulação. À luz do clima religioso de hoje, isto pode vir em poucos dias ou, no máximo, poucas semanas depois da partida de talvez meio bilhão de cristãos no Arrebatamento.

**Igreja Mundial Única
Apocalipse 17**

O que achamos interessante é que o único grupo religioso *não* tolerado hoje é o de cristãos crentes na Bíblia. Eles são vistos como intolerantes porque insistem que "Jesus é o único caminho". Quando formos removidos pelo Arrebatamento, nada no horizonte religioso impedirá os idólatras do mundo de se unirem e se tornarem a meretriz babilônia do mundo, a qual tem estado por séculos "embriagada com o sangue dos santos e com o sangue das testemunhas de Jesus" (Apocalipse 17.6). É claro em Apocalipse que esses idólatras religionários continuarão a odiar Jesus Cristo e seus seguidores precisamente na Tribulação. Na realidade, o período (veja o capítulo 25) será instigado pelo sistema religioso intitulado pelo apóstolo João como "Mistério Babilônio".

Em nossa época, as religiões do mundo estão movendo-se juntas rapidamente – uma indicação significativa de que estamos vivendo muito perto do fim dos tempos, se já não estamos nele.

OS JULGAMENTOS DOS SELOS: TUDO COMEÇA

Entre os piores horrores da Tribulação estão as muitas pragas que atingirão a população da terra, notadamente os que rejeitarem o Salvador e se recusarem a ter seus nomes escritos no Livro da Vida do Cordeiro. A palavra grega "praga" aparece oito vezes no livro de Apocalipse e é uma parte da primeira "dor de parto" mencionada por Jesus em seu sermão do monte das Oliveiras. Muitas dessas pragas serão resultantes da desumanidade do homem para com o homem, como as pragas que geralmente seguem-se às guerras.

As muitas pragas da Tribulação serão tão extensas que somente uma pequena porcentagem da população do mundo se encontrará aqui quando Cristo retornar. Considerados juntos o Arrebatamento, os quatro cavaleiros do Apocalipse, os muitos julgamentos de Deus e o martírio dos santos durante a segunda metade da Tribulação, é improvável que meio bilhão de pessoas esteja vivendo no planeta quando Jesus Cristo retornar. Provavelmente, bilhões morrerão por causa das pragas. Outros morrerão em razão de guerras, terremotos, mudanças da natureza, e os outros julgamentos de Deus. Condições insalubres estarão por toda parte durante aquele tempo, indubitavelmente exacerbando as muitas doenças infecciosas que já estão fora de controle.

Permita-nos agora lançar um breve olhar em cada um dos julgamentos de Deus que estarão atingindo a terra e seus habitantes na primeira metade da Tribulação.

1. O primeiro selo: Um cavalo branco (Ap 6.1-2)

O primeiro selo introduz o primeiro dos famosos "quatro cavaleiros do Apocalipse". Ao cavaleiro, é dito que tenha um arco, mas não flechas, indicando que, embora militarmente forte, fará inicialmente sua conquista por meio da diplomacia. Uma vez que ele usa uma coroa, sabemos que é bem-sucedido em seus esforços. E quem é este cavaleiro sobre um cavalo branco? Não pode haver dúvida de que é o anticristo, que, por meio de engano e manobras astutas, trará uma falsa paz ao mundo. Mas essa paz não será duradoura.

2. O segundo selo: Um cavalo vermelho (Ap 6.3-4)

João escreve sobre o segundo cavaleiro: "E saiu outro cavalo, vermelho; e ao seu cavaleiro, foi-lhe dado tirar a paz da terra para que os homens se matassem uns aos outros; também lhe foi dada uma grande espada." Cremos que este selo representa uma grande conflagração, que podemos chamar de Terceira Guerra Mundial. Quando os "três reis" de Daniel se opuserem ao anticristo, ele responderá de forma implacável, esmagando rapidamente seus inimigos e trazendo morte à terra em escala massiva nunca antes conhecida.

É fácil para os leitores modernos imaginar a realidade por trás deste segundo selo. A capacidade das armas modernas para infligir destruição aos inimigos é bem conhecida, mas extrapola a compreensão. Somente com o advento da era atômica tornou-se possível trazer esta espécie de destruição inimaginável, capaz de atingir rapidamente as mais remotas áreas do globo terrestre.

    Você soube que a União Soviética na época de seu colapso tinha 30 mil mísseis com ogivas atômicas ou de nêutron, muitos deles voltados para grandes centros populacionais? Desde o colapso desse "império do mal", ninguém sabe o que aconteceu com todas essas armas. A Rússia alegava sérias dificuldades financeiras para desmantelar as que havia na Iugoslávia e outras repúblicas belicosas, e os países que as "hospedavam" não dispunham de recursos técnicos para manuseá-las, desmontá-las ou protegê-las de terroristas. Então o que fizeram? Estes países debilitados financeiramente começaram a vendê-las a nações perigosas, como Irã, Iraque, China, Índia, e somente Deus sabe a quem mais. Há notícias de que mais de *dez mil* cientistas nucleares da Rússia migraram com essas ogivas para outros países. Um infortúnio pode ocorrer pelo fato de o mundo estar em condições muito mais precárias hoje do que quando os comunistas soviéticos controlavam todas as suas armas!

    O ex-presidente Ronald Reagan foi certa vez citado como tendo dito: "Vemos hoje ao nosso redor as marcas de um terrível dilema, vaticínios do juízo final. Tais predições pesam muito por causa da existência de armas nucleares e a constante ameaça de guerra global... de tal modo que nenhum presidente, nenhum congresso, nenhum parlamento pode passar um único dia inteiramente livre desta ameaça." Nossos líderes temem não somente as nações irresponsáveis, mas também o domínio do mundo por outro Stalin. Além disso, há sempre a ameaça de proliferação nuclear por algum grupo terrorista que, dispondo da técnica para disparar armas com precisão, pode extorquir cidades ou países inteiros. E esta possibilidade não é tão artificial como algumas pessoas possam pensar.

    O general Alexander Lebed, conselheiro da segurança nacional do presidente russo Boris Yeltsin, chocou o mundo há algum tempo anunciando que 100 bombas nucleares no formato de mala portátil *desapareceram!* As bombas em questão eram armas de um *kiloton* [1.000 toneladas, cuja força explosiva equivale a 1.000 toneladas métricas de TNT – N.T.], desenvolvidas pela KGB para as forças de operação durante a guerra fria, pesando entre 27 e 45 quilos, cada qual fácil de transportar e podendo ser montada e detonada por um único homem em menos de meia hora. Detonada em uma cidade, uma única bomba pode matar até 100 mil pessoas. Ninguém tem qualquer idéia de onde elas estão; nem eles sabem se as bombas foram destruídas, armazenadas, vendidas ou roubadas.[5]

Notícias vindas da ex-União Soviética informam que, desde a queda desse império, as medidas de segurança têm sido tão descuidadas que cerca de 250 dessas bombas estão faltando. É apenas uma questão de tempo para que essas bombas manufaturadas pela KGB, ou bombas miniaturizadas e sofisticadas, caiam em mãos de pessoas erradas.

Evidentemente, as armas nucleares não são a única ameaça tecnológica hoje para a humanidade. O falecido Dr. George Wald, ganhador do Prêmio Nobel, chefe do departamento de ciência e biologia na Universidade de Harvard, foi citado como tendo dito estas palavras: "Penso que a vida humana está ameaçada como nunca antes na história deste planeta. Não por um perigo, mas por muitos. Estão todos trabalhando juntos, chegando ao topo quase ao mesmo tempo. E o tempo nos avizinha depressa do ano 2000. Sou daqueles cientistas que acham difícil que a raça humana possa chegar muito além do ano 2000." O biólogo francês Dr. Jacques Monod é apenas um pouco mais otimista: "Não vejo como podemos sobreviver muito além de 2050."

Não estamos sugerindo que estas profecias serão cumpridas em nosso tempo de vida ou mesmo antes do retorno de Cristo; na verdade, é mais provável que não sejam. Minha estimativa é que, uma vez que Cristo vai retornar a uma terra *povoada*, Ele deverá retornar logo, ou algum homem ou nação tentará destruir toda a humanidade. Tal holocausto é agora concebível pela primeira vez na história humana. Certamente, isto deve apontar para uma breve vinda de Jesus Cristo!

3. O terceiro selo: Um cavalo negro (Ap 6.5-6)

Inflação incontrolável – conseqüência comum da guerra – é sugerida pelas palavras de João: "Uma medida de trigo por um denário; três medidas de cevada por um denário; e não danifiquem o azeite e o vinho." Como, nos dias bíblicos, um denário era um salário comum de um dia de trabalho, e uma medida de trigo ou três medidas de cevada eram basicamente dietas para a subsistência, João está indicando que um homem teria de trabalhar o dia todo a fim de conseguir o alimento suficiente para comer, nada sobrando para sua família ou os idosos. Por outro lado, a advertência para não danificar "o azeite e o vinho" – símbolos de riqueza – indica que o rico passará bem.

O terceiro cavaleiro do Apocalipse, que cavalga no começo da Tribulação, trará uma alta taxa de mortandade e doenças. O cavalo que ele cavalga é um símbolo evidente de fome e doença, que geralmente sucedem a guerra.

Embora não tenhamos uma definição médica dessas pragas da Tribulação, hoje em dia já identificamos algumas doenças, tais como o vírus Ebola, a Aids e as DST (doenças sexualmente transmissíveis), que apresentam efeitos semelhantes. Há quatro décadas, a medicina pensou ter eliminado as doenças transmitidas por via sexual. Entretanto, hoje este flagelo voltou com uma vingança. A penicilina e os antibióticos funcionaram por algum tempo, mas as doenças se desenvolveram mais fortes, muito poderosas para ser contidas pelas drogas, e atualmente são piores do que antes.

A Aids é uma das doenças mais terríveis dos nossos tempos,

especialmente para os sexualmente promíscuos. Uma vez contraída, é sempre fatal. Ela espalha-se como labaredas em mato seco, e nenhuma cura parece surgir no horizonte. Em 1982, os Estados Unidos comprovaram seu primeiro caso; desde então, a doença tem alcançado milhões. Os especialistas predisseram que ela contaminaria dez milhões de pessoas por volta do ano 2000, e esta é provavelmente uma estimativa baixa. Na África, o continente mais tragicamente afetado pela Aids, esta doença logo atingirá 50% da população, a menos que a cura seja descoberta.

Mencionamos a Aids não porque julgamos que ela cumpra algumas profecias do livro de Apocalipse, mas porque é semelhante às pragas que o livro relata. Já temos as pragas do tipo apocalíptico em nossas mãos, e os laboratórios científicos mais avançados do nosso tempo têm feito pouco ou quase nada capaz de debelá-las.

Há 15 anos, um médico alertou-me para a clamídia, uma doença genital, da qual eu nunca tinha ouvido falar. Ele explicou que havia mais de um milhão de casos naquele tempo. Recentemente, li que o número agora é de 11 milhões – apenas 15 anos depois!

Mas as doenças sexualmente transmissíveis não são as únicas que se espalham; há muitas outras. "Nos últimos 15 anos, as doenças que pareciam estar em declínio, tais como a dengue e a tuberculose, ou doenças que tinham desaparecido, tais como o cólera, começam novamente a flagelar a população", disse o Dr. George Alleyne, diretor do Departamento Sanitário Pan-americano, da Organização Mundial de Saúde. A dengue é uma doença viral, infecciosa, transmitida por mosquitos e caracterizada por fortes dores nas juntas. "As doenças infecciosas são as principais causadoras de morte no mundo, matando pelo menos 17 milhões de pessoas a cada ano – a maioria delas crianças. As doenças que pareciam erradicadas, tais como a tuberculose e a malária, estão voltando e atacando com ferocidade renovada... Este mundo não viu o fim das novas epidemias porque os insetos são mais espertos do que nós."[6]

Estas informações oficiais, baseadas em estudos da Organização Mundial de Saúde, indicam que o cólera, a disenteria e a malária estão também retornando com uma vingança, e as novas modalidades são resistentes aos medicamentos atuais. Os dias dourados da cura medicinal para as mazelas humanas parecem terminados.

Tudo o que é necessário para que as pragas da Tribulação varram este planeta, como a Escritura ensina que farão, é o arrebatamento da Igreja por Cristo o anticristo assinar sua aliança com Israel e os quatro cavaleiros começarem sua marcha para a destruição. Muitas das pragas do tipo Tribulação já são uma realidade!

4. O quarto selo: Um cavalo amarelo (Ap 6.7-8)

Por que o quarto cavalo amarelo? Porque sua aparência pálida simboliza a morte. João diz que o cavaleiro que montou nesse cavalo era a "Morte; e o Inferno o estava seguindo, e foi-lhes dada autoridade sobre a quarta parte da terra para matar à espada, pela fome, com a mortandade e por meio das feras da terra". Um quarto da população – bem acima de um bilhão de pessoas – morrerá como resultado da Terceira Guerra Mundial. A imagem da Morte seguida pelo Inferno mostra que os mortos são descrentes, porque na morte os crentes não vão para o inferno, mas diretamente para o lado do Salvador.

Um homem que ouviu acerca desses primeiros quatro selos ficou tão impressionado com a possibilidade da iminente segunda vinda do Senhor que disse: "Às vezes, penso que estou ouvindo o tropel dos cavalos do Apocalipse." Respondi-lhe: "Não ouça o som da cavalgada, porque o clamor do Salvador desde o céu chamando sua igreja para estar com Ele virá primeiro!" E não está distante!

5. O quinto selo: Os mártires (Ap 6.9-11)

Quando o quinto selo é aberto, João vê, "debaixo do altar, as almas daqueles que tinham sido mortos por causa da palavra de Deus e por causa do testemunho que sustentavam". Logo depois de começar a Tribulação, haverá uma grande "colheita de almas", na qual milhões abraçarão a fé em Cristo, a maioria como resultado da pregação das 144 mil testemunhas mostradas em Apocalipse 7 (veja o capítulo 24). Muitos desses santos da Tribulação serão mortos pelas forças do anticristo. Estas almas martirizadas clamarão a Deus por vingança da sua morte, mas receberão a mensagem para "repousarem ainda por pouco tempo, até que também se complete o número dos seus conservos e de seus irmãos que serão mortos como igualmente eles foram". Imagine! Apesar do desesperador mal do anticristo, apesar dos horrores da guerra e da fome, da pestilência e da morte, Deus se mantém ainda de tal modo no controle dos acontecimentos da terra que mesmo o número de mártires foi fixado por decreto divino. Assombroso!

6. O sexto selo: O grande terremoto (Ap 6.12-17)

Os primeiros quatro selos relatam os julgamentos infligidos em sua maioria pelo homem; o sexto selo mostra um julgamento claramente sobrenatural em sua origem. João fala de um terremoto tão devastador que "os montes e ilhas foram movidos dos seus lugares". Provavelmente, ele também tem em mente enorme atividade vulcânica, pois diz que "o sol se tornou negro como saco de crina, a lua toda, como sangue". Matéria em partículas espalhadas na atmosfera após uma erupção vulcânica tem muitas vezes tornado o céu negro e a lua parecendo tornar-se vermelha; isto lembra a erupção do monte Santa Helena, em 1980, no estado de Washington, ou a gigantesca explosão do Krakatau, em 27 de agosto de 1883. João também tem a visão de meteoritos espatifando-se na terra (versículo 13) e o que pode ser uma enorme nuvem em forma de cogumelo de origem indeterminada (versículo 14). O povo da terra reconhecerá estes fenômenos como vindo da mão de Deus, pois clamam às montanhas, onde buscam abrigo: "Caí sobre nós e escondei-nos da face daquele que se assenta no trono e da ira do Cordeiro, porque chegou o Grande Dia da ira deles; e quem é que pode suster-se" (versículos 16-17).

7. O sétimo selo: Os julgamentos das trombetas (Ap 8.1-2)

O sétimo selo é diferente de todos os anteriores. Ele introduz a próxima série de julgamentos divinos: as sete trombetas. Enquanto cinco dos selos retratam devastações produzidas pelo homem, todos os julgamentos das trombetas vêm diretamente do céu. Eles são tão severos que o versículo 1 diz: "Quando o Cordeiro abriu o sétimo selo, houve silêncio no céu cerca de meia hora." No restante do livro de Apocalipse, o céu é visto como um lugar jubiloso e venerável, com coros cantando, trombetas, seres celestiais clamando – mas, repentinamente, faz-se ali este silêncio solene. Terríveis que foram os julgamentos dos selos, os das trombetas serão piores.

OS JULGAMENTOS DAS TROMBETAS: DE MAL A PIOR

Enquanto os julgamentos dos selos ocorrem aproximadamente nos primeiros 21 meses da Tribulação, os julgamentos das trombetas têm lugar nos últimos 21 meses. No primeiro período da Tribulação, a terra conhece a ira do anticristo; agora, ela começa a sentir a ira do Deus Todo-Poderoso.

1. A primeira trombeta: Saraiva, fogo e sangue (Ap 8.7)

Neste toque da trombeta, gelo e fogo descem do céu, queimando "a terça parte da terra, e das árvores, e também toda erva verde". Este é um desastre ecológico sem paralelo até este momento na história da humanidade; seus resultados são incalculáveis. Para fazer as coisas ainda piores, João também acrescenta que "sangue" chega misturado com saraiva e fogo, como o profeta Joel tinha predito: "Mostrarei prodígios no céu e na terra: sangue, fogo e colunas de fumaça" (Joel 2.30). E esta é apenas a primeira trombeta!

2. A segunda trombeta: Uma montanha de fogo (Ap 8.8-9)

Quando a segunda trombeta é tocada, João vê "uma como que grande montanha ardendo em chamas" – semelhante a um enorme meteorito estrondeando através da atmosfera – "atirada ao mar, cuja terça parte se tornou em sangue". Como resultado, um terço de toda a vida do mar morre, e a terça parte das embarcações do mar é destruída.

O informe da Organização Mundial de Saúde há pouco citado também diz que "cerca de metade da população do mundo é afetada por moléstias relacionadas com a escassez e contaminação da água", razão por que a Organização está tentando melhorar o suprimento de água no mundo. Estremecemos só em pensar nas pragas que se espalharão quando o suprimento de água tornar-se amargo e, em seguida, em sangue naquele "grande e terrível Dia do Senhor".

3. A terceira trombeta: Uma estrela chamada Absinto (Ap 8.10-11)

Quando o terceiro anjo tocar sua trombeta, outro meteorito cairá na terra, "ardendo como tocha". Ele não cairá no mar, porém sobre a terça parte dos rios e fontes de água, tornando-as "amargas" e venenosas. Como resultado desta praga, "muitos dos homens" morrerão.

4. A quarta trombeta: Trevas (Ap 8.12)

Toda a vida da Terra depende do Sol: se ele explodisse, a Terra seria incinerada; se ele ficasse gélido, esta também se congelaria. Nenhum destes extremos está em vista com o julgamento da quarta trombeta, mas, de algum modo, Deus reduz a um terço a quantidade de energia irradiante que, do Sol e de todos os outros corpos celestes, alcança a Terra. João escreve: "Foi ferida a terça parte do sol, da lua e das estrelas, para que a terça parte deles escurecesse e, na sua terça parte, não brilhasse, tanto o dia como também a noite".

Isto naturalmente lembra-nos a praga enviada sobre Faraó, como diz a narrativa de Êxodo 10.21: "Virão trevas sobre a terra do Egito, trevas que se possam apalpar." E nos dá também detalhes de outra predição do Senhor: "Haverá sinais no sol, na lua e nas estrelas; sobre a terra, angústia entre as nações em perplexidade por causa do bramido do mar e das ondas; haverá homens que desmaiarão de terror e pela expectativa das coisas que sobrevirão ao mundo; pois os poderes dos céus serão abalados" (Lucas 21.25-26).

5. A quinta trombeta: Os gafanhotos de Apoliom atacam (Ap 9.1-11)

O julgamento da quinta trombeta é também o primeiro dos três "ais" pronunciados pelo anjo de Apocalipse 8.13 – um sinal aterrador da ferocidade dos julgamentos vindouros. Quando soa esta trombeta, um anjo abre o "poço do abismo", e o poço solta fumaça e gafanhotos com o poder de escorpião para aferroar e atormentar os incrédulos por cinco meses. Sua ferroada não é fatal – na realidade, João diz: "Naqueles dias, os homens buscarão a morte e não a acharão; também terão ardente desejo de morrer, mas a morte fugirá deles" – mas a dor causada por eles será insuportável. Vítimas do ferrão do escorpião dizem que a dor passa depois de uns poucos dias; não será assim com estes gafanhotos. Eles têm poder de atormentar "tão-somente aos homens que não têm o selo de Deus sobre a fronte" por cinco longos meses. Entretanto, diferente dos gafanhotos normais, estes animais atacam somente os seres humanos não-regenerados, nunca a folhagem.

A aparência desses gafanhotos é, ao mesmo tempo,

amedrontadora e repulsiva (versículos 7-10), e eles não agem de forma desorganizada; na verdade, João diz: "Tinham sobre eles, como seu rei, o anjo do abismo, cujo nome em hebraico é Abadom, e em grego, Apoliom" (versículo 11). Ambos estes nomes significam "Destruidor".

Esta parece ser uma das pragas que Deus envia sobre os seguidores do anticristo para impedi-los de "fazer prosélitos" entre os não comprometidos com a fé cristã no mundo. Ela pode também dar aos santos da Tribulação algum tempo para que se preparem para os horrores da Grande Tribulação próxima. Em nosso livro *Apoliom*, usamos o ataque dos gafanhotos exatamente com este propósito. Um personagem chamado Mac escreve para um companheiro da Tribulação:

> Nós, os crentes daqui, conseguimos fingir que estamos nos recuperando mais rápido, para não termos de ficar na enfermaria o dia inteiro ouvindo a agonia dos outros. Carpathia me encarregou de algumas missões de caridade, para levar ajuda a alguns dos reis que estão em agonia. Mas ele não sabe que David conseguiu passar a mão em algumas remessas clandestinas de literatura – cópias dos estudos de Tsion em vários idiomas – e lotou o compartimento de cargas do Condor 216 com esse material. Quando pouso em qualquer lugar do mundo, os crentes descarregam a literatura e fazem a distribuição.[7]

6. A sexta trombeta: Os quatro anjos libertados (Ap 9.13-19)

Ao som da sexta trombeta, o segundo "ai" ecoa: a libertação dos "quatro anjos que se encontram atados junto ao grande rio Eufrates" (versículo 14). Estes anjos aparentemente lideram um exército de 200 milhões de "cavaleiros" que matam a terça parte da humanidade por meio das pragas de fogo, fumaça e enxofre. Quando comparamos esta terça parte com a quarta parte da humanidade morta nos julgamentos selados, por este tempo da Tribulação metade da população do mundo (após o Arrebatamento) já foi destruída.

Quem são esses 200 milhões de cavaleiros? No exemplar da revista *Time* de 21 de maio de 1965, o autor de um artigo sobre a China lançou uma granada no colo dos pregadores de profecia ao afirmar que os chineses tinham o potencial de levantar um exército de "200 milhões de homens".[8]

Este número de soldados combina exatamente com o número encontrado em Apocalipse 9.16 e suscitou muitas especulações. Alguns intérpretes chegaram a sugerir que os 200 milhões viriam com os reis orientais para lutar contra Cristo na consumação do fim desta era, na Batalha de Armagedom. Porém, embora não haja dúvida de que os exércitos oriundos do Oriente para essa batalha exatamente no fim da Tribulação serão numerosos, devido à incrível população desses países, terminantemente *não* são o exército de Apocalipse 9.16. Considere as seguintes razões:

- O exército de Apocalipse 9.16 parte durante a sexta trombeta, que soa próximo da metade da Tribulação; o exército de 16.12 parte no fim da Tribulação.

- Os 200 milhões em 9.16 não são de humanos, mas de demônios, fazendo coisas que os homens não podem fazer. Estes "cavaleiros" exercem um efeito sobrenatural sobre a terra.

- O artigo da *Time* incluiu todos os homens e mulheres armados na China, inclusive suas milícias ou forças de defesa locais. Nenhum meio existe de o governo comunista se arriscar a comprometer *toda* a sua força militar e armamentos com o Oriente Médio, pois sabe que seus cidadãos, pela fome, se revoltariam antes de retornarem. Além disso, a logística de mover um exército de 200 milhões do Oriente através do Eufrates e do deserto da Arábia até a pequena terra de Israel parece impossível. Tal exército consistiria de um contingente quatro vezes maior que o de todas as tropas utilizadas em toda a Segunda Guerra Mundial e que se estendeu do sul do Pacífico através da Europa e Oriente Próximo, durante mais de cinco anos. Esta batalha acaba em questão de dias.

Por estas e outras razões não mencionadas, não é realístico (e biblicamente desnecessário) presumir que os exércitos de Apocalipse 16.12 são os mesmos de Apocalipse 9.16.

Os 200 milhões de cavaleiros que entram em cena neste texto serão obviamente sobrenaturais – criaturas de aparência horrível, como retratadas em nosso livro *Assassinos*, que aterrorizarão as pessoas até à morte. A "força dos cavalos [estará] na sua boca e cauda" – e com elas matarão um terço da população mundial dos que rejeitaram a Cristo e se comprometeram com o anticristo (9.4).

7. A sétima trombeta: Grandes vozes no céu (Ap 11.15-19)
O terceiro "ai", o soar da sétima trombeta, é como a abertura do sétimo selo, que introduz a próxima série de julgamentos divinos. A sétima trombeta não é, em si mesma, um julgamento, porém mostra todo o céu regozijando-se ante a iminente consumação da vitória de Cristo sobre o anticristo. João registra que "grandes vozes" clamaram: "O reino do mundo se tornou de nosso Senhor e do seu Cristo, e ele reinará pelos séculos dos séculos" (versículo 15). Grande júbilo e vibrante adoração enchem o céu, e sobre a terra muitos raios, ruídos, trovões, saraiva e um tremor de terra anunciam o fim próximo.

Mas, primeiro, a Grande Tribulação.

QUATORZE

A Grande Tribulação

Rayford sentia vontade de vomitar.
– Então o senhor passou a ser uma espécie de divindade?
– Não sou eu quem deve dizer isso, embora tenha de admitir que ressuscitar um homem é um ato divino. O Sr. Fortunato acredita que eu possa ser o Messias.
Rayford levantou as sobrancelhas.
– Se eu fosse o senhor, trataria de desmentir isso rapidamente, a não ser que eu tivesse certeza de ser o Messias.
Carpathia acalmou-se.
– O momento não é apropriado para eu fazer tal afirmação, mas não estou tão certo de que isso não seja verdade.
A Colheita, p. 86

Na primeira metade da Tribulação, pragas malignas assolam a terra, meteoritos flamejantes envenenam um terço de suas águas, exércitos belicosos matam milhões, seres demoníacos torturam os não-redimidos, as trevas escondem um terço do sol, e metade da população do mundo pós-Arrebatamento morre horrivelmente.

E a situação continua piorando.

Assim como é o anticristo que inicia os horrores da Tribulação por assinar com Israel um tratado iníquo de sete anos, é também o anticristo que desencadeia a Grande Tribulação ao usar o templo reconstruído em Jerusalém como plataforma para proclamar sua divindade. Ao proceder dessa maneira, ele rompe o acordo após três anos e meio e atrai sobre seu reino a terrível ira de Deus. Tão indescritível é o horrendo período que ele desencadeia que Jesus disse acerca dele: "Nesse tempo haverá grande tribulação, como desde o princípio do mundo até agora não tem havido, nem haverá jamais. Não tivessem aqueles dias sido abreviados, ninguém seria salvo; mas, por causa dos escolhidos, tais dias serão abreviados" (Mateus 24.21-22).

A IRA DE DEUS

O capítulo 15 de Apocalipse proporciona uma introdução apropriada para a Grande Tribulação, que podemos chamar corretamente de "quarenta e dois meses de inferno na terra". O capítulo começa e termina com a ira de Deus, uma ira santa tão intensa e contundente que os versículos 7-8 dizem: "Então, um dos quatro seres viventes deu aos sete anjos sete taças de ouro, cheias da cólera de Deus, que vive pelos séculos dos séculos. O santuário se encheu de fumaça procedente da glória de Deus e do seu poder, e ninguém podia penetrar no santuário, enquanto não se cumprissem os sete flagelos dos sete anjos."

Imagine! A rebelião e a arrogância do anticristo e seus seguidores alcançam tais proporções de opressão que nenhum anjo ou homem pode entrar no santuário celestial antes que a ira de Deus seja derramada em toda a sua plenitude.

Embora seja a "abominação da desolação" (a profanação do templo pelo anticristo) que desencadeia a Grande Tribulação, não é somente este ato vil que atrai os julgamentos divinos vindouros.

Os pecados do "homem da iniqüidade" se acumularão desde sua aparição no cenário mundial poucos anos antes.

A ASCENSÃO DA BABILÔNIA COMERCIAL

Todos os pecados do anticristo encontram sua fonte em uma malignidade suprema: o desejo de viver independente de Deus e até mesmo suplantá-lo. Esta iniqüidade máxima reflete-se até mesmo no sistema econômico estabelecido pelo anticristo. Babilônia comercial, como eu a chamo, é, em cada detalhe, tão oposta a Deus no âmbito da vida diária como o é a Babilônia religiosa no âmbito da vida espiritual – e será, por isso, igualmente julgada com severidade.

Durante esses dias de Tribulação, Nova York, Londres e Bruxelas não serão mais os centros comerciais do universo. Ao contrário, a elite e os magnatas do mundo terão escritórios e mansões em Babilônia, de onde dirigirão seus impérios comerciais espalhados pelo planeta. O anticristo transferirá o centro comercial do mundo para a sede do seu novo império mundial, a Nova Babilônia. Isto acontecerá algum tempo durante o período de transição entre o Arrebatamento e a Tribulação.

Fica bem claro do estudo de Apocalipse 13, 17 e 18 que o anticristo terá o controle total da economia do mundo durante os últimos três anos da Tribulação. Seu instrumento básico será o domínio absoluto do suprimento de moeda. E como ele realizará este grande feito? Por meio de um famoso expediente conhecido comumente como "a marca da besta".

A MARCA DA BESTA

Uma das profecias mais conhecidas da Tribulação é que a "besta", ou o anticristo, terá a capacidade de pôr sua marca "666" na fronte ou na mão das pessoas do mundo. De acordo com Apocalipse 13.17, durante a segunda metade da Tribulação, o anticristo terá um controle total da terra, de modo que "ninguém pode comprar ou vender, a não ser aquele que tem a marca... ou o número do seu nome". Não pode haver maior controle humano do que o controle do suprimento e fluxo de dinheiro. Qualquer um que tenha o poder de decidir quem pode trabalhar, comprar ou vender tem poder absoluto.

Apocalipse 13.13-18 ensina que, após a metade da Tribulação, todos os homens e mulheres receberão ordem para curvar-se diante da imagem da besta e adorá-la. Aqueles que receberem "uma marca em sua fronte" – que é "o nome da besta, ou o número do seu nome" – serão mais tarde identificados como 666. Isto os identificará como adoradores da besta. Todos aqueles sem essa marca serão mortos.

A Escritura deixa claro que receber a marca da besta não é algo acidental, mas o resultado de uma escolha deliberada feita durante a Tribulação. A escolha envolve a rejeição do ensino das duas testemunhas, das 144 mil testemunhas judaicas, do derramamento do Espírito Santo (Joel 2.28-32) e do anjo com o evangelho eterno (Apocalipse 14.6-7). Duas vezes, no capítulo 14, um anjo adverte que, "se alguém adora a besta e a sua imagem e recebe a sua marca na fronte ou sobre a mão, também esse beberá do vinho da cólera de Deus, preparado, sem mistura, do cálice da sua ira". Aquele que aceita a marca será lançado no inferno "e será atormentado com fogo e enxofre... a fumaça do seu tormento sobe pelos séculos dos séculos, e não têm descanso algum, nem de dia nem de noite, os adoradores da besta e da sua imagem e quem quer que receba a marca do seu nome" (versículos 9-11).

Alguns crentes se preocupam, às vezes, porque podem, de algum modo e sem intenção, receber esta marca diabólica. Mas isto é impossível. Primeiro, convém lembrar que nosso Deus é amoroso e misericordioso; Ele provou isto para sempre ao nos conceder seu Filho. Devemos vê-lo como nosso Pai celestial, que se coloca na porta do céu, acolhendo homens e mulheres em seu paraíso, e não tentando mantê-los do lado de fora. Seria totalmente contrário ao caráter do Pai enviar alguém para o inferno por estar, acidentalmente, na direção errada e receber a marca da besta, quando esse alguém deseja realmente o selo do Pai. Segundo, os versículos acima citados mostram que a marca é recebida somente por aqueles que vendem sua alma à besta e ao diabo, que confere a ela o seu poder. Isto envolve uma rejeição intencional da pessoa de Deus – algo que um verdadeiro cristão nunca faria.

Há poucos anos, um repórter do jornal *Los Angeles Times* telefonou-me quando um capitão da Força Aérea Americana estacionado no Havaí recusou-se a aceitar um cartão de identificação por ordem governamental, receoso de estar recebendo a "marca da besta" de Apocalipse 13. Podemos atribuir ao bom capitão uma nota alta por sua dedicação ao seu Senhor e seu desejo de servir a Ele, mesmo que isso significasse a perda da sua carreira militar. Mas devemos atribuir a ele uma nota baixa por não ter uma compreensão apropriada dos textos proféticos. A Bíblia é muito clara: a pessoa não pode receber a marca da besta acidentalmente. Na verdade, ela se torna o sinal externo de uma decisão deliberada de entregar-se ao diabo. Por outro lado, uma vez que a marca da besta não aparece até a metade da Tribulação – que ocorre pelo menos três anos e meio depois do Arrebatamento, e, talvez, mesmo dez ou mais anos após esse acontecimento que estremecerá o mundo –, nenhum cristão vivo precisa preocupar-se com o fato de receber inadvertidamente a marca e tornar-se um seguidor da besta e do diabo.

As únicas pessoas que devem preocupar-se são aquelas que perderem o Arrebatamento e forem deixadas para trás, chegando à Tribulação; pois, ao participarem dela, terão de preparar-se para fazer uma escolha. No entanto, é necessário atentar para o seguinte: Uma vez feita a escolha, ela é eterna!

RECEBENDO A MARCA IRREVERSÍVEL

Tenho uma palavra de advertência para qualquer leitor que ainda não conheça o Senhor. Parece muito claro que, uma vez que a decisão é tomada de adorar o anticristo e receber sua marca ou seu nome, esta passa a ser uma decisão irreversível. Parece que receber a marca da besta é um pecado imperdoável – razão por que devemos advertir o não-salvo a nunca considerar receber essa marca ou adorar o anticristo. Durante a Tribulação, o Espírito Santo vai convencer os homens e adverti-los do pecado e da sua necessidade de receber o evangelho. Você pode estar seguro de que Ele estará lá para impedir alguém de cometer um engano por descuido!

O fato importante, porém, é que ninguém que lê esta passagem do livro jamais terá de tomar tal decisão. Ao aceitar Jesus Cristo pela fé como seu Senhor e Salvador, você pode proteger-se de jamais colocar-se nessa terrível situação. Eis o que a Bíblia quer dizer: "Eis, *agora*, o dia da salvação" (2 Coríntios 6.2, ênfase acrescentada).

A SOCIEDADE SEM DINHEIRO

Os que atentamente lêem Apocalipse 13, há muito se perguntam como o anticristo poderá exercer o controle total sobre bilhões de pessoas. Como será possível que elas não consigam comprar ou vender sem sua marca?

Pela primeira vez em 2.000 anos, é possível tecnologicamente operar tal sistema. Já foram desenvolvidos *microchips* que podem ser instalados no tecido adiposo do ouvido, ou em outras partes do corpo, para capacitar outros a localizar tal pessoa. (O sistema já está sendo utilizado para localizar os animais de estimação da família.) Todos estamos acostumados com o *scanner* [o aparelho que lê o código do produto na embalagem e o converte em valor – N.T.] na maioria dos estabelecimentos comerciais. Tudo o que se precisa é de um programa de computador que requeira o número

"666" sobre as contas das pessoas (ou mãos ou frontes) para que elas possam "comprar ou vender". A tecnologia "Marca-da-Besta" já é uma realidade!

Por ora, a tecnologia por si só é um tanto impotente. Ela se tornará, por fim, profeticamente poderosa no movimento mundial próximo para uma sociedade sem dinheiro.

Durante anos, muitos vêm ensinando que estamos caminhando para a adoção de uma moeda única. Há algum tempo, planos foram discutidos para dividir o mundo em três moedas: o iene japonês para o Oriente, o marco alemão para a Europa e o dólar dos Estados Unidos para as Américas. Hoje, esses planos estão obsoletos! Os planejadores de um mundo globalizado estão na faixa de alta velocidade em direção à sociedade sem dinheiro.

As autoridades do mundo já começaram a usar tanto as catástrofes naturais como as causadas pelo homem como base para exigir uma sociedade sem dinheiro. Por exemplo, eles sabem que isto ajudaria a resolver o problema do aumento da criminalidade. Certa ocasião, o telejornal noticiou como um ladrão assaltou cinco lojas da mesma rede e levou nove mil dólares. Isto seria impossível em uma sociedade sem dinheiro! Tudo o que é preciso é você concordar que o pagamento do seu salário seja imediatamente depositado (mais de 25% dos norte-americanos já fazem isto); em seguida, você utiliza um "cartão inteligente" para comprar qualquer coisa, de pão a combustível. Somente você pode usar esse cartão; *microchips* do tamanho de um fio de cabelo seriam codificados com suas impressões digitais e sua senha. Tal cartão resolveria a alarmante taxa de crimes, pois não haveria nenhum dinheiro em bancos e lojas para ser roubado. Isto poria um fim à falsificação, extorsão, ou qualquer coisa que envolva o fluxo de caixa.

Quando minha esposa passou a usar um determinado cartão, ela eliminou meu velho talão de cheques, porque ele ficou "obsoleto". Com este cartão, nunca estou muito longe do dinheiro, mesmo em países pequenos. Mas este cartão já está ultrapassado. Agora estamos falando de cartões de débito, transferência eletrônica, código de barra, cartões de crédito, *microchips*, e a disponibilidade de um simples *cartão inteligente* que durará por toda a vida. Ele conterá sua identificação, história, ficha médica, *status* financeiro, e outras coisas que eu não poderia imaginar dez anos atrás.

Grant Jeffrey, um escritor e orador "afiado" sobre profecia, foi um consultor financeiro no Canadá antes de dedicar sua vida ao ensino profético. Ele acredita que os banqueiros internacionais introduziram o crédito e o cartão não somente para acelerar as transações, mas para condicionar o público para uma sociedade sem dinheiro, na qual todas as coisas serão compradas ou vendidas por meio de uma operação eletrônica; até os depósitos e retiradas serão feitos por meio de máquina e um cartão.

Terry Cook, um cuidadoso pesquisador e especialista em tecnologia moderna, sugere o seguinte:

> Os economistas da Nova Ordem Mundial não ignoram a importância do dinheiro e sua capacidade de inibir seu controle total do mundo. Eles estão conscientes de que, para controlar completamente e monitorar a população global, primeiro devem eliminar o uso do dinheiro. Com dinheiro, não há meio de saber como as pessoas estão utilizando suas finanças, se a favor do governo e seu programa ou contra eles. Porque o controle das finanças de alguém significa em essência o controle total da sua vida, os advogados de um governo mundial durante décadas vêm promovendo uma mudança no sentido das transações sem dinheiro por via de milhares de sistemas bancários, equipamentos, cartões de crédito, máquinas de ponto de venda, cadastros de crédito – tudo afunilado em sistemas de computadores compactos.

Finalmente, a meta é o controle de todos esses computadores pelos líderes econômicos da Nova Ordem Mundial.[1]

Os governos desejam que esta tecnologia seja compulsória? Absolutamente! Somente nos Estados Unidos, milhões de pessoas estão fazendo negócio "por debaixo dos panos" com dinheiro vivo para fugir das enormes taxas tributárias. Eliminar esta possibilidade proporcionaria ao tesouro dos Estados Unidos uma arrecadação estimada de duzentos bilhões a um trilhão de dólares adicionais por ano. Imagine quão rapidamente a dívida interna poderia ser paga com um acréscimo de algo em torno de um trilhão por ano em tributos não pagos correntemente! Ou imagine as burocracias que poderiam ser estabelecidas para prover mais controle sobre o povo norte-americano. Não se surpreenda se o governo começar a requerer legislação para acabar com o dinheiro circulante. Este pode bem ser um aspecto dominante nas eleições presidenciais de 2000 ou 2004.

As sérias desvantagens de tal sistema, certamente, não serão mencionadas. A perda principal será a morte da liberdade. Uma vez que o governo tenha ordenado uma sociedade sem dinheiro, ele terá total controle da compra, do trabalho, dos salários, e tudo mais. O controle financeiro da vida das pessoas traduz-se em controle total. Além disso, o "Grande Irmão" saberá tudo sobre você. Um "Grande Irmão" nacional é apenas um passo do "Grande Irmão Internacional" – o número do seu nome é 666!

A TECNOLOGIA JÁ ESTÁ DISPONÍVEL

A parte mais assustadora de tudo isto é que não há necessidade de esperar pela emergência de novas tecnologias para tornar possível um sistema comercial de um mundo totalmente globalizado. Na realidade, elas já existem. O que precisa mudar não é a tecnologia, mas a opinião pública e a legislação governamental apropriada. E há bastante tempo, profeticamente, para isso acontecer! Logo após o Arrebatamento, liberais e socialistas se reunirão e elegerão líderes – o comercial, o governamental e, finalmente, os líderes religiosos do mundo.

Uma vez que o mundo já possui a tecnologia necessária para fazer disto uma realidade, tudo o que falta é um colapso econômico para estimular sua implementação – e o resultado do Arrebatamento pode bem proporcionar tal crise universal. Tal programa pode ser implementado entre três e cinco anos ou menos.

O PALCO ESTÁ MONTADO

Em novembro de 1997, o mercado de ações dos Estados Unidos caiu mais de 500 pontos em um único dia. Wall Street quase entrou em pânico, porque temia-se a repetição do maior pesadelo – o *crash* da bolsa de Nova York em 1929, seguida da depressão de 1930 e seguintes. Felizmente, isso não aconteceu; o mercado reagiu acima de 300 pontos no dia seguinte. No entanto, o mercado em Hong Kong caiu drasticamente, mas depois também se recuperou.

Este incidente mostra que já temos uma economia global tão interdependente que, se Wall Street contrai um resfriado, Japão, Hong Kong, Londres, Berlim e outros mercados-chave começam a espirrar. Isto não deve ser surpresa, pois o Bildeberg, a Comissão Trilateral, o CFR e outras organizações secretas e semi-secretas vêm trabalhando há anos para estabelecer uma economia mundial interdependente. Duas motivações incentivam-nas à ação:

**Capital e Conflito Trabalhista
Tiago 5.1-6**

1. É muito mais proveitoso ter o mundo como mercado do que uma nação ou

mesmo uma região. Isto é o que está por trás do investimento insano do capital ocidental para desenvolver as economias da China socialista, da Rússia e de outros países falidos.

2. A idéia centenária (ou mais velha) de que a interdependência econômica faria economicamene impossível às nações partirem para a guerra umas contra as outras.

A recente passagem nos Estados Unidos do GATT, NAFTA, e outros acordos comerciais tipo pista-rápida prova que alcançamos o ponto do sem retorno. Este mundo continua a ter comércio mundial porque os tecnocratas que controlam nossa mídia, banco, governo e os acordos comerciais optaram por esse caminho.

Provavelmente, eles não percebem isto, mas estão engraxando os patins que conduzirão o político mais carismático e engenhoso que o mundo já conheceu. O anticristo assumirá a liderança dos reinos do mundo e fará este "trabalho" comercialmente. A ameaça de bancarrota ou perda de petróleo é tudo o que falta para lançar a nação em risco à maior rebelião. Os especialistas em profecia têm predito por muitos anos que este mundo de nações independentes optaria pela interdependência comercial. Alguns têm sido surpreendidos com a rapidez desses passos e com a nova tecnologia que torna isto possível, porém muitos de nós têm estado na expectativa.

Tudo isto significa que nada há do ponto de vista econômico ou tecnológico para retardar a ocorrência do Arrebatamento a qualquer tempo. O que é excitante para os cristãos que estão preparados para o Arrebatamento (e assustador para aqueles que não estão) é que o mundo já possui a tecnologia para que tudo isso se cumpra. E o Arrebatamento pode acontecer a qualquer momento em nossa geração!

A DESTRUIÇÃO DA BABILÔNIA COMERCIAL

Parece-nos às vezes que Deus faz olhos cegos para o pecado e a injustiça, que Ele tão-somente parece não dar importância à maldade humana. Quantas vezes temos perguntado, como fez o profeta: "Até quando, Senhor, clamarei eu, e tu não me escutarás? Gritar-te-ei: Violência! E não salvarás?... Por que... toleras os que procedem perfidamente e te calas quando o perverso devora aquele que é mais justo do que ele?" (Habacuque 1.2, 13.)

A Bíblia deixa claro que percepções finitas são genuinamente humanas, mas nem sempre corretas. Como o apóstolo Pedro nos lembra: "Ele é paciente com vocês, não querendo que ninguém pereça, mas que todos cheguem ao arrependimento" (2 Pedro 3.9, NVI). E, por outro lado, virá o tempo inevitável quando o dia da paciência dará lugar ao dia da recompensa. Assim acontecerá com a Babilônia comercial.

Apocalipse 18 relata em detalhes vívidos a destruição de Babilônia, a capital da Tribulação do comércio universal. Leia a seguinte predição da destruição final de Babilônia já no fim da Tribulação, e você verá o que queremos dizer:

> Ora, chorarão e se lamentarão sobre ela os reis da terra, que com ela se prostituíram e viveram em luxúria, quando virem a fumaceira do seu incêndio, e, conservando-se de longe, pelo medo do seu tormento, dizem: Ai! Ai! Tu, grande cidade, Babilônia, tu, poderosa cidade! Pois, em uma só hora, chegou o teu juízo.
> E, sobre ela, choram e pranteiam os mercadores da terra, porque já ninguém compra a sua mercadoria, mercadoria de ouro, de prata, de pedras preciosas, de pérolas, de linho finíssimo, de púrpura, de seda, de escarlata; e toda espécie de madeira odorífera, todo gênero de objeto de marfim, toda qualidade de móvel de madeira preciosíssima, de bronze, de ferro e de mármore; e canela de cheiro, especiarias, incenso, ungüento, bálsamo, vinho, azeite, flor de farinha, trigo, gado

e ovelhas; e de cavalos, de carros, de escravos e até almas humanas. O fruto sazonado, que a tua alma tanto apetece, se apartou de ti, e para ti se extinguiu tudo o que é delicado e esplêndido, e nunca jamais serão achados.

Os mercadores destas coisas, que, por meio dela, se enriqueceram, conservar-se-ão de longe, pelo medo do seu tormento, chorando e pranteando, dizendo: Ai! Ai da grande cidade, que estava vestida de linho finíssimo, de púrpura, e de escarlata, adornada de ouro, e de pedras preciosas, e de pérolas, porque, em uma só hora, ficou devastada tamanha riqueza!

Tal será o fim da Babilônia comercial no final da Grande Tribulação. Mas, antes da sua total destruição, o mundo verá os horrores que agora podemos somente imaginar vagamente. Consideremos agora os sete julgamentos finais de Deus.

OS JULGAMENTOS DAS TAÇAS: A IRA DE DEUS

Daniel 3 narra a famosa história dos três hebreus que se recusaram a inclinar-se e adorar a imagem de ouro que o rei Nabucodonosor havia levantado no campo de Dura. O rei ficou tão furioso por sua recusa que ordenou que eles fossem atirados em uma fornalha, cujo calor era sete vezes maior que o normal. Antes, porém, ameaçou-os com essa terrível punição e, em seguida, fez um desafio insensato: "E quem é o deus que vos poderá livrar das minhas mãos?" (versículo 15).

O tolo rei logo encontrou a resposta para a sua arrogante pergunta, porque o Deus do céu não somente poupou a vida de seus três servos fiéis, mas evitou até mesmo que o cheiro da fumaça impregnasse suas roupas. Então Nabucodonosor, um protótipo antigo do anticristo, descobriu que suas frágeis mãos não podiam medir força com as mãos do Deus Todo-Poderoso.

Você pode dizer que as sete últimas pragas da Grande

Tribulação são a resposta final de Deus ao orgulho insolente de Nabucodonosor – entretanto, desta vez a pergunta vem do lado oposto. Agora é Deus quem pergunta ao anticristo: "Que deus livrará você das minhas mãos?" E a resposta, naturalmente, não pode ser outra: "Nenhum." Portanto, embora o anticristo possa proclamar-se Deus e receber seu poder do próprio Satanás, no final ele se revelará nada perante o verdadeiro Deus do universo – e, por isso, será lançado não em uma fornalha sete vezes mais quente que o normal, mas no lago ardente, que queima por toda a eternidade.

1. A primeira taça: Úlceras malignas e perniciosas (Ap 16.2)

Quando os homens decidem adorar o anticristo, em lugar de adorar a Cristo, e demonstram sua submissão ao aceitarem a marca da besta, Deus responde enviando sobre eles uma praga de "úlceras malignas e perniciosas". A palavra grega para estas úlceras [ou chagas, ou tumores, ou pústulas] é a mesma da Septuaginta (a tradução grega do Velho Testamento) usada para traduzir o termo hebraico para "úlceras" na história das pragas egípcias em Êxodo 9. João deixa claro que estas horríveis úlceras afligem somente aqueles que adoram o anticristo e que aceitaram a marca da besta; nenhum santo da Tribulação sofrerá um mínimo que seja desta praga.

2. A segunda taça: O mar se converte em sangue (Ap 16.3)

No começo da Tribulação, Deus torna a terça parte do mar em sangue; agora Ele ordena que todo o mar se converta em "sangue como de morto" – isto é, corrupto, decomposto, fétido, pútrido. Não admira que "morreu todo ser vivente que havia no mar"! Como é possível imaginar um desastre de tal expressão e abrangência? Criaturas mortas no mar sobem à superfície, espalhando o odor de sua putrefação aos quatro ventos. Pense em um oceano cheio de tal imundície! Isto confunde nossa imaginação. E este é somente o segundo julgamento das sete taças!

3. A terceira taça: Rios e fontes tornam-se em sangue (Ap 16.4-7)

A essa altura da Tribulação, o anticristo e suas forças martirizaram milhões de crentes. Por isso, Deus parece estar dizendo a ele: "Você gosta de sangue? Muito bem. Então, beba-o à vontade!" É este sangue literal? Não se pode precisar. Mas, se Jesus pôde transformar água em vinho na festa de casamento em Caná, certamente Ele não teria nenhum problema para transformar água em sangue. Seja como for, por causa das suas atitudes rebeldes, sanguinárias, o mundo vai ficar sem água para beber. E assim a súplica dos santos martirizados em Apocalipse 6.10 será respondida plenamente. Eles perguntaram: "Até quando, ó Soberano Senhor, santo e verdadeiro, não julgas, nem vingas o nosso sangue dos que habitam sobre a terra?" Esta praga de sangue é a resposta de Deus.

4. A quarta taça: O sol queima os homens (Ap 16.8-9)

Com a boca já ressequida por falta de água, a sede dos blasfemos é grandemente intensificada quando Deus faz com que o sol os "queime" com "intenso calor". Entretanto, mesmo isto não leva os rebeldes a dobrar seus joelhos em arrependimento. Antes, blasfemam o nome do Senhor "que tem autoridade sobre estes flagelos, e nem se arrependeram para lhe darem glória". Quão fiel foi o anjo que disse a Deus: "verdadeiros e justos são os teus juízos" (16.7)!

5. A quinta taça: Trevas sobre o reino da besta (Ap 16.10-11)

É a misericórdia de Deus que o leva a trocar a praga de calor que resseca pela escuridão refrescante? Talvez, mas nem mesmo isto leva a humanidade rebelde a arrepender-se, pois o versículo 11 diz: "[Eles] blasfemaram o Deus do céu por causa das angústias e das úlceras que sofriam; e não se arrependeram de suas obras." Este versículo revela que as úlceras da primeira taça ainda afligem o povo, e o versículo 10 parece indicar que as trevas agravam sua dor: "E remordiam a língua por causa da dor que sentiam." Este é um julgamento especial focalizado especificamente sobre o "trono da besta" e sobre seu "reino", demonstrando assim a todo o mundo onde está a origem do seu transtorno. Quando o anticristo proclamou-se Deus, ele fez de si mesmo o alvo da ira de Deus. E agora o mundo verá, sem dúvida, quem é o Deus real.

6. A sexta taça: O rio Eufrates seca (Ap 16.12)

O julgamento da sexta taça vem em dois estágios:

1. A secagem do rio Eufrates, em preparação para os exércitos dos reis do Oriente (versículo 12);

2. A atividade das forças demoníacas ao trazerem os exércitos do mundo para o vale de Megido, onde tentarão em vão opor-se ao Senhor Jesus (versículos 13-14).

É provável que, quando o rio Eufrates – a divisa natural entre o Oriente e o Ocidente na extensão de 2.600 quilômetros – secar, "os reis do Oriente" marcharão com um exército de grande porte, cruzando-o para guerrear contra o Rei dos reis. Esse exército será, provavelmente, de três a cinco milhões de soldados. Essas forças se agregarão no vale de Megido a enormes exércitos de todas as partes do mundo, e, embora o vale seja vasto (como Napoleão disse: "O mais ideal e natural campo de batalha do mundo"), mesmo assim tem um limite para tanta gente.

Esses "reis do Oriente" têm confundido os estudiosos de profecia bíblica há muitos anos, porque poucos desses estudiosos mencionaram qualquer coisa sobre eles. Isto é, até a prevalência do comunismo na China após a Segunda Guerra Mundial. Desde então, tem-se tornado visível que esse país superior a todos os outros (em população), tem um papel profético, embora pequeno que possa ser, nos acontecimentos do fim dos tempos. Embora a China esteja satisfeita em permanecer dentro de suas vastas fronteiras por milhares de anos e preservá-las, seus ditadores comunistas têm mudado tudo isso. Eles parecem ter a mesma obsessão que caracterizou os comunistas antes deles – a conquista do mundo.

Há 180 anos, Napoleão Bonaparte disse: "Quando a China acordar, o mundo irá tremer." Você não precisa ser profeta para reconhecer que o tempo do tremor já chegou à Ásia e, provavelmente, logo chegará a todo o mundo.

A China não é mais o tigre de papel que foi por quase 5.000 anos. Em nosso tempo, ela vem surpreendendo o mundo e assustando muitos com seu enorme potencial econômico e militar. Muitos observadores reconhecem que, dentro de dez a vinte anos, a China pode muito bem ameaçar o mundo inteiro, até mais do que a União Soviética fez há apenas uma década. Ela já tem a bomba nuclear e um *delivery system* que assustam todos os países do Oriente. Ela exerce o tráfico de armas em proporções incríveis, comprando-as da Rússia e de alguns dos empobrecidos países satélites, e por seu turno vende qualquer coisa que não deseja a qualquer dos seus ricos aliados em petróleo, como o Irã e o Iraque.

A pretensão da China Vermelha de apossar-se de Taiwan e das ilhas Spratly indica que ela tem uma estratégia para controlar toda a Ásia. Quem quer que controle as Spratly não somente controla os pontos de fiscalização de fronteiras para os países dependentes de petróleo do Oriente, como o Japão, Taiwan e as Filipinas, além da Austrália, Indonésia e Cingapura – onde vivem 50% da população do mundo. Baseando suas pretensões nestas ilhas quase desabitadas em documentos que remontam a séculos, os chineses estão provavelmente mais interessados nos supostos ricos campos petrolíferos em seu subsolo do que propriamente nas ilhas. Eles sabem que nenhum país pode prosperar hoje ou no futuro sem o petróleo.

Mas não é somente no Oriente que os chineses estão interessados. Em 1997, eles quase fecharam um negócio incrivelmente vantajoso nos Estados Unidos. Descobriu-se que haviam arrendado uma importante plataforma de atracação [pier] em Long Beach, Califórnia, que tinha sido desocupada pela Marinha. Sua companhia, COSCO, uma estatal, desejava acelerar suas enormes exportações da China para os Estados Unidos. (O balanço de pagamentos dos Estados Unidos com a China já exibe um déficit de $50 bilhões, e espera-se chegar ao montante de $70 ou $100 bilhões – um tributo para os gananciosos capitalistas norte-americanos, cuja preocupação por lucros excede sua preocupação com os direitos humanos ou com a segurança do nosso país.)

Ponha em sua mente: a China é controlada por alguns dos mais dedicados comunistas do mundo. Eles não são "reformadores agrários" ou "progressistas", como nossa mídia tentou apresentá-los há poucos anos. Eles são um grupo desumano da elite de *gangsters* que nunca vacilaram em seu plano de usar a China como plataforma militar, por meio da qual possam conquistar o mundo. Os acontecimentos das duas próximas décadas – se realmente tivermos todo este tempo – provarão isso.

De uma coisa podemos estar certos: a China não vai desaparecer. Não podemos deixar de reconhecer que os líderes atuais da China são ameaças concretas para o mundo – e 1,2 bilhão de pessoas não terão sua vontade desconsiderada! Mais importante, João, o vidente de Patmos, viu a China como atriz no palco mundial dos últimos tempos.

Mesmo assim, a Bíblia tem muito pouco a dizer sobre a China. Na verdade, o que se diz inclui mais do que apenas a China, pois a expressão "reis do Oriente" realmente significa "reis do sol nascente", que incluiria o Japão e talvez outros países asiáticos. Como o Dr. John Walvoord, considerado o decano dos especialistas em profecia atualmente, escreve sobre esta expressão:

> Tem havido alguma tendência de se tomar a expressão "reis do Oriente" – literalmente, "reis do sol nascente" – como referindo-se especificamente ao Japão, onde o sol nascente é um símbolo de seu poder político. Entretanto, é mais natural considerar "sol nascente" como sinônimo de oriente.[2]

Geograficamente, o rio Eufrates, um dos primeiros rios mencionados na Bíblia, tem servido por séculos como a linha divisória natural entre Oriente e Ocidente. Enquanto o judaísmo e o cristianismo tiveram um enorme impacto sobre o mundo ocidental do rio Eufrates, tiveram muito pouca influência no Oriente. A história dos esforços missionários na China durante o século XVIII é uma narrativa heróica, mas não tão bem-sucedida como em outros países onde as pessoas não eram tão expostas a demônios e espíritos diabólicos. Depois de 100 anos de esforços corajosos, há uma estimativa de 60 milhões de cristãos na China. Todos regozijamo-nos diante deste número de almas nascidas de novo, mas isto é apenas a metade de 1% da população. Poucos países gloriam-se de exercerem mais perseguição contínua aos cristãos do que a China – mesmo nestes dias. Há uma luta satânica no Oriente hoje entre as "potestades espirituais do ar" – Satanás contra o Espírito de Deus.

Quando estivemos em Pequim [Beijing], entrevistamos vários cristãos. Eles sabem o que é ser perseguido e viver sob constante ameaça de perseguição. Vários dos cristãos com quem falamos informaram que ouviram o evangelho por meio de onda curta radiofônica. Foi por intermédio do rádio que o Espírito Santo de Deus testemunhou aos seus corações vazios. Muitos antes tinham sido budistas, outro fora um comunista comprometido. Todos admitiram o vazio que havia em seus corações antes de ligarem o rádio para ouvir os programas evangelísticos de Hong Kong. Há alguma coisa satânica por trás da oposição aos cristãos da Cortina de Bambu. Aprendemos que os chineses têm dois tipos de igrejas:

1. As igrejas aprovadas (ou tradicionais) que concordam em não ensinar as doutrinas proibidas da inerrância da Bíblia e a segunda vinda de Jesus Cristo (duas doutrinas às quais Satanás sempre se opôs!).
2. As igrejas subterrâneas (ou casas), cujos líderes ensinam toda a Bíblia, até que sejam descobertos e encarcerados. É nessas igrejas que milhares são levados a Cristo a cada semana.

Joseph Lam põe isto em perspectiva:

No Ocidente, pensamos nas instruções para o fabrico de bombas na *Internet* como perigoso. Não para o dragão. Para ele, a mensagem "mais perigosa" na *Internet* é a "segunda vinda de Cristo". O iminente retorno de Cristo é a mensagem que as autoridades mais desejam censurar. Na realidade, em muitas áreas, a polícia está registrando *modems* e até aparelhos de *fax* com a finalidade de impedir a transmissão da mensagem e sua circulação sobre a vinda de Cristo. Veja você, os cristãos chineses acreditam ardentemente que Cristo está voltando, não apenas em alguma época – mas "nesta geração". O dragão sabe que deve acabar com esta mensagem de esperança apostólica. Se, por algum meio, conseguir interromper esses estudos bíblicos ao estilo neotestamentário, estará confiante de conseguir abortar o crescimento da Igreja na China.

O reino de Deus e a segunda vinda de Cristo são os temas mais raros nos sermões pregados nos púlpitos controlados pelo governo da China... O dragão persegue as igrejas-casas porque se aterroriza diante do evangelho dos últimos tempos que elas pregam. Esta mensagem libera o povo da escravidão do seu controle, e, por isso, ele tem de denunciá-las como superstição "anti-revolucionária".

- Os cristãos são reiteradamente proibidos de exercer o direito de pregar publicamente o evangelho, qualquer que seja o meio. A adoração privada é permitida com relutância, mas a pregação aberta do evangelho é proibida.
- Diretrizes às igrejas controladas pelo Estado advertem os pastores a não pregarem a mensagem do Apocalipse.
- Os pastores em congregações do "Movimento dos Três Auto-Patriotas" omitem as leituras litúrgicas acerca da segunda vinda de Cristo, como Hebreus 9.28 e Apocalipse 19 e 22.20-21.
- Os professores da escola dominical não têm permissão de discutir o "Dia do Senhor", predito tanto no Velho como no Novo Testamentos.
- A mensagem do monte das Oliveiras, registrada em três dos quatro Evangelhos, é proibida (é o mais importante sumário da profecia na Escritura).
- Muitos hinos chineses do advento, missões, julgamento e o reino milenar de Cristo não são mais cantados nas igrejas chinesas registradas. Tal música não é politicamente correta.

Nada perturba tanto o dragão como mencionar o retorno de Cristo, e nada conforta tanto a igreja chinesa e as missões.[3]

Não podemos deixar de pensar nos Estados Unidos, onde pastores têm a liberdade de pregar o que quer que lhes agrade. Milhares de igrejas nunca ouvem a mensagem da segunda vinda de Cristo – não por causa de qualquer proibição por parte do governo, mas porque foram iludidos por professores de seminários de que pensar isto é "confuso" ou "não relevante para hoje". Satanás usa diferentes táticas em diferentes culturas – qualquer coisa que gere o silêncio sobre a bendita esperança da volta iminente de Cristo. Por quê? Porque não existe outro ensino na Bíblia mais motivador do que este!

Por outro lado, o enganador-mor tem condenado bilhões de almas dos povos do Oriente com a sucessão de religiões falsas. O dragão, símbolo oficial da China, subjugou seus primeiros colonizadores com o politeísmo e o panteísmo comuns lá atualmente. O Dr. Henry Morris escreve sobre os chineses:

> Por séculos, eles têm sido dominados por religiões (budismo, confucionismo, hinduísmo e outras) que são fundamentalmente evolucionárias. Isto é, eles visualizam um universo eterno, sem nenhum conceito de um Deus pessoal transcendente, onipotente, que criou todas as coisas. Sua ênfase é unicamente sobre o comportamento presente. Para eles, a História consiste maiormente de ciclos intermináveis, sem começo nem fim.
>
> Associado a estes sistemas panteístas está sempre o culto aos espíritos. Quer sejam entendidos como de ancestrais ou de árvores e outros objetos naturais, tal culto é, na realidade, adoração a demônios ou anjos decaídos. Tais religiões estão, portanto, comumente associadas com a idolatria. Esta religião oriental – qualquer que seja a forma específica que ela assuma em um tempo ou lugar particular – é essencialmente a mesma velha adoração a ídolos que os profetas de Deus continuamente condenaram. Compreendendo um complexo monstruoso de evolucionária, panteísta, politeísta, idólatra, astrológica,

evolucionária, panteísta, politeísta, idólatra, astrológica, humanista, animista, ela é meramente uma variante da religião primitiva introduzida por Ninrode em Babel e promulgada através do mundo pela confusão de línguas e subseqüentes disseminações de Babel por todo o mundo.

Por sua própria natureza, ela se presta ao controle de seus adeptos pela influência demoníaca.[4]

O autor Joseph Lam escreve:

As montanhas himalaias do Tibete e do Nepal deram a Lúcifer a região alta que ele aprecia (Isaías 14.13-14). Ele habita em lugares altos como as montanhas sagradas de Taishan, na província de Shandong. Todos os seus templos falsos são surpreendentemente semelhantes – ascendendo ao céu. Vemo-los na torre de Babel, nas pirâmides do Egito, nas cópias incas dos antigos zigurates no México e no Egito, ou nas *stupas* [edifícios ou torres construídos artificialmente de terra e tijolos ou blocos, usados há milênios para guarda de relíquias e como memorial religioso pagão – N.T.] da Birmânia – todos exaltando o conceito de homens e demônios erguendo-se ao alto. Não é surpresa que tantas formas de animismo, adoração demoníaca, hinduísmo e budismo nasceram nas montanhas do Himalaia.[5]

Não é difícil ver como no fim da Tribulação o mestre do engano enganará facilmente "os reis do Oriente" e seus seguidores para empreenderem a longa marcha até o vale de Megido a fim de batalhar contra o Rei dos reis. Já imersos em religiões pagãs por séculos e atualmente controlados por comunistas humanistas com uma obsessão para conquistar o mundo, sua visão de ampliar seu poder e cultura sobre o mundo inteiro fará deles alvos fáceis do último e gigantesco engano – o Armagedom.

A ascensão da China como uma força mundial dominante, durante a última década, tem enorme significância do ponto de vista profético. Muitos estudantes de profecia acreditam que ela significa uma tendência de que as condições geopolíticas estejam adaptando-se para o último grande conflito mundial, descrito há mais de 1.900 anos pelo apóstolo João: "Derramou o sexto a sua taça sobre o grande rio Eufrates, cujas águas secaram, *para que se preparasse o caminho dos reis que vêm do lado do nascimento do sol*" (Apocalipse 16.12, ênfase acrescentada).

A importância da ascensão da China para tornar-se o principal ator entre as nações do mundo não passou despercebido ao Dr. John Walvoord. Ele vislumbrou, em 1967, a importância profética da ascensão chinesa, quando escreveu:

> O fato de a ascensão da Ásia ocorrer em nosso século XX, com desenvolvimentos tão rápidos e inesperados, é outra evidência de que o mundo está se movendo para o seu clímax e o fim dos tempos dos gentios. Na Ásia, como em outras partes do mundo, o palco está sendo montado para o drama final em que os reis do Oriente desempenharão o seu importante papel.[6]

Se ele estivesse escrevendo sobre este assunto hoje, poderia estar inclinado a dizer que a cortina do palco está para se abrir. Somos a primeira geração a testemunhar o gigante adormecido da China a atingir o potencial do cumprimento desta profecia. Ninguém duvida de que, a menos que alguma coisa drástica e inesperada ocorra logo, a China tenha o controle de muitos dos países do Oriente, com os quais ela possui muitas afinidades religiosas e culturais. É realístico crer que pode ser levada nestes dias por seu mestre, o dragão, "aquela velha serpente, o diabo", a rebelar-se de tal forma contra Deus que realmente se associe aos exércitos do mundo em oposição à vinda de Jesus Cristo.

O que é necessário para conduzi-la a este ponto? Muito pouco! Apenas o espírito enganador previsto pelo escritor de Apocalipse. Ela está hoje bem perto e poderia conseguir o controle de todo o Oriente em dez ou vinte anos. E, lembre-se, os acontecimentos de Apocalipse 16.12 não se cumprem até os sete anos após a ascensão do anticristo, que segue o arrebatamento da Igreja. Tempo mais do que suficiente para isso se consumar – e apenas mais uma razão para crer que Cristo pode retornar para sua Igreja em nossa geração.

7. A sétima taça: O maior terremoto da História (Ap 16.17-21)
Com o derramamento desta taça final de julgamento, uma voz do santuário exclamou: "Feito está!" Mas, que final esse! O mais terrível terremoto que o mundo jamais tinha conhecido, "como nunca houve igual desde que há gente sobre a terra", sacode o planeta até seus fundamentos, desmantelando Babilônia em três partes e arrasando cidades do mundo. Babilônia sofre um golpe particularmente drástico, pois "lembrou-se Deus [dela] para dar-lhe o cálice do vinho do furor da sua ira" (versículo 19). E isto não é tudo! Enormes pedras pesando até 34 quilos, todas caindo do céu, atingem os homens em todo o planeta! Mas eles se arrependem? Não. Eles "blasfemam de Deus, porquanto o seu flagelo era sobremodo grande" (versículo 21).

Com isto, os julgamentos das taças terminam. Com o final desta praga, apenas um acontecimento importante permanece antes que o reino de Cristo seja estabelecido. A mais famosa batalha da História está perto de ser travada.

QUINZE

O Aparecimento Glorioso

– Esta última metade dos sete anos é chamada a Grande Tribulação. Se permanecermos vivos até o seu final, seremos recompensados pela visão do Aparecimento Glorioso de Cristo.
Loretta levantou a mão.
– Por que você mencionou duas vezes a expressão "se permanecermos vivos"? Que são esses julgamentos?
– Eles se tornarão progressivamente piores, e, se eu estiver lendo corretamente, serão cada vez mais difíceis de suportar. Se morrermos, estaremos no céu com Cristo e com nossos amados familiares, irmãos e amigos que abraçaram a salvação. Mas poderemos sofrer mortes horríveis. Se, por acaso, atravessarmos esses sete anos de provação, especialmente a segunda metade, o Aparecimento Glorioso será para nós ainda mais glorioso.
Deixados para Trás, p. 276-277

Algumas notícias são tão relevantes que as manchetes e as

letras grandes em negrito são insuficientes. Para acontecimentos de grande expressão e ocorrências cataclísmicas, por décadas os jornais têm lançado mão do que veio a ser conhecido como "letras Segunda Vinda" – isto é, um estilo e tamanho de letras que parecem saltar para fora da página, agarrar o leitor pelo pescoço, e exigir: **LEIA-ME!**

A "letra Segunda Vinda" tem sido usada para anunciar grandes eventos, tais como a vitória dos aliados sobre Hitler e o fim da Segunda Guerra Mundial, e mesmo (em uma das maiores gafes da história jornalística norte-americana) na manchete: "Harry S. Truman derrotado por Thomas Dewey na eleição presidencial de 1948." [O presidente eleito foi Harry S. Truman – N.T.].

Mas, por que dar o nome de "letras Segunda Vinda" às fontes tipográficas usadas para acontecimentos grandiosos? Por que não chamar de "letras Grande Notícia" ou "letras Evento Importante" ou "letras Você Pode Acreditar *Nisto*?"?

A razão, naturalmente, é que *NÃO* há acontecimento maior do que a segunda vinda de Cristo, e, temos certeza, mesmo o jornalista mais irreligioso, no jornal mais liberal, na cidade mais ímpia do mundo, sabe disso. Ironicamente, quando Ele vier, as "letras Segunda Vinda" não serão usadas pela imprensa. Por quê? Porque não haverá tempo disponível para sequer preparar a matéria para anunciar o seu retorno!

A SEGUNDA VINDA: O FUNDAMENTO DA PROFECIA

Na segunda vinda de Cristo, Jesus voltará à terra a fim de julgar seus inimigos, estabelecer seu reino e governar o mundo por mil anos.

Entre as 318 predições do retorno de Jesus, o Espírito Santo usou muitas expressões para caracterizar sua segunda vinda, como: "aguardando vós a revelação de nosso Senhor Jesus Cristo" (1 Coríntios 1.7); "na vinda de nosso Senhor Jesus, com todos os seus santos" (1 Tessalonicenses 3.13); "verão o Filho do homem vir nas nuvens, com grande poder e glória" (Marcos 13.26), para a nossa favorita, encontrada em Tito 2.13 (NVI), "a gloriosa manifestação de nosso grande Deus e Salvador, Jesus Cristo". A expressão "gloriosa manifestação" ["aparecimento glorioso", na versão inglesa King James] parece-nos expor melhor esse evento magnificente.

O Aparecimento Glorioso porá fim à era das mentiras de Satanás à humanidade e inaugurará o reino de Cristo de paz sobre a terra. Ele é o real fundamento da profecia bíblica e uma das doutrinas mais amadas e acreditadas das Escrituras, aceita por quase todas as denominações que ainda se consideram cristãs. Ele incorpora-se de tal forma à fé cristã que uma pesquisa do Gallup indicou que 66% dos norte-americanos acreditam que Jesus Cristo retornará fisicamente à terra – pelo menos 25% mais do que aqueles que alegam ser "nascidos de novo".

A crença na segunda vinda de Cristo é muito mais prevalecente entre os que professam ser cristãos crentes na Bíblia, porque ela é básica para nossa fé e tem sido uma declaração importante de todos os concílios oficiais da Igreja desde o século III. Somente a doutrina da salvação é mais mencionada na Bíblia do que a segunda vinda de Cristo – e a salvação é o único caminho para preparar-nos para a sua vinda.

COMO ELA É VISTA PELA BÍBLIA

A descrição mais detalhada da segunda vinda de Cristo nos é feita pelo próprio Senhor em Mateus 24:

> Porque, assim como o relâmpago sai do oriente e se mostra até no ocidente, assim há de ser a vinda do Filho do homem (versículo 27).

> Logo em seguida à tribulação daqueles dias, o sol escurecerá, a lua não dará a sua claridade, as estrelas cairão do firmamento,

e os poderes dos céus serão abalados. Então, aparecerá no céu o sinal do Filho do homem; todos os povos da terra se lamentarão e verão o Filho do Homem vindo sobre as nuvens do céu, com poder e muita glória. E ele enviará os seus anjos, com grande clangor de trombeta, os quais reunirão os seus escolhidos, dos quatro ventos, de uma a outra extremidade dos céus (versículos 29-31).

Observe várias coisas acerca da exposição do Senhor sobre o seu retorno. Primeiro, ele será público, notório e não restrito a algum pequeno grupo. Ele diz que sua vinda será como um relâmpago que lampeja desde o oriente até o ocidente – todos o verão, e não haverá como esconder-se dele. Segundo, Ele diz que isso se dará "imediatamente após" a Grande Tribulação. Portanto, não devemos dar crédito à alegação de alguém de que Cristo realmente apareceu no deserto, em algum lugar antes desse tempo, pois o próprio Senhor disse que Ele retornaria depois da Tribulação, não antes. Terceiro, seu retorno será acompanhado de "pranto" da parte de "todas as tribos da terra" – o pranto de tristeza da parte da nação judaica, que por longo tempo rejeitou Cristo como Messias (veja Zacarias 12.10-12), bem como o pranto de desespero da parte dos incrédulos, que o rejeitam como Rei, mesmo quando Ele aparece no céu.

Pouco antes de ser crucificado, Jesus deu um testemunho expressivo de sua segunda vinda. Por ocasião do inquérito ilegal perante Caifás, o sumo sacerdote, falso testemunho atrás de falso testemunho foi sendo trazido para acusar Jesus de muitas coisas, mas nosso Senhor não respondeu a nenhuma das acusações. Um Caifás frustrado perguntou a Jesus: "Nada respondes ao que estes depõem contra ti?" (Mateus 26.62). Mas Jesus ainda se manteve silente. Finalmente, o sumo sacedote exigiu: "Eu te conjuro pelo Deus vivo que nos digas se tu és o Cristo, o Filho de Deus." Jesus respondeu-lhe: "Tu o disseste; entretanto, eu vos declaro que, desde agora, vereis o Filho do homem assentado à direita do Todo-poderoso e vindo sobre as nuvens do céu" (26.63-64). Imediatamente, Caifás rasgou suas vestes (uma forma de demonstrar seu horror) e exclamou: "Blasfemou!... Eis que ouvistes agora a blasfêmia!" (26.65).

Ora, por que Caifás alegou que Jesus tinha proferido blasfêmia? Porque ele e todos os demais na sala perceberam naquele momento a reivindicação de Jesus de ser a pessoa divina profetizada em Daniel 7.13-14:

Eu estava olhando nas minhas visões da noite, e eis que vinha com as nuvens do céu um como o Filho do Homem, e dirigiu-se ao Ancião de Dias, e o fizeram chegar até ele. Foi-lhe dado domínio, e glória, e o reino, para que os povos, nações e homens de todas as línguas o servissem; o seu domínio é domínio eterno, que não passará, e o seu reino jamais será destruído.

Em sua resposta ao sumo sacerdote, Jesus alegou ser o "Filho do Homem" de Daniel – isto é, Deus em carne humana que retornaria à terra com as "nuvens do céu" para ser adorado e receber um reino que jamais findará. Nem Daniel nem Jesus tinham em mente aqui uma simples vinda "espiritual"; e, se os discípulos estivessem de algum modo confusos sobre este fato, suas dúvidas foram removidas no dia em que o Cristo ressurreto subiu ao céu. Lucas registrou o seguinte sobre aquele dia maravilhoso: "...foi Jesus elevado às alturas, à vista deles, e uma nuvem o encobriu dos seus olhos. E, estando eles com os olhos fitos no céu, enquanto Jesus subia, eis que dois varões vestidos de branco se puseram ao lado deles e lhes disseram: Varões galileus, por que estais olhando para as alturas? Esse Jesus que dentre vós foi assunto ao céu virá do modo como o vistes subir" (Atos 1.9-11). Os anjos deixaram claro que nosso Senhor "viria" do mesmo modo como os apóstolos viram-no "subir" – fisicamente, visivelmente e com a nuvem. Curiosamente, Ele também pisará sobre o mesmo monte de onde subiu, o monte das Oliveiras. Zacarias 14.3-5 diz:

> Então, sairá o Senhor e pelejará contra essas nações, como pelejou no dia da batalha. Naquele dia, estarão os seus pés sobre o monte das Oliveiras, que está defronte de Jerusalém para o oriente; o monte das Oliveiras será fendido pelo meio, para o oriente e para o ocidente, e haverá um vale muito grande; metade do monte se apartará para o norte, e a outra metade, para o sul.
> Fugireis pelo vale dos meus montes, porque o vale dos montes chegará até Azal; sim, fugireis como fugistes do terremoto nos dias de Uzias, rei de Judá; então, virá o Senhor, meu Deus, e todos os santos com ele.

Quando Jesus retornar ao nosso planeta, seus pés tocarão o monte das Oliveiras, que se dividirá em dois. Relatos geológicos indicam que há uma falha na massa da parte inferior do monte; o toque dos pés do nosso Senhor sobre a terra levará esta falha a dividir o monte em duas partes; portanto, outro anúncio poderoso da sua vinda.

Mas, o que dizer dessa peleja "contra essas nações"? O apóstolo João apresenta detalhes dramáticos deste evento futuro em Apocalipse 19.11-21:

> Vi o céu aberto e diante de mim um cavalo branco, cujo cavaleiro se chama Fiel e Verdadeiro. Ele julga e guerreia com justiça. Seus olhos são como chamas de fogo, e em sua cabeça há muitas coroas. Ele possui um nome que ninguém conhece, a não ser ele mesmo. Está vestido com um manto tingido de sangue, e o seu nome é a Palavra de Deus. Os exércitos

do céu o seguiam vestidos de linho fino, branco e puro, e montados em cavalos brancos. De sua boca sai uma espada afiada, com a qual ferirá as nações. Ele as governará com um cetro de ferro. Ele pisa o lagar do vinho do furor da ira do Deus Todo-poderoso. Em seu manto e em sua coxa, ele tem escrito este nome: REI DOS REIS E SENHOR DOS SENHORES.

Vi um anjo de pé, no sol, que clamava em alta voz a todas as aves que voavam pelo meio do céu: Venham, reúnam-se para o grande banquete de Deus, para comerem carne de reis, generais e poderosos, de cavalos e seus cavaleiros, carne de todos: livres e escravos, pequenos e grandes.

Então vi a besta e os reis da terra, e os seus exércitos reunidos para guerrear contra aquele que está montado no cavalo e contra o seu exército. Mas a besta foi presa, e com ela o falso profeta que havia realizado os sinais miraculosos em nome dela, com os quais ele havia enganado os que receberam a marca da besta e adoraram a imagem dela. Os dois foram lançados vivos no lago de fogo que arde com enxofre. O restante foi morto com a espada que saía da boca daquele que está montado no cavalo. E todas as aves se fartaram com a carne deles (NVI).

João dá a Jesus os títulos de justo Juiz, justo Guerreiro, e justo Rei. Ele é acompanhado dos exércitos do céu – que estão uniformizados como nenhum outro exército da História. Geralmente, os soldados são vestidos de roupas camufladas; mas aqui eles estão todos de branco, simbolizando a pureza e a despreocupação de Jesus de que seus "uniformes" sejam manchados. Não há preocupação com isto, pois eles não levantarão um dedo sequer na batalha a ser travada; Jesus cumprirá tudo pelo poder de sua palavra toda-poderosa.

João viu nesta visão a mais famosa batalha da História, a

batalha do Armagedom. O anticristo, o falso profeta e todos os exércitos pagãos do mundo serão reunidos ali para o grande combate, e, quando virem Cristo "vindo sobre as nuvens do céu", voltarão suas frágeis armas contra o Rei dos reis e Senhor dos senhores. A palavra "batalha" neste texto significa realmente "campanha" ou "guerra", e várias outras passagens bíblicas falam da "peleja do grande Dia do Deus Todo-poderoso" (Apocalipse 16.14), que, na realidade, consiste de pelo menos quatro "campanhas" espalhadas sobre quase toda a terra da Palestina:

1. O Senhor vai primeiro a Edom para resgatar Israel da mão do anticristo; aqui Ele mancha sua roupa no sangue de seus inimigos (Isaías 63.1-6).

2. Depois, o Senhor vai ao vale de Megido, onde derrota muitos dos exércitos do mundo (Apocalipse 16.12-16).

3. Em seguida, o Senhor vence a maioria dos remanescentes das forças diabólicas do mundo no vale de Josafá (Joel 3.1-2, 9-17; Apocalipse 14.14-20).

4. Por fim, o Senhor virá a Jerusalém para derrotar a guarda avançada do anticristo, que tentará liquidar a Cidade Santa (Zacarias 12.1-9; Apocalipse 16.17-21).

No grande dia do seu retorno, Cristo vencerá todos os seus inimigos, capturará vivos o anticristo e o falso profeta, que serão lançados no lago de fogo ardente, onde serão atormentados dia e noite para sempre (Apocalipse 20.1-3). As aves e os animais do campo devorarão os cadáveres, e nenhum dos que resistirem a Cristo permanecerá vivo.

Quando você lê estas passagens, pode entender por que Paulo

chamou o retorno de Cristo à terra de "Aparecimento Glorioso" e por que preferimos este título a todos os outros! Entretanto, mesmo esta designação não caracteriza adequadamente este máximo e magnificente acontecimento na história humana, porque ele mudará o curso deste mundo para sempre.

DIFERENTE DA PRIMEIRA

Durante sua primeira vinda, nosso Senhor suportou perseguição, zombaria, rejeição e agressão física, tudo isso culminando com a sua crucificação. Ele humilhou-se e fez-se um servo, de modo que pudesse provar a morte por todos os seres humanos. Em sua primeira vinda, Ele fez-se "menor que os anjos" (Hebreus 2.7). Mesmo assim, foi mais do que um simples homem, pois era Deus em carne humana. Embora tivesse poderes sobrenaturais, permitiu-se ser perseguido, rejeitado e agredido fisicamente, e, por fim, crucificado. Por isso, Ele pôde tornar-se o "carregador dos pecados" em nome de Deus e, assim, salvar o mundo.

Seu Aparecimento Glorioso será um evento muito diferente, pois então virá em "poder e grande glória". Ele não voltará em fraqueza novamente! Todos os homens dobrarão os joelhos diante dele; Ele será o "Rei dos reis" e "Senhor dos senhores"; "e toda língua [confessará] que Jesus Cristo é Senhor" (veja Filipenses 2.10)! Todos os anjos, e mesmo o próprio Satanás, serão sujeitos à sua autoridade.

A Bíblia oferece muitos detalhes extraordinários desse Aparecimento Glorioso – e todas as 318 predições devem ser analisadas para a plena compreensão deste acontecimento soberbo, que, acreditamos, pode ter lugar na primeira parte do século XXI.

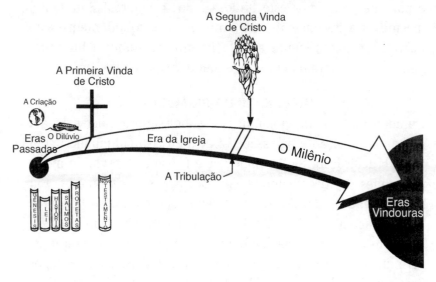

O mundo nunca mais será o mesmo depois do Aparecimento Glorioso de Jesus! Depois de destruir os exércitos do anticristo nas montanhas de Israel, Ele acorrentará Satanás no abismo insondável pela duração de um milênio, julgará as nações do mundo, conforme elas trataram seu povo escolhido (Mateus 25), e, finalmente, inaugurará um tempo de paz pelo qual homens e mulheres de boa vontade sempre sonharam através dos séculos.

A CEIA DAS BODAS DO CORDEIRO

A Igreja já terá saboreado um antepasto daquele reino futuro, que a Bíblia chama de "a ceia das bodas do Cordeiro", mencionada em Apocalipse 19.7-10. Após o Arrebatamento e seguindo-se o tribunal de Cristo, onde os membros da Igreja serão recompensados por seu fiel serviço (veja 1 Coríntios 3.10-15; 2 Coríntios 5.10), terá lugar um casamento. A Igreja ("a noiva de Cristo") e nosso Senhor Jesus Cristo serão oficialmente casados no céu. Enquanto a terra estiver sofrendo as agonias da Tribulação, a Igreja estará usufruindo um casamento celestial. E depois uma ceia!

Apocalipse 19.9 diz: "Então, me falou o anjo: Escreve: Bem-aventurados aqueles que são chamados à ceia das bodas do Cordeiro. E acrescentou: São estas as verdadeiras palavras de Deus."

Quem são esses convidados à ceia das bodas do Cordeiro? Não são os membros da Igreja, pois eles são a noiva. Temos uma pista em João 3.29, onde João Batista identificou-se como "o amigo do noivo". Cremos que os convidados serão os santos do Velho Testamento, incluindo aqueles que morreram ou foram martirizados na Tribulação. Todos estes se gloriarão pelo que Deus tem feito por meio de Cristo ao trazer para si mesmo um povo para o seu nome.

MESMO ASSIM, VEM SEM DEMORA

O apóstolo João encerra o livro de Apocalipse com vários lembretes apontando para o retorno de Cristo:

Eis que venho sem demora (22.7).

E eis que venho sem demora, e comigo está o galardão que tenho para retribuir a cada um segundo as suas obras (22.12).

Certamente, venho sem demora (22.20).

Amigo, Ele está vindo novamente, e o fará sem demora! Você está preparado? João estava, por isso pôde escrever com alegria: "O Espírito e a noiva dizem: Vem! Aquele que ouve, diga: Vem!" (22.17). Mas ele não estava satisfeito tão-somente com isto. Ele sabia que alguns poderiam ler o seu livro sem estar preparados para o retorno do Senhor. Por isso, escreve para eles: "Aquele que tem sede venha, e quem quiser receba de graça a água da vida" (22.17).

Você está sedento? Então venha a Cristo, para que esteja preparado para quando Ele vier. Você deseja dessedentar-se na grande fonte de Deus? Então venha e beba da água "de graça". Sorva profundamente sua água pura e refrescante. Entregue-se inteiramente à sua graça e peça a Jesus para satisfazer sua alma.

Então você também estará preparado para dizer com João: "Mesmo assim, vem, Senhor Jesus!"

DEZESSEIS

O Milênio

– Se, por acaso, atravessarmos esses sete anos de provação, especialmente a segunda metade, o Aparecimento Glorioso será para nós ainda mais glorioso. Cristo voltará para estabelecer seu reino de mil anos na terra.
– O Milênio.
– Exatamente.
Deixados para Trás, p. 277

Idéia boa, prática inviável.
Quando a Organização das Nações Unidas foi estabelecida por declaração firmada em 24 de outubro de 1945, os líderes do mundo esperavam que ela ajudaria a pôr fim ao tipo de guerra que havia tão recentemente devastado o planeta. Eles estavam tão esperançosos que inscreveram em seu edifício em Nova York as seguintes palavras dos profetas do Velho Testamento:

Elas converterão as suas espadas em relhas de arados, e suas lanças, em podadeiras; uma nação não levantará a espada contra outra nação, nem aprenderão mais a guerra (Isaías 2.4 e Miquéias 4.3).

Como dissemos na introdução deste capítulo, "idéia boa, prática inviável". Apesar de meio século de esforços, a ONU não tem sido capaz de ensinar as nações a transformar suas espadas em relhas de arados, nem suas lanças em podadeiras. Nações têm levantado suas espadas contra outras nações e continuam sofregamente a aprender a guerra.

Então os profetas se enganaram? Equivocaram-se? Eles, por acaso, receberam a mensagem errada?

Não, nada está errado com a mensagem. O problema é que nem a ONU nem qualquer outra organização meramente humana serão capazes de trazer a paz visualizada por Isaías e Miquéias. Essa paz virá somente quando o Príncipe da Paz, Jesus Cristo, retornar a este mundo para estabelecer o seu reino de paz. Então, e somente então, o reino de harmonia antevisto pelos profetas tomará forma.

Jesus Cristo é o único que recebeu a autoridade de trazer a paz a tal reino – e Ele é o único que tem o poder de impor essa paz desde o primeiro dia e por toda a eternidade. Seu reino vindouro será verdadeiramente a realização da utopia com que a humanidade tem sonhado e se frustrado desde a Queda. Será um tempo de paz, justiça, prosperidade e conversão, e cumprirá plenamente tudo o que os profetas disseram sobre isto.

SATANÁS ACORRENTADO NO ABISMO

Entretanto, antes que tal reino possa começar, aquele que por tanto tempo vem causando danos diabólicos deve ser alijado do poder. E isto é exatamente o que acontece imediatamente após o Aparecimento Glorioso de Jesus Cristo. O apóstolo João nos diz que um anjo descerá do céu com "a chave do abismo e uma grande corrente [na mão]". Esse anjo poderoso agarrará Satanás e o prenderá com a corrente, em seguida o lançará no abismo, colocando o selo sobre ele, "para que não mais [engane] as nações" (Apocalipse 20.1-3).

Pode você imaginar o que seria o mundo sem o enganador ao redor sussurrando suas mentiras nos sensíveis ouvidos humanos? Que vida seria a nossa, se o tentador não estivesse sorrateiro em volta de nós incentivando-nos a pecar desta ou daquela maneira? Quanto nossa vida progrediria, se o acusador não estivesse presente para lançar suas acusações em nosso rosto? Longe estariam as falsas verdades, as falsas promessas, os anjos falsos, os deuses falsos! Que mundo seria este!

E este será o mundo do Milênio.

QUANTO ISTO VAI DURAR?

Não somos deixados em dúvida a respeito da duração do reino, pois Apocalipse 20 menciona seis vezes que deve durar "mil anos" – um milênio (do latim *mille* = mil, e *annum* = anos). Mil anos de paz na terra!

Centenas de versículos ao longo da Bíblia mencionam diferentes aspectos do reino vindouro de Cristo – o número é excessivamente grande para examinarmos todos eles. Mas, a fim de que possamos obter alguma compreensão dos aspectos básicos do Milênio, consideremos brevemente umas poucas referências em ambos os Testamentos. Daniel 2.44 diz:

> O Deus do céu suscitará um reino que não será jamais destruído; este reino não passará a outro povo; esmiuçará e consumirá todos estes reinos, mas ele mesmo subsistirá para sempre.

Pouco antes disto, Daniel viu uma estátua de ouro, representando os quatro próximos reinos do mundo, a qual foi esmiuçada por "uma pedra... cortada sem auxílio de mãos"

(Daniel 2.34). Esta pedra não era outra senão o reino vindouro. E quem regerá este reino? Salmos 2 dá a resposta. Esta passagem tem sido há tempo conhecida como um "salmo messiânico", isto é, uma predição acerca do Messias. O Senhor diz a seu Filho neste salmo:

> Pede-me, e eu te darei as nações por herança e as extremidades da terra por tua possessão. Com vara de ferro as regerás e as despedaçarás como um vaso de oleiro (2.8-9).

No livro de Apocalipse, o apóstolo João tem este texto em mente pelo menos três vezes. Primeiro, quando ele transmite as palavras de Jesus àquele que vence: "Com cetro de ferro as regerá e as reduzirá a pedaços como se fossem objetos de barro; assim como também eu recebi de meu Pai" (Apocalipse 2.27-28). Em 12.5, João fala de um "filho varão que há de reger todas as nações com cetro de ferro", que "foi arrebatado para Deus até ao seu trono" – uma clara alusão a Jesus. E, por último, o apóstolo retrata Jesus sobre um cavalo branco vindo para vencer seus inimigos e diz a respeito dele: "...e ele mesmo as regerá com cetro de ferro" (19.15).

O aspecto surpreendente é que Jesus convidará seu povo para governar com Ele o seu reino. Esta é a mensagem de Apocalipse 2.27 há pouco citada e que é a mensagem de Daniel 7: "Veio o Ancião de Dias e fez justiça aos santos do Altíssimo; e veio o tempo em que os santos possuíram o reino... O reino, e o domínio, e majestade serão dados ao povo dos santos do Altíssimo; o seu reino será reino eterno, e todos os domínios o servirão e lhe obedecerão" (versículos 22, 27). E João diz:

> Vi também tronos, e nestes sentaram-se aqueles aos quais foi dada autoridade de julgar. Vi ainda as almas dos decapitados por causa do testemunho de Deus, tantos quantos não

adoraram a besta, nem tampouco a sua imagem, e não receberam a marca na fronte e na mão; e viveram e reinaram com Cristo durante mil anos... Bem-aventurado e santo é aquele que tem parte na primeira ressurreição; sobre esses a segunta morte não tem autoridade; pelo contrário, serão sacerdotes de Deus e de Cristo e reinarão com ele os mil anos (20.4, 6).

Não surpreende que nosso Salvador seja chamado de "Rei dos reis e Senhor dos senhores"!

TRÊS PERSPECTIVAS COMPETIDORAS

Nem todo cristão acredita que Jesus Cristo voltará literalmente à terra para estabelecer um reino de paz e segurança que durará mil anos. Pelo menos, duas outras opiniões sobre o Milênio surgiram ao longo dos séculos.

Amilenismo é a crença de que não há Milênio futuro, e sim que a profecia será cumprida na eternidade. Esta crença infiltrou-se na Igreja depois que Agostinho introduziu a prática de espiritualizar e alegorizar a Escritura, o que abriu a porta para muitas doutrinas e práticas pagãs e ajudou a mergulhar o mundo ocidental na Idade das Trevas por mais de 1.100 anos. Os tempos eram de trevas porque as pessoas tinham pouco acesso à Escritura ou conhecimento dela; conseqüentemente, elas perderam a esperança na segunda vinda de Cristo.

Pós-milenismo é a noção de que a Igreja evangelizará este mundo, fazendo-o progressivamente melhor, até finalmente introduzi-lo no reino. Esta crença foi popularizada por um anglicano do século XVII chamado Daniel Whitby. Desde então, ela tem crescido e diminuído em popularidade, de acordo com os tempos. Após as barbaridades da Primeira Guerra Mundial, a doutrina sofreu um drástico declínio, e, com a catástrofe da Segunda Guerra Mundial, quase desapareceu. Hoje, somente uns poucos grupos ainda atêm-se a esta posição, incluindo aqueles como os *reconstrucionistas*. Mas a selvageria do século XX torna difícil a manutenção da posição pós-milenista atualmente.

De um modo geral, todas as vezes que as pessoas lêem a Bíblia sem uma análise profunda ou a interpretam no sentido literal, elas acreditam que a segunda vinda de Cristo está programada para ocorrer antes do Milênio; é por esse motivo que elas são chamadas de *pré-milenistas*.

Desde os dias dos apóstolos até o século IV, a Igreja primitiva manteve a visão pré-milenista dos acontecimentos futuros. Antes de João escrever o Apocalipse, seus seguidores entenderam que Cristo estabeleceria seu reino na terra quando retornasse. Em Mateus 24, os discípulos de nosso Senhor indagaram sobre uma questão que associava sua vinda ao "fim dos tempos",

A Visão Pré-milenista da Igreja Primitiva

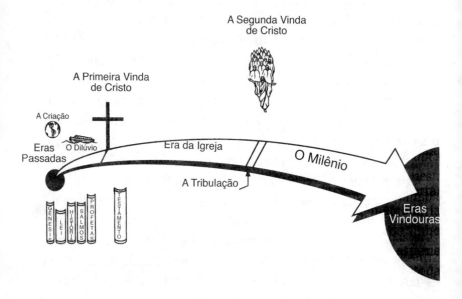

indicando que os judeus naquele tempo esperavam seu Messias para estabelecer seu reino quando Ele viesse. Considerando que a igreja do primeiro século era predominantemente composta de crentes judeus, logo seus membros também associaram a vinda de Cristo com o estabelecimento do seu reino.

É este Rei que reinará sobre a terra por mil anos, trazendo um reino de paz que os profetas Isaías e Miquéias tão eloqüentemente predisseram há milhares de anos.

UMA POPULAÇÃO VACILANTE

Tantas são as profecias existentes sobre o Milênio que só nos é possível examinar superficialmente o assunto de forma resumida. Como será esse reino?

Zacarias 14 diz que Jerusalém será a capital do reino e que os povos do mundo viajarão regularmente até lá para adorar o Rei. Os dois últimos capítulos de Isaías dizem que importantes mudanças no clima, geografia, flora e fauna ocorrerão na terra. Da última mudança, Isaías diz: "O lobo e o cordeiro pastarão juntos, e o leão comerá palha como o boi; pó será a comida da serpente. Não se fará mal nem dano algum em todo o meu santo monte, diz o Senhor" (Isaías 65.25). Isaías também prediz que Deus criará "novos céus e uma nova terra" – um tópico sobre o qual o apóstolo Pedro nos dá alguns detalhes:

> Virá, entretanto, como ladrão o Dia do Senhor, no qual os céus passarão com estrepitoso estrondo, e os elementos se desfarão abrasados; também a terra e as obras que nela exi~~~
> atingidas (2 Pedro 3.10).

De acordo tanto com Isaías como população da terra aumentará rapidan anos de paz e segurança. Isaías 65.20 diz criança para viver poucos dias, nem vel seus; porque morrer aos cem anos é morrer ainda jovem, e quem pecar só aos cem anos será amaldiçoado."

Cremos que isto significa que os fiéis viverão por todo o tempo do período, mas ao não regenerado serão dados 100 anos para arrepender-se e aceitar Cristo como seu Senhor; se recusar-se a fazer isto, morrerá. Isto resultará em enorme população por volta do fim do Milênio, a grande maioria da qual será salva. Na realidade, cremos que, por causa do Milênio, pode haver mais pessoas no céu do que no inferno.

E assim Deus uma vez mais mostrará a sua maravilhosa graça de uma maneira fantástica.

JESUS VENCE!

Conta-se a história de um humilde zelador crente na Bíblia, servindo em um seminário liberal, que estava esperando os estudantes terminarem um jogo de basquetebol para que pudesse varrer a quadra esportiva. Enquanto lia sua Bíblia, um dos futuros pastores viu-o e perguntou-lhe o que estava lendo.

– Apocalipse – respondeu o serviçal.

O jovem seminarista, que evidentemente não acreditava que alguém pudesse compreender profecia – principalmente um homem que nunca cursara o ensino médio –, perguntou-lhe:

– Você entende o que está lendo?

– Claro que sim! – respondeu o homem.

Surpreso com a resposta, o estudante perguntou:

– O que ele diz?

Com um sorriso triunfante, o zelador declarou:

– Jesus vence!

Esta é a mensagem pré-milenista de toda profecia, ¡almente do Apocalipse: "Jesus vence!" E nós vencemos

DEZESSETE

A Última Rebelião

Há uma razão para que o estudo de profecia seja muitas vezes chamado de doutrina das "últimas coisas". Quando perscrutamos o futuro através das lentes proféticas de Deus, vemos como os eventos, movimentos e grupos terminam. E, embora eu goste de focalizar a parte atraente das "últimas coisas", nem tudo o que chamamos "último" é bom.

E assim é com a última rebelião.

A RESPOSTA A UM LONGO DEBATE

Por muitos anos, uma discussão eclodiu sobre o que exerce mais influência sobre o comportamento humano, "formação" ou "meio". São os seres humanos nascidos basicamente bons, apenas para que o meio em que vivem os corrompa? Ou eles nascem com uma grave deficiência espiritual que nenhuma boa qualidade ambiental pode curar?

A despeito dos muitos pronunciamentos da Bíblia sobre a natureza corrompida da humanidade desde a Queda, numerosos "especialistas" alegam que os seres humanos são intrinsecamente bons; o problema, dizem, é que o meio no qual o homem vive foi corrompido. Se homens e mulheres vivessem num ambiente livre de tais influências corrosivas, alegam eles, tais indivíduos ostentariam sempre sua boa natureza inerente.

O Milênio prova decisivamente a falácia de tal idéia não-bíblica.

Por mais surpreendente que possa parecer, a Escritura ensina que, quando o Milênio estiver em evidência, os seres humanos não-redimidos, vivos então, se rebelarão contra o senhorio de Cristo e tentarão mesmo atacar a capital do seu reino milenar. João expõe desta forma a cena turbulenta:

> Quando, porém, se completarem os mil anos, Satanás será solto da sua prisão e sairá a seduzir as nações que há nos quatro cantos da terra, Gogue e Magogue, a fim de reuni-las para a peleja. O número dessas é como a areia do mar. Marcharam, então, pela superfície da terra e sitiaram o acampamento dos santos e a cidade querida; desceu, porém, fogo do céu e os consumiu (Apocalipse 20.7-9).

Tudo o que bastaria para que os corações iníquos dos não-regenerados se rebelassem seria a libertação do enganador de sua prisão de mil anos. Até esse momento, milhões de homens e mulheres provavelmente esconderão sua verdadeira lealdade espiritual perante o público. Porém, quando o diabo for liberto, a malignidade irrecuperável de seus corações tornar-se-á repentinamente clara. Acreditamos que tal rebelião será essencialmente um movimento jovem, uma vez que no Milênio deverão ter 100 anos para tomar sua decisão pelo Salvador. Isto significa que todos nesse exército deverão ter menos de 100 anos de vida – e, no entanto, suas forças serão "como a areia do mar"! Repetindo, isto indica a enorme população sobre a terra por volta do final do Milênio.

João diz que esses jovens rebeldes serão enganados pelo diabo para crer que podem realmente atacar e destruir o Rei dos reis e Senhor dos senhores... Mas sua mentira não durará muito. Eles irão recrutar suas forças de todas as extremidades do globo e marcharão sobre Jerusalém, onde "sitiarão o acampamento dos santos e a cidade querida".

Entretanto, nenhuma batalha haverá. Nem se recorrerá a armas. Nenhuma estratégia defensiva ou negociações tarde da noite, ou campanha propagandista, ou deslocamento de gigantescas armas nucleares.

Haverá, porém, uma destruição generalizada: "Desceu, porém, fogo do céu e os consumiu" (Apocalipse 20.9).

E assim será. Fogo cairá do céu, e a rebelião terminará. Não haverá repetição das pragas da Tribulação nem dos julgamentos da Grande Tribulação. De uma vez por todas, a rebelião humana terá sido varrida da existência.

E, de uma vez por todas, ficará claro como cristal a um universo atento que a morte e a ressurreição de Jesus Cristo são absolutamente essenciais para fazer do coração humano pecaminoso um recipiente da santidade de Deus. O Milênio provará que, mesmo na melhor das condições – mil anos de paz, prosperidade, segurança, vida longa, saúde, abundância –, não é possível mudar a iniquidade de um coração humano nãoregenerado. Somente o Senhor Jesus Cristo pode fazer isto!

Acreditamos que Deus pode permitir esta rebelião final assim tão extensa, e não mais, para demonstrar pela última vez a centralidade da cruz. O Milênio tornará claro que o único caminho para homens e mulheres se tornarem justos é depositarem sua confiança no Cristo do Calvário, que derramou seu sangue por seus pecados. E, então, o longo debate sobre "meio" *versus* "formação" terá uma resposta cabal – para a glória de Deus e seu Filho, Jesus Cristo!

O FIM... DO COMEÇO

Com a destruição desta rebelião final, Deus agarrará Satanás e o atirará no lago de fogo e enxofre "onde já se encontram não só a besta como também o falso profeta; e serão atormentados de dia e de noite, pelos séculos dos séculos" (Apocalipse 20.10). Este versículo sozinho produz incerteza para aqueles que pensam que, no final, todos serão salvos. Não serão! O próprio Jesus falou de um pecado que não seria perdoado "nem neste mundo nem no porvir" (Mateus 12.32), e essa tríade profana serve para ilustrar o destino eterno daqueles que se recusam a dobrar os joelhos diante do Salvador.

A História do Homem e o Plano Divino para o Seu Futuro

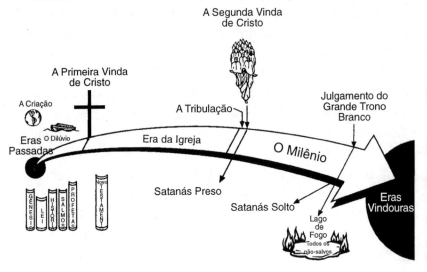

E assim encerram-se tanto os rebeldes finais contra Deus como o primeiro rebelde que os enganou. E, na seqüência do calendário profético de Deus, temos o julgamento final do grande trono branco.

DEZOITO

O Julgamento do Grande Trono Branco

Se você tivesse de dar o seu voto à passagem bíblica mais atemorizante, que passagem escolheria? Antes de responder, considere que a palavra original "temor" pode trazer em seu bojo vários significados, como "reverência, admiração, grandiosidade, etc., motivados por aquilo que é grande, sublime, majestoso, extremamente poderoso, ou, também, medo ou pavor". Que passagem você mencionaria como a mais atemorizante nas Escrituras?

Particularmente, meu voto é para Apocalipse 20.11-15. Este texto provoca em mim um arrepio nos braços e no rosto, e meu coração bate mais acelerado:

> Vi um grande trono branco e aquele que nele se assenta, de cuja presença fugiram a terra e o céu, e não se achou lugar para eles. Vi também os mortos, os grandes e os pequenos, postos em pé diante do trono. Então, se abriram livros. Ainda outro livro, o Livro da Vida, foi aberto. E os mortos foram julgados segundo as suas obras, conforme o que se achava

escrito nos livros. Deu o mar os mortos que nele estavam. A morte e o além entregaram os mortos que neles havia. E foram julgados, um por um, segundo as suas obras. Então, a morte e o inferno foram lançados para dentro do lago de fogo. Esta é a segunda morte, o lago de fogo. E, se alguém não foi achado inscrito no Livro da Vida, esse foi lançado para dentro do lago de fogo.

Esta passagem atemorizante descreve o julgamento final da humanidade não-redimida. Enquanto os santos martirizados da Tribulação foram ressuscitados antes do Milênio, e os cristãos foram ressuscitados no Arrebatamento, Apocalipse 20.5 afirma que "os restantes dos mortos não reviveram até que se completassem os mil anos". Agora é o seu tempo.

João inclui todos os não-salvos nesta passagem, pois ele fala dos "pequenos" e "grandes", dos mortos que estavam no mar e aqueles que estavam na morte (no túmulo) e no inferno (o lugar de tormento) – isto é, toda pessoa não-salva que já viveu. Eles serão todos ressuscitados a fim de comparecerem para o julgamento diante de Deus sentado no grande trono branco.

OS LIVROS SÃO ABERTOS

João também fala dos "livros" sendo abertos e de "outro livro" sendo aberto. Ele diz que "os mortos foram julgados, cada qual segundo as suas obras, conforme o que se achava escrito nos livros" (20.12-13).

Estas afirmações chamam imediatamente nossa atenção para as palavras do Senhor Jesus: "O que vocês disseram nas trevas, será ouvido à luz do dia, e o que vocês sussurraram aos ouvidos dentro de casa, será proclamado dos telhados" (Lucas 12.3, NVI). E "não há nada oculto que não venha a ser revelado, e nada escondido que não venha a ser conhecido e trazido à luz" (Lucas 8.17, NVI).

Lembramo-nos também de Eclesiastes 12.14, que promete: "Porque Deus há de trazer a juízo todas as obras, até as que estão escondidas, quer sejam boas, quer sejam más", bem como de Romanos 2.5-6, onde Paulo fala do dia da ira de Deus, "quando se revelará o seu justo julgamento. Deus retribuirá a cada um conforme o seu procedimento" (NVI).

É uma coisa terrível até mesmo imaginar estar diante de Deus, "de cuja presença fugiram a terra e o céu" (Apocalipse 20.11) e nada ter senão suas próprias obras pecaminosas para mostrar no tempo sobre a terra que o Todo-Poderoso lhe deu. Tenho muitas vezes ouvido os ímpios alardeando que, no Dia do Juízo, irão reivindicar que Deus os justifique dos erros deste mundo; mas isto é uma fantasia pura e desrespeitosa. Tal fato nunca acontecerá. Se o amado Daniel cambaleou e tremeu ao ter uma visão de um ser celestial (e aqueles que estavam com ele nem sequer viram, mas esconderam-se aterrorizados – Daniel 10.4-8); se o apóstolo João caiu como que morto quando teve uma visão do Cristo ressurreto (Apocalipse 1.10-17); se o justo Jó, que havia desejado uma audiência com Deus, disse: "Eu te conhecia só de ouvir, mas agora os meus olhos te vêem. Por isso, me abomino e me arrependo no pó e na cinza", quando seu pedido foi atendido (Jó 41.5-6), quão grande insensatez é essa de um ímpio imaginar que se justificará a si mesmo diante de Deus no dia em que estiver frente a frente com Ele no juízo do grande trono branco!

Não, naquele dia as palavras do apóstolo Paulo confirmarão a verdade: "Sabemos que tudo o que a lei diz, o diz àqueles que estão debaixo dela, para que toda boca se cale e todo o mundo esteja sob o juízo de Deus" (Romanos 3.19, NVI). A última palavra, naturalmente, será de Deus.

Depois que esses homens e mulheres não-salvos forem julgados de acordo com os livros de suas obras, outro livro será aberto, o Livro da Vida. O Novo Testamento refere-se a este livro oito vezes, ao passo que o Velho Testamento menciona-o três vezes, um livro no qual nomes estão escritos. João diz que, "se o nome de alguém não foi encontrado no livro da vida, este foi lançado no lago de fogo" (Apocalipse 20.15). E assim termina sua história.

Quando isto se completa, apenas um último episódio está programado para o Julgamento do Grande Trono Branco. João escreve: "Então a morte e o Hades foram lançados no lago de fogo. O lago de fogo é a segunda morte" (Apocalipse 20.14). Desta forma, as palavras gloriosas do apóstolo Paulo serão cumpridas: "O último inimigo a ser destruído é a morte" (1 Coríntios 15.26).

"ATEMORIZANTE" É A PALAVRA

Provavelmente, não é humanamente possível meditar sobre estas impactantes verdades por extensos períodos de tempo. Quem pode arriscar-se a ponderar a respeito do lago de fogo, um lugar de tormento eterno, milhões de almas não-redimidas, uma Pessoa divina, de cuja face fogem a terra e o céu, ou temíveis livros de julgamento que selam o destino do não-salvo?

Mesmo assim, nosso Senhor nos fala sobre esses acontecimentos aterradores. Por quê? *Para dar-nos toda oportunidade de escaparmos do terrível julgamento vindouro.* Lembre-se, nenhum crente em Cristo estará perante o Deus que se sentará no grande trono branco. Esse terrível lugar será reservado àqueles que rejeitaram Cristo como Salvador, que decidiram coroar rei a si mesmos, e que se recusaram a aceitar Jesus Cristo como seu verdadeiro Senhor.

Não cometa esse terrível engano! Em vez disto, ponha sua fé no Senhor Jesus e peça-lhe para perdoar seus pecados; então você estará pronto para "estar em pé na presença do Filho do Homem" (Lucas 21.36) diante do tribunal de Cristo.

Uma coisa é certa: Você *estará* em um lugar ou em outro. Inferno ou céu. Certifique-se de que seja o último!

DEZENOVE

O Estado Eterno

Como você descreve a eternidade? Como pode começar a desenhar um infindável momento de felicidade, contentamento e alegria na presença de um sorriso de Deus eternamente? Quando algumas crianças brilhantes foram interrogadas recentemente com a pergunta acima, eis o que disseram:[1]

A melhor parte do céu é a festa que Jesus vai fazer para nós. Muitas crianças vão estar no céu. Se precisarmos das nossas bonecas no céu, Jesus terá elas lá.
Micah Leake, 3 anos

Há estradas de ouro, portas de pérola, e, depois que você atravessar as portas de pérola, acho que pode ver um trono enorme. Acho que o trono é feito de tijolos de ouro e fileiras de pérolas em volta, decorado com esmeraldas – talvez mesmo rubis! Não sei se estou certa, mas sei que você tem de andar descalço lá.
Emily Edwards, 7 anos

Penso que o céu tem cercas e dentro delas morangos. Davi, que lutou com Golias, vai estar lá também. Penso que o céu tem romãs com ouro dentro. As pessoas idosas vão estar lá e os anjos de Deus. Há também um grande, grande banquete que vai fazer todo mundo sem fome.
Andrew Edwards, 3 anos

Céu é como viver nas nuvens com Cristo e você poder patinar sobre ruas de ouro. Pedro vai dar a você lições de pesca. Todos vamos ser capazes de voar. Vamos brincar de pegador no céu. As árvores são feitas de ouro, e as folhas são de prata. Minha opinião é que o céu vai ser maravilhoso!
Isaac Allen Jones, 11 anos

Sim, o céu vai ser maravilhoso (e quem pode falar sobre morangos?). Temos nosso mais amplo vislumbre de como é o céu em Apocalipse 21-22, mas outras fantásticas perspectivas e intuições também podem ser encontradas em toda a Bíblia.

Para nosso propósito aqui, vamos focalizar uns poucos realces. Uma exploração mais ampla do que a Bíblia diz sobre o céu consta de meu livro *Revelation: Illustrated and Made Plain* (Apocalipse: Ilustrado e Simplificado); há outros vários livros recentes sobre o céu (tal como o de Joni Eareckson Tada).

O ESPLENDOR DO CÉU

O apóstolo João abre o cenário para a nossa contemplação do céu na primeira parte de Apocalipse 21:

> Vi novo céu e nova terra, pois o primeiro céu e a primeira terra passaram, e o mar já não existe. Vi também a cidade santa, a nova Jerusalém, que descia do céu, da parte de Deus, ataviada como noiva adornada para o seu esposo. Então,

ouvi grande voz do trono, dizendo: Eis o tabernáculo de Deus com os homens. Deus habitará com eles. Eles serão povos de Deus, e Deus mesmo estará com eles. E lhes enxugará dos olhos toda lágrima, e a morte já não existirá, já não haverá luto, nem pranto, nem dor, porque as primeiras coisas passaram (versículos 1-4).

Que lugar Deus preparou para nós desde antes da fundação do mundo! João nos ressalta a melhor parte de qualquer descrição da eternidade, quando escreve sobre uma grande voz: "Eis o tabernáculo de Deus com os homens. Deus habitará com eles. Eles serão povos de Deus, e Deus mesmo estará com eles."

Que maravilha isto será – ver continuamente a face de Deus (Apocalipse 22.4) e andar sob a luz da sua presença (21.23; 22.5)! Não nos deve causar espécie a declaração de João de que não há templo no céu (21.22), pois, como Paulo escreveu, "o que alguém vê, como o espera?" (Romanos 8.24). Que necessidade você tem de um templo quando a todo lugar que vai Deus está?

Mas um templo não é a única coisa que falta no céu. O que mais falta? Atente para a seguinte lista:

- não mais mar (21.1)
- não mais lágrimas, morte, tristeza, choro ou dor (21.4)
- não mais pecadores (21.8)
- não mais medo (21.12)
- não mais sol ou lua (21.23)
- não mais noite (21.25)
- não mais pecado ou abominação (21.27)
- não mais maldição (22.3)

Isto seria suficiente para chamar a este lugar "céu" mediante esta lista do que *falta*. Mas não revela a metade da história!

Observe agora alguns aspectos notáveis que a eternidade prodigaliza:

- infindável comunhão com Deus (21.3, 7, 22)
- infindável novidade (21.5)
- infindável água da vida (21.6; 22.1)
- inimaginável beleza (21.11, 21)
- irrestrita segurança (21.12)
- inquebrantável união entre os crentes (21.12, 14)
- ilimitada santidade (21.16)
- incomparável tamanho (21.16)
- indizível riqueza (21.18-21)
- infindável luz (21.23; 22.5)
- irrestrito acesso (21.25)
- infindáveis frutos da árvore da vida (22.2)
- incessante serviço a Deus (22.3)
- infindável reino (22.5)

Além destas bênçãos encontradas no livro de Apocalipse, sabemos, por outros textos da Bíblia, o que o céu nos oferece:

- descanso (Hebreus 4.1-11; Apocalipse 14.13)
- pleno conhecimento (1 Coríntios 13.12)
- santidade (Hebreus 12.14; Efésios 2.21)
- alegria (1 Tessalonicenses 2.19; Judas 24)
- glória (2 Coríntios 4.17)
- adoração (Apocalipse 7.9-12; 19.10)

Com tudo isto que o céu e a eternidade oferecem, é difícil entender por que tantas pessoas decidem intencionalmente rejeitar tamanha bênção. Entretanto, muitos aceitam, de acordo com Apocalipse 21.8, 27 e 22.11, 15. Estou certo de que você é um deles!

MAL PODEMOS ESPERAR!

Deus preparou um lugar para seus filhos, lugar este que está além de toda imaginação. João, o apóstolo, e outros escritores da Bíblia podem unicamente dar-nos uma sugestão incompleta da verdadeira maravilha, pois o único meio de apreciar plenamente o lugar será estar lá para experimentá-lo pessoalmente. É exatamente isto que Heather Knepper, de onze anos, deseja lembrar a todos nós:

> O céu será sempre o melhor dos lugares; principalmente porque Jesus estará lá. Mas, para chegar a esse grande lugar, você deve crer em Cristo, nosso Senhor.[2]

TERCEIRA PARTE
Personagens

VINTE

Satanás, o Dragão

Ele nunca se aproximara tanto dos profetas e teve de conter-se para não tocar neles. Os olhos de Eli estavam fixos nos dele.
– Não te exponhas diante do inimigo – disse Eli. – Sê sóbrio, sê vigilante. O diabo, teu adversário, anda em derredor, como leão que ruge procurando alguém para devorar.
Buck não conseguiu falar. Tentou fazer um movimento afirmativo com a cabeça para indicar que ouviu e entendeu, mas ficou paralisado. Moisés inclinou-se entre ele e Elias e complementou:
– Resiste e permanece firme na fé.
Apoliom, p. 189

Provavelmente, você tem visto a propaganda na televisão, talvez em um comercial de uma cadeia de sanduíches. Um jovem parece indeciso entre duas opções: uma, boa para ele; outra, má. Sobre um dos seus ombros, aparece um pequeno ser de branco, com asas e uma auréola, que o incentiva a tomar uma decisão saudável. Sobre o outro ombro, um pequeno ser de vermelho, com chifres e um tridente na mão, que o incentiva a rejeitar restrições e escolher uma alternativa desonesta.

Na mente dos criadores de comerciais, você apenas testemunhou outro *round* do conflito das eras: o bem contra o mal, anjos contra Satanás. De acordo com esta visão, Satanás não é muito mais do que um diabinho travesso, um pequeno ser quase amistoso que nos tenta com chocolates e comidas gordurosas.

Verdade?

O Satanás real, o diabo da Bíblia, é muito mais do que isto. A Palavra de Deus nos diz que ele é poderosíssimo, inquestionavelmente um espírito malévolo, que vive para matar e enganar a humanidade. Ele fará qualquer coisa que puder para usurpar a adoração e glória que somente a Deus são devidas – enfatizamos, "qualquer coisa".

O PECADOR ORIGINAL

Satanás é o pecador original. Embora ele tenha sido criado como o "querubim da guarda ungido" (Ezequiel 28.14), perfeito em formosura, poderoso e sábio, em certo ponto desprezou sua posição junto a Deus e ambicionou a posição do próprio Deus. O profeta Ezequiel escreve: "Elevou-se o teu coração por causa da tua formosura, corrompeste a tua sabedoria por causa do teu resplendor; lancei-te por terra" (Ezequiel 28.17). Isaías ilustra: "Como caíste do céu, ó estrela da manhã, filho da alva! Como foste lançado por terra, tu que debilitavas as nações! Tu dizias no teu coração: Eu subirei ao céu; acima das estrelas de Deus exaltarei o meu trono e no monte da congregação me assentarei, nas extremidades do Norte; subirei acima das mais altas nuvens e serei semelhante ao Altíssimo" (Isaías 14.12-13).

Muito do horror da Tribulação resulta diretamente do desejo do diabo de suplantar Deus e ser adorado como Deus. Satanás é a força que comanda e orienta nos bastidores as religiões pagãs do mundo, como o apóstolo Paulo declara: "O que os pagãos sacrificam é oferecido aos demônios e não a Deus" (1 Coríntios 10.20, NVI). O diabo deixou claro que seu objetivo primordial é ser adorado, quando disse a Jesus no deserto: "Tudo isto [os reinos do mundo] te darei, se, prostrado, me adorares"; ao que nosso Senhor respondeu: "Retira-te, Satanás, porque está escrito: Ao Senhor, teu Deus, adorarás, e só a ele darás culto" (Mateus 4.9-10).

Jesus acusou Satanás de "mentiroso e pai da mentira", em quem não há verdade, sendo "homicida desde o princípio" (João 8.44). O escritor de Hebreus diz que o diabo tem "o poder da morte" (2.14), enquanto o apóstolo Pedro afirma: "O diabo, o inimigo de vocês, anda ao redor como leão que ruge, procurando a quem possa devorar" (1 Pedro 5.8, NVI). Jesus adverte a igreja em Esmirna: "o diabo está para lançar em prisão alguns dentre vós, para serdes postos à prova, e tereis tribulação de dez dias" (Apocalipse 2.10) e aprova a igreja em Pérgamo porque "conservas o meu nome e não negaste a minha fé, ainda nos dias de Antipas, minha testemunha, meu fiel, o qual foi morto entre vós, onde Satanás habita" (Apocalipse 2.13).

Aprendemos muito a respeito da natureza e atividades de Satanás quando observamos seus vários nomes, à medida que eles são citados em Apocalipse 12. Ele é chamado de:

- um "dragão, grande, vermelho" (versículo 3). Ele é vermelho por ser a força motivadora por trás de muito derramamento de sangue no mundo. Ele é dragão por ser um destruidor impiedoso;
- a "antiga serpente" (versículo 9). Este nome faz alusão ao seu primeiro aparecimento na Bíblia, em Gênesis 3, quando tentou Eva no jardim do Éden, levando-a e a Adão diretamente à queda;

- o "diabo" (versículo 9). Este nome significa "caluniador" ou "acusador", como no versículo 10, onde ele é chamado de "acusador de nossos irmãos, o mesmo que os acusa de dia e de noite, diante do nosso Deus";
- Satanás (versículo 9). Este nome significa "adversário", o inimigo de todo o povo de Deus.

Em outros trechos da Bíblia, Satanás é chamado de "o príncipe da potestade do ar" (Efésios 2.2) e "o príncipe do mundo" (João 14.30) Paulo nos diz que Satanás pode disfarçar-se "de anjo da luz" (NVI) e nos exorta a vestir "toda a armadura de Deus, para [podermos] ficar firmes contra as ciladas do diabo" (Efésios 6.11).

Quando juntamos todos estes atributos, aprendemos que nosso adversário é extremamente forte, um ser espiritual profundamente inteligente, que a cada momento é tomado por intenso ódio por Deus e por tudo o que pertence a Ele. Apesar disto, ele não é um rival de Deus! A Bíblia não deixa espaço para o dualismo oriental – dois seres de forças iguais, antagônicas, um bom e outro mau. Embora Satanás tenha sido criado como o píncaro de todas as obras de Deus, ele ainda está infinitamente abaixo do Deus Todo-Poderoso. E embora a história humana evidencie uma disputa entre as forças do bem, lideradas por Deus, e as forças do mal, comandadas por Satanás, nunca houve qualquer dúvida quanto ao desfecho de tudo. E, se você tem qualquer dúvida a este respeito, leia o que Apocalipse 12 diz:

> Viu-se, também, outro sinal no céu, e eis um dragão grande, vermelho, com sete cabeças, dez chifres e, nas cabeças, sete diademas. A sua cauda arrastava a terça parte das estrelas do céu, as quais lançou para a terra (Apocalipse 12.3-4).

As sete cabeças mencionadas aqui referem-se provavelmente

às sete cabeças do governo romano, a síntese da maldade humana, que surgiria ao longo da História. Cinco imperadores tinham subido e caído no tempo de João; um governou durante sua época; e o sétimo representa o anticristo por vir.

Quando João diz que a cauda do diabo varreu um terço das estrelas do céu e lançou-as "para a terra", ele estava provavelmente identificando a ascensão demoníaca original contra Deus. De algum modo, Satanás manobrou para convencer um terço de todos os anjos de Deus a se juntarem a ele em sua rebelião; estes seres são agora chamados "demônios" ou "anjos decaídos". Eles servem a Satanás e exercem um papel importante nos julgamentos da Tribulação.

Vejamos, de relance, o futuro do diabo e suas forças malignas, começando no versículo 7 de Apocalipse 12:

> Houve peleja no céu. Miguel e os seus anjos pelejaram contra o dragão. Também pelejaram o dragão e seus anjos; todavia, não prevaleceram; nem mais se achou no céu o lugar deles. E foi expulso o grande dragão, a antiga serpente, que se chama diabo e Satanás, o sedutor de todo o mundo, sim, foi atirado para a terra, e, com ele, os seus anjos. Então, ouvi grande voz do céu, proclamando: Agora, veio a salvação, o poder, o reino do nosso Deus e a autoridade do seu Cristo, pois foi expulso o acusador de nossos irmãos, o mesmo que os acusa de dia e de noite, diante do nosso Deus... Ai da terra e do mar, pois o diabo desceu até vós, cheio de grande cólera, sabendo que pouco tempo lhe resta (Apocalipse 12.7-10, 12).

João afirma que, enquanto a Tribulação irrompe embaixo, na terra, uma batalha cósmica desencadeia-se em cima, no céu. Em desesperada tentativa para subverter o trono de Deus, o diabo e seus anjos guerreiam contra os exércitos do céu, liderados pelo arcanjo Miguel. Que tipo de guerra se está travando, nenhum mortal pode imaginar, mas o resultado não poderia ser outro: Satanás e seus seguidores são derrotados e lançados fora do céu permanentemente. Lembre-se de que, até este momento, Satanás tem desfrutado do acesso ao trono de Deus, onde ele acusa a você e a mim perante o Pai. Mas o dia logo chegará quando mesmo este acesso lhe será negado, e o diabo e seus demônios serão atirados do céu e confinados à terra.

Isto é motivo de grande regozijo no céu: "Agora, veio a salvação, o poder, o reino do nosso Deus e a autoridade do seu Cristo, pois foi expulso o acusador de nossos irmãos, o mesmo que os acusa de dia e de noite, diante do nosso Deus... Por isso, festejai, ó céus, e vós, os que neles habitais" (Apocalipse 12.10, 12). Mas não é causa de grande regozijo na terra: "Ai da terra e do mar, pois o diabo desceu até vós, cheio de grande cólera, sabendo que pouco tempo lhe resta" (Apocalipse 12.12).

Cremos que este grande conflito ocorrerá na metade da Tribulação. Depois que Satanás tiver sido derrotado, expulso do céu, e banido para a terra, ele pessoalmente possuirá o anticristo e, por meio da besta, receberá a adoração que sempre desejou. Isto começará com "a abominação que causa desolação", quando o anticristo profanará o templo reconstruído por tomar assento lá, declarando-se Deus. Este acontecimento, como já vimos, suscitará a "Grande Tribulação" e o derramamento da ira do Cordeiro. Satanás sabe que, neste momento, lhe restarão apenas três anos e meio antes de sua prisão, e tal persuasão enche-o de "grande ira".

Há alguma dúvida de que a segunda metade da Tribulação será o período mais terrível da história da humanidade?

O objeto especial de seu ódio será (como tem sido no curso da História) o povo escolhido de Deus. Por que este ódio cego contra os judeus? Porque foi por meio dos judeus que o Senhor Jesus Cristo veio a este mundo. Apocalipse 12.13 diz: "Quando, pois, o dragão se viu atirado para a terra, perseguiu a mulher [Israel] que dera à luz o filho varão [Jesus Cristo]."

Satanás tentará completar na Grande Tribulação o que não foi capaz de fazer por meio do Holocausto de Hitler; porém, uma vez mais, ele será impedido de varrer os judeus da terra. Apocalipse 12.14-17 diz como Deus protegerá miraculosamente o povo de Israel nos últimos três anos e meio da Tribulação. Isto enraivece de tal modo o diabo que ele sai enfurecido "contra a mulher [Israel]... [a] pelejar com os restantes da sua descendência, os que guardam os mandamentos de Deus e têm o testemunho de Jesus" (12.17).

O FIM DO DRAGÃO

Já no final da Tribulação, Jesus volta à terra no Aparecimento Glorioso, derrota os exércitos do anticristo e os reis da terra, e orienta um anjo poderoso para agarrar Satanás e acorrentá-lo no abismo por mil anos (Apocalipse 20.1-3). No final deste período, Satanás será solto por pouco tempo, para que engane os descrentes da terra, os quais cresceram no final do Milênio. Estas pessoas jovens tentarão atacar a Cidade Santa, porém fogo do céu destruirá todas elas. E então, finalmente, o próprio diabo – o enganador, o tentador, o acusador, o mentiroso, o homicida, o deus deste mundo – será lançado no lago de fogo, onde será atormentado dia e noite pelos séculos dos séculos (Apocalipse 20.7-10).

Tal é o fim de Satanás... não com o som de uma explosão, mas com o de um mero sopro.

Então, o Rei dirá também aos que estiverem à sua esquerda: Apartai-vos de mim, malditos, para o fogo eterno, preparado para o diabo e seus anjos (Mateus 25.41).

VINTE E UM

O Anticristo

"A Escritura também nos previne de que haverá uma grande mentira, anunciada com a ajuda da mídia e perpetrada por um líder mundial autodeclarado. O próprio Jesus profetizou sobre essa pessoa. Disse Ele: 'Vim em nome de meu Pai, e não me recebestes; se um outro vier em seu próprio nome, vós o recebereis.'

"Quero também exortá-lo a precaver-se de tal líder da humanidade, que pode surgir na Europa. Ele se tornará um grande enganador. Mostrará sinais e maravilhas tão convincentes que muitos crerão que ele terá vindo da parte de Deus. Ele conseguirá um grande número de seguidores entre os que foram deixados, e muitos acreditarão que ele será um operador de milagres.

"O enganador prometerá força, paz e segurança, mas a Bíblia diz que ele falará contra o Altíssimo e derrotará os santos do Altíssimo. Eis por que estou alertando-o para ter cuidado com esse novo líder de grande carisma, tentando assumir o controle do mundo durante o terrível período de caos e

confusão. Essa pessoa é conhecida na Bíblia como o anticristo. Ele vai fazer muitas promessas, mas não as cumprirá. Você deve confiar nas promessas do Deus Todo-poderoso, por meio de seu Filho, Jesus Cristo."
Deixados para Trás, p. 192

Aqui estão duas "perguntinhas" para você:

1. Quais são os únicos dois personagens na Bíblia que receberam a designação de "o filho da perdição"?

2. Quais são os únicos dois personagens na Bíblia mencionados como possuídos por Satanás?

Se sua resposta a ambas as perguntas foi "Judas Iscariotes e o anticristo", você acertou em cheio.

O FILHO DA PERDIÇÃO

Todos sabemos quem foi Judas Iscariotes – o traidor que, com um beijo, traiu Jesus por 30 moedas de prata. Em toda parte que os Evangelhos mencionam seu nome, de algum modo a expressão "que o traiu" é acrescentada.

Não é tão bem conhecido que, duas vezes nos Evangelhos, é dito que Judas estava possuído por Satanás:

> Ora, Satanás entrou em Judas, chamado Iscariotes, que era um dos doze. Este foi entender-se com os principais sacerdotes e os capitães sobre como lhes entregaria a Jesus (Lucas 22.3-4).

Jesus respondeu: É aquele a quem eu der o pedaço de pão molhado. Tomou, pois, um pedaço de pão e, tendo-o molhado, deu-o a Judas, filho de Simão Iscariotes. E, após o bocado, imediatamente entrou nele Satanás. Então, disse Jesus: O que pretendes fazer, faze-o depressa (João 13.26-27).

Por esta atividade satânica, Judas é chamado "o filho da perdição" em João 17.12 ("destinado à perdição", NVI). Esta expressão semítica denota "um caráter apóstata, alguém completamente perdido e entregue ao mal".[1]

Curiosamente, esta mesma expressão é usada para identificar o anticristo em 2 Tessalonicenses 2.3, onde ele é chamado de "o homem do pecado, o filho da perdição" ("o homem destinado à destruição", NVI).

Embora em passagem alguma a Bíblia afirme explicitamente que o anticristo é habitado pelo diabo, esta tem sido a conclusão de muitos estudiosos da Bíblia, que têm comparado cuidadosamente os eventos preditos em Apocalipse 12 e 13. Eles acreditam que, depois que o diabo for derrotado pelas forças angelicais e violentamente lançado do céu na metade da Tribulação, ele entrará no corpo do anticristo e, no templo de Deus, se assentará dizendo-se Deus.

É óbvio por que ambos os personagens são chamados de "o filho da perdição". Judas revoltou-se abertamente contra Jesus e voltou-se contra nosso Senhor em seu primeiro advento; o anticristo se revoltará abertamente contra Jesus exatamente antes de seu segundo advento. Certamente, outros, durante os dias do ministério terreno de Jesus, opuseram-se abertamente a Ele – os fariseus, os saduceus, os escribas, o sumo sacerdote, Pilatos e os romanos –, mas o pecado destes dois é tão terrível, infame e pessoal que sua culpa é clamorosa – daí, sua punição. Depois que Judas se enforcou, a Bíblia diz que ele foi "para o seu próprio lugar" (Atos 1.25); e, depois que o anticristo for capturado na batalha de Armagedom, ele será diretamente lançado no lago de fogo (Apocalipse 19.20).

O PEQUENO CHIFRE

As atividades perniciosas do anticristo foram antevistas primeiro pelo profeta Daniel, que o viu como "um pequeno chifre". Nas passagens seguintes, observe o caráter deste "pequeno chifre".

> Estando eu a observar os chifres, eis que entre eles subiu outro pequeno... e eis que neste chifre havia olhos, como os de homem, e uma boca que falava com insolência (Daniel 7.8).

> Estive olhando, por causa da voz das insolentes palavras que o chifre proferia; estive olhando e vi que o animal foi morto, e o seu corpo desfeito e entregue para ser queimado (Daniel 7.11).

> Eu olhava e eis que este chifre fazia guerra contra os santos e prevalecia contra eles (Daniel 7.21).

> Proferirá palavras contra o Altíssimo, magoará os santos do Altíssimo e cuidará em mudar os tempos e a lei; e os santos lhe serão entregues nas mãos, por um tempo, dois tempos e metade de um tempo. Mas, depois, se assentará o tribunal para lhe tirar o domínio, para o destruir e o consumir até ao fim (Daniel 7.25-26).

Vários itens se destacam na visão de Daniel do anticristo, entre eles:

- Ele fala com insolência e arrogância.
- Ele persegue e "faz guerra" contra os santos de Deus por três anos e meio.
- Ele intenta mudar os tempos e as leis.

- Ele, finalmente, será destruído, e seu corpo, atirado às chamas.

Este, porém, não é o fim da visão de Daniel do anticristo. No capítulo 11, ele recebe uma imagem mais ampla dos acontecimentos que terão lugar bem no fim dos tempos. Nesta visão, o anticristo é chamado de "rei":

> Este rei fará segundo a sua vontade, e se levantará, e se engrandecerá sobre todo deus; contra o Deus dos deuses falará coisas incríveis e será próspero, até que se cumpra a indignação; porque aquilo que está determinado será feito. Não terá respeito aos deuses de seus pais, nem ao desejo de mulheres, nem a qualquer deus, porque sobre tudo se engrandecerá. Mas, em lugar dos deuses, honrará o deus das fortalezas; a um deus que seus pais não conheceram, honrará com ouro, com prata, com pedras preciosas e coisas agradáveis. Com o auxílio de um deus estranho, agirá contra as poderosas fortalezas, e aos que o reconhecerem, multiplicar-lhes-á a honra, e fá-los-á reinar sobre muitos, e lhes repartirá a terra por prêmio.
> No tempo do fim, o rei do Sul lutará com ele, e o rei do Norte arremeterá contra ele com carros, cavaleiros e com muitos navios, e entrará nas suas terras, e as inundará, e passará. Entrará também na terra gloriosa, e muitos sucumbirão, mas do seu poder escaparão estes: Edom, e Moabe, e as primícias dos filhos de Amom. Estenderá a mão também contra as terras, e a terra do Egito não escapará.
> Apoderar-se-á dos tesouros de ouro e de prata e de todas as coisas preciosas do Egito; os líbios e os etíopes o seguirão. Mas, pelos rumores do Oriente e do Norte, será perturbado e sairá com grande furor, para destruir e exterminar a muitos.

Armará as suas tendas palacianas entre os mares contra o glorioso monte santo; mas chegará ao seu fim, e não haverá quem o socorra (Daniel 11.36-45).

Nesta passagem, aprendemos mais detalhes sobre o anticristo.

- Ele "se engrandecerá sobre todo deus" (versículo 36).
- Ele blasfemará contra o Deus verdadeiro (versículo 36).
- Ele será um secularista consumado, que terá plena confiança em sua grande força militar (versículo 38).
- Ele será um conquistador brutal (versículos 39-42).
- Ele controlará as finanças do mundo (versículo 43).
- Ele encontrará seu fim "entre os mares contra o glorioso monte santo" (isto é, em Israel, versículo 45).

Daniel nos apresenta mais algumas preciosas informações sobre o anticristo no capítulo 9. Os versículos 26-27 dizem: "Depois das sessenta e duas semanas, será morto o Ungido e já não estará; *e o povo de um príncipe que há de vir* destruirá a cidade e o santuário, e o seu fim será num dilúvio, e até ao fim haverá guerra; desolações são determinadas. *Ele fará firme aliança com muitos, por uma semana*; na metade da semana, fará cessar o sacrifício e a oferta de manjares; sobre a asa das abominações virá o assolador; até que a destruição, que está determinada, se derrame sobre ele" (ênfase acrescentada).

Desta importante passagem, aprendemos que o anticristo será da estirpe racial daqueles que destruíram a cidade e o templo em 70 d.C. ("o povo do príncipe que virá"). Por meio da História, sabemos que este "povo" refere-se aos romanos; portanto, a herança do anticristo deve também ser "romana", isto é, do Mediterrâneo oriental. (Esta é uma das principais razões por que acreditamos que é impossível que Judas Iscariotes pudesse ser o anticristo, como alguns têm sugerido.) Judas era um judeu, não um romano, e, portanto, simplesmente não se enquadra na profecia de Daniel.) Em *Deixados para Trás*, imaginamos que o anticristo, a quem denominamos Nicolae Carpathia, virá da Romênia, um antigo país do bloco oriental que mantém muito da sua antiga herança romana.

Esta passagem em Daniel 9 é também onde vemos, pela primeira vez, a expressão "abominação da desolação", em que o anticristo suspende os sacrifícios no templo reconstruído e se autoproclama Deus, começando assim a Grande Tribulação.

O HOMEM DA INIQÜIDADE

O apóstolo Paulo fala um pouco mais a respeito da vinda do anticristo. Seu nome para este governador perverso é "o homem da iniqüidade". Para os tessalonicenses, que estavam aflitos ao imaginar que o Dia do Senhor já havia chegado, Paulo escreveu:

> Isto [a vinda de Cristo] não acontecerá sem que primeiro venha a apostasia e seja revelado o homem da iniqüidade, o filho da perdição, o qual se opõe e se levanta contra tudo que se chama Deus ou é objeto de culto, a ponto de assentar-se no santuário de Deus... O mistério da iniqüidade já opera e aguarda somente que seja afastado aquele que agora o detém; então, será, de fato, revelado o iníquo, a quem o Senhor Jesus matará com o sopro de sua boca e o destruirá pela manifestação de sua vinda. Ora, o aparecimento do iníquo é segundo a eficácia de Satanás, com todo poder, e sinais, e prodígios da mentira, com todo engano de injustiça aos que perecem, porque não acolheram o amor da verdade para serem salvos (2 Tessalonicenses 2.3-4, 7-10).

Paulo confirma que o anticristo se assentará no templo de Deus e ali se autoproclamará Deus. Ele diz também que a influência demoníaca que levará o anticristo ao poder está "já operando", embora esteja sendo controlada pelo Espírito Santo operando através da Igreja. Uma vez que o Arrebatamento ocorra (e o Espírito seja "afastado do caminho"), o anticristo será revelado ao mundo. Logo depois, ele começará a deslumbrar homens e mulheres por meio de "prodígios enganosos" e "sinais" e "poder" – tudo tornado possível pela "obra de Satanás". A maior parte do mundo será enganada por seus milagres enganosos e desejará seguir e, finalmente, adorar o anticristo. Mas, no fim, o homem da iniqüidade será "morto" com o sopro do Senhor e "destruído" "pela manifestação" da sua vinda no fim da Tribulação.

A BESTA

Muitos outros pormenores sobre o anticristo são apresentados pelo apóstolo João no Apocalipse. O nome especial que ele atribui ao líder mundial da impiedade é "a besta", embora o apresente inicialmente como um rei conquistador:

> Vi, então, e eis um cavalo branco e o seu cavaleiro com um arco; e foi-lhe dada uma coroa; e ele saiu vencendo e para vencer... E saiu outro cavalo, vermelho; e ao seu cavaleiro, foi-lhe dado tirar a paz da terra para que os homens se matassem uns aos outros; também lhe foi dada uma grande espada (Apocalipse, 6.2, 4).

Vimos anteriormente que o cavaleiro sobre os dois primeiros cavalos do Apocalipse não é outro senão o anticristo. Inicialmente, ele conquista por meio da diplomacia (o sentido visível do arco sem as flechas). Ele apresenta-se como um mestre da diplomacia e decide disputas entre os países pelo carisma e o tato. Logo depois, entretanto, converte-se em temível máquina militar contra seus inimigos em uma aterrorizante Terceira Guerra Mundial, e o resultado é uma perda catastrófica de vidas humanas; a quarta parte da população do mundo é dizimada. Pode você imaginar a razão por que ele é intitulado de "a besta"?

Em Apocalipse 11, encontramos "duas testemunhas" que se levantam em oposição às atividades malignas do anticristo; elas profetizam contra ele por três anos e meio. João, porém, relata: "Quando tiverem, então, concluído o testemunho que devem dar, a besta que surge do abismo pelejará contra elas, e as vencerá, e matará" (Apocalipse 11.7).

Finalmente, a besta voltará seu incontrolável ódio contra todo o povo de Deus, como esclarece Apocalipse 13.5-7: "Foi-lhe dada uma boca que proferia arrogâncias e blasfêmias, e autoridade para agir quarenta e dois meses; e abriu a sua boca em blasfêmias contra Deus, para lhe difamar o nome e o tabernáculo, a saber, os que habitam no céu. Foi-lhe dado também que pelejasse contra os santos e os vencesse."

Anteriormente, nesse capítulo, João esclarece que o poder, a autoridade e o reino da besta são-lhe concedidos por Satanás (versículo 2). E João também nos informa algo que a ninguém foi revelado:

> Então vi uma de suas cabeças como golpeada de morte, mas essa ferida mortal foi curada; e toda a terra se maravilhou, seguindo a besta; e adoraram o dragão porque deu a sua autoridade à besta; também adoraram a besta, dizendo: Quem é semelhante à besta? Quem pode pelejar contra ela?... Deu-se-lhe ainda autoridade sobre cada tribo, povo, língua e nação; e adorá-la-ão todos os que habitam sobre a terra, aqueles cujos nomes não foram escritos no livro da vida do Cordeiro que foi morto desde a fundação do mundo (Apocalipse 13.3-4, 7-8).

O apóstolo prediz que a besta receberá um ferimento mortal que de algum modo será curado. Alguns comentaristas destacam que o ferimento apenas *parece* fatal ("*como se* tivesse sido mortalmente ferido"), insistindo em que somente Deus – e nunca o diabo – pode trazer alguém da morte. Cremos que a besta será realmente morta, pois João diz duas vezes que ela "surge do abismo" (11.7; 17.8); nossa interpretação é que a besta será morta, descerá ao abismo, e surgirá de lá para a terra, quando ressuscitar – uma simulação indigna da morte e ressurreição do próprio Senhor. Seja ou não verdade, este acontecimento deixará o mundo "estupefato", para continuar a seguir a besta e adorá-la.

A esta altura de sua carreira, a besta terá total controle do mundo, pois comandará dez "reis" que governarão as nações da terra: "Os dez chifres que viste são dez reis, os quais ainda não receberam reino, mas recebem autoridade como reis, com a besta, durante uma hora. Têm estes um só pensamento, e oferecem à besta o poder e a autoridade que possuem" (Apocalipse 17.12-13).

À medida que o mundo se desmorona precipitadamente até o fim dos tempos, cambaleando sob os julgamentos da ira de Deus, o reino da besta começa a desfazer-se. Ela ouve rumores de insurreição, o que a enche de "grande furor, para destruir e exterminar a muitos", na terminologia de Daniel (Daniel 11.44). Ela marcha para o vale de Megido, onde se junta a outros exércitos do mundo – e lá realizam coisas assombrosas. João retrata a cena:

> E vi a besta e os reis da terra, com os seus exércitos, congregados para pelejarem contra aquele que estava montado no cavalo e contra o seu exército (Apocalipse 19.19).

Estes exércitos não estão mais preocupados uns com os

outros; uniram-se agora para fazer oposição a Jesus, o Cordeiro de Deus! Mas a batalha é rapidamente encerrada, e "a besta foi aprisionada, e com ela o falso profeta... Os dois foram lançados vivos dentro do lago do fogo que arde com enxofre" (Apocalipse 19.20). Eles ainda permanecerão lá, perfeitamente cônscios, por mil anos, no fim dos quais o próprio diabo será lançado no lago de fogo:

> O diabo, o sedutor deles, foi lançado para dentro do lago do fogo e enxofre, onde também se encontram não só a besta como o falso profeta; e serão atormentados de dia e de noite pelos séculos dos séculos (Apocalipse 20.10).

UMA POBRE IMITAÇÃO

O anticristo está predestinado a ser o último regente deste mundo – antes da vinda de Jesus. Enquanto os não-redimidos do mundo vão curvar-se diante dele durante a segunda metade da Tribulação, no final da Tribulação somente um nome será adorado: Jesus Cristo, o Rei dos reis e Senhor dos senhores. Em seu retorno, o mundo inteiro reconhecerá o seu tremendo equívoco: tomar a imitação barata de Satanás como sendo a Plena Realidade.

Você está contente de não ter razão alguma para cometer erro tão grotesco e colossal? Podemos, desde agora, juntar-nos aos coros celestiais e cantar:

> Grandes e admiráveis são as tuas obras, Senhor Deus, Todo-poderoso! Justos e verdadeiros são os teus caminhos, ó Rei das nações! Quem não temerá e não glorificará o teu nome, ó Senhor? Pois só tu és santo; por isso, todas as nações virão e adorarão diante de ti, porque os teus atos de justiça se fizeram manifestos (Apocalipse 15.3-4).

VINTE E DOIS

O Falso Profeta

– Apesar disso, você está usando um título, que há muito tempo tem sido restrito a líderes religiosos e à realeza, para referir-se a Carpat...hã, Nicolae Carpat... ao potentado Carpathia.
– Sim, e creio que já é tempo de nos referirmos a ele dessa maneira. O potentado tem dado sua contribuição à união mundial mais que qualquer outra pessoa. Ele é amado pelos cidadãos de todos os países. E, agora que demonstrou poderes sobrenaturais, Excelência é um título mais que merecido.
A Colheita, pp.139-140

Todo ditador desumano tem de ter um. Joseph Goebbels desempenhou esse papel para Adolf Hitler, tornando-se seu ministro de propaganda em 1933, quando os nazistas chegaram ao poder. A partir daí, Goebbels passou a governar crescentemente a vida cultural germânica. Orador brilhante e de grande capacidade persuasiva, ele moldou habilmente a opinião pública, cabendo-lhe o mérito de conseguir no início uma grande parcela da popularidade de Hitler para alcançar as massas. Certa ocasião, ele manifestou sua intolerância por opiniões divergentes escrevendo simplesmente: "A política corrompe o caráter."[1]

Mas, com toda a sua perícia ao incentivar a nação germânica a abraçar a causa do "glorioso reich" sonhado por Hitler, a Bíblia indica que as habilidades e carisma de Goebbels empalidecem em comparação com outro adulador poderoso e perigoso, que está ainda para surgir no cenário mundial.

A BESTA COM DOIS CHIFRES

O apóstolo João é o único profeta em ambos os Testamentos a falar a respeito da aparição de uma figura tipo Goebbels. O homem que ele retrata adapta-se surpreendentemente bem à advertência que Jesus fez aos seus discípulos em Mateus 24.24: "Porque surgirão falsos cristos e falsos profetas operando grandes sinais e prodígios para enganar, se possível, os próprios eleitos." Eis como João fala a respeito deste que é o maior entre os falsos profetas, um mestre em "grandes sinais e prodígios":

> Vi ainda outra besta emergir da terra; possuía dois chifres, parecendo cordeiro, mas falava como dragão. Exerce toda a autoridade da primeira besta na sua presença. Faz com que a terra e os seus habitantes adorem a primeira besta, cuja ferida mortal fora curada. Também opera grandes sinais, de maneira que até fogo do céu faz descer à terra, diante dos homens. Seduz os que habitam sobre a terra por causa dos sinais que lhe foi dado executar diante da besta, dizendo aos que habitam sobre a terra que façam uma imagem à besta, àquela que, ferida à espada, sobreviveu (Apocalipse 13.11-14).

Em outra parte, este personagem é chamado de "falso profeta" (Apocalipse 16.13; 19.20; 20.10). Muitos comentaristas acreditam ser ele de origem judaica, vindo da terra (Palestina), em vez de vir do "mar" (o mundo gentio), como a besta. O fato de ele possuir dois chifres como cordeiro sugere que procurará parecer tão manso como "o Cordeiro de Deus", o que, porém, não é outra coisa senão um artifício, porque ele fala "como dragão", o primeiro-ministro da propaganda, como foi Goebbels para Hitler. Diferente de Goebbels, porém, o falso profeta terá o poder de fazer "grandes sinais", enquanto na presença do anticristo, fazendo até descer fogo do céu – exatamente como farão as duas testemunhas de Apocalipse 11. Desta forma, enganará as massas não-regenerados da terra, levando-as a adorar a besta.

Na realidade, João diz que na Babilônia o falso profeta imitará a imagem da visão de Nabucodonosor (Daniel 2) ao construir uma imagem para o anticristo, exigindo que o povo ao redor do mundo ajoelhe-se e o adore por meio dela.

A IMAGEM QUE FALA

E que imagem esta! Uma das mais extraordinárias profecias do livro de Apocalipse é que, no meio da Tribulação, o falso profeta – o homem número dois, precedido somente pelo próprio anticristo – construirá uma grande imagem, mais provavelmente na semelhança do anticristo. A população será forçada a ajoelhar-se e adorar a imagem. Então, o inusitado acontecerá: "E lhe foi dado comunicar fôlego à imagem da besta, para que não só a imagem falasse, como ainda fizesse morrer quantos não adorassem a imagem da besta" (Apocalipse 13.15).

Por séculos, esta passagem confundiu os mestres de profecia. Todos sabemos que Satanás e seus demônios não têm o poder de criar vida ou seres humanos. Esta passagem, entretanto, diz que "lhe foi dado comunicar fôlego à imagem". Deve ter havido muitas sugestões fantásticas de como Satanás e o anticristo enganariam o povo com tal criatura que poderia realmente falar.

Nos últimos anos, porém, a profecia passou a significar muito mais do que mera ficção científica.

Lembro-me bem de uma visita que fiz, há 25 anos, a Independence Hall, em Knotts Berry Farm, em Buena Park, Califórnia, onde vi estátuas do tamanho original dos Pais Fundadores do nosso país e ouvi tais figuras falarem a respeito do que deveria entrar na Constituição dos Estados Unidos daquela época. Essa exposição parecia extremamente real, usando réplicas feitas a mão dos corpos dos fundadores, com feições faciais bem parecidas, ao mesmo tempo em que um sistema eletrônico provia-lhes os movimentos corporais e a fala. Eram tão reais que sussurrei à minha esposa: "Este é o recurso que o falso profeta vai usar para fazer a imagem do anticristo falar durante a Tribulação."

E isto foi há um quarto de século! Hoje, a tecnologia avançou a ponto de poder criar uma imagem tão semelhante que, com o recurso de computadores de voz ativada, pode responder a perguntas pré-programadas tão convincentemente que as pessoas (especialmente milhões delas em países tecnologicamente não-sofisticados) pensariam que estivessem vendo e ouvindo uma pessoa viva.

E não nos esqueçamos: As pessoas não deixarão de adorar a imagem tão-somente porque ela fala (se ela falar), mas porque o falso profeta matará tantos quantos se recusarem a adorar a imagem da besta. A imagem de Nabucodonosor em Daniel 3 não falava, mas ele não tinha dificuldade de conseguir que todos – povos, nações e homens de todas as línguas – dobrassem os joelhos e a adorassem por decreto – todas as pessoas, exceto os três jovens hebreus, que se recusaram a cumprir a ordem do rei. Nabucodonosor tentou matá-los, mas o Senhor preservou-lhes a vida... tal como fará em relação a muitos servos escolhidos durante a Tribulação.

A MARCA DA BESTA

É curioso que a famosa "marca da besta" seja, na verdade, ministrada pelo falso profeta. João declara:

> A todos, os pequenos e os grandes, os ricos e os pobres, os livres e os escravos, faz que lhes seja dada certa marca sobre a mão direita ou sobre a fronte, para que ninguém possa comprar ou vender, senão aquele que tem a marca, o nome da besta ou o número do seu nome. Aqui está a sabedoria. Aquele que tem entendimento, calcule o número da besta, pois é número de homem. Ora, esse número é seiscentos e sessenta e seis (Apocalipse 13.16-18).

Tudo quanto o falso profeta faz é calculado para aumentar o poder e a autoridade do anticristo. Isto não é surpresa, pois ele recebe seu próprio poder e autoridade do anticristo. Uma vez que em todas as partes deste livro já consideramos extensamente a "marca da besta", não diremos muito sobre ela aqui, a não ser acentuar que será também outro meio poderoso para aumentar o poder e controle do anticristo. Inquestionavelmente, o controle econômico total é um poderoso motivador.

A TRINDADE SATÂNICA

Satanás tem sido sempre um simulacro das realidades espirituais e, na Tribulação, ele apura sua arte diabólica para atingir o ponto máximo. Como Deus é uma Trindade, de igual modo o diabo tentará criar seu próprio tipo de trindade: Satanás no papel do Pai, o anticristo no papel do Filho, e o falso profeta no papel do Espírito Santo. Assim como o Espírito Santo não chama a atenção para si mesmo, mas dirige toda adoração ao Filho, assim o falso profeta não chamará a atenção para si mesmo, mas dirigirá toda adoração falsa ao anticristo. Os três membros desta trindade profana operarão juntos para cumprir seus fins iníquos.

O melhor exemplo desta cooperação maligna é encontrada em Apocalipse 16.3, onde João escreve: "Então, vi sair da boca do dragão, da boca da besta e da boca do falso profeta três espíritos imundos semelhantes a rãs." Estes demônios saem a reunir os reis da terra para a batalha final "do grande Dia do Deus Todo-poderoso" (16.14). O aspecto a observar é que todos os três membros desta trindade profana agem em conjunto; funcionam como uma só unidade, com um único objetivo e uma única determinação vil.

UM DESTINO COMUM

É apropriado, portanto, que os membros desta trindade satânica compartilhem o mesmo destino. Na conclusão da Batalha de Armagedom, o falso profeta e o anticristo são arrancados vivos do campo de batalha e lançados fisicamente no lago de fogo, onde se juntam a Satanás mil anos depois. Ali, eles (em conjunto, mas muito mais isolados) serão atormentados dia e noite pelos séculos sem fim – não governando sobre os condenados, como alguns pensam, mas "[sofrendo] penalidade de eterna destruição, banidos da face do Senhor e da glória do seu poder" (2 Tessalonicenses 1.9).

Por curtos três anos e meio, o falso profeta forçará as multidões de não-redimidos a adorar o anticristo; ele será punido por toda a eternidade. Por curtos três anos e meio, procurará usurpar a glória de Cristo; por eras infindáveis, será excluído dessa glória. Por curtos três anos e meio, ele travará guerra contra os santos para eliminá-los da vida terrena; por anos infindos, sofrerá destruição e as agonias da segunda morte.

Não é um bom negócio, é?

Nunca é.

VINTE E TRÊS

As Duas Testemunhas

Ninguém jamais os viu chegando ou saindo dali; ninguém sabia de onde vieram. Desde o início, sempre pareceram criaturas muito estranhas, trajando roupas de aniagem e andando descalços. Tinham o corpo musculoso e ossudo, pele rija de tonalidade escura, cabelos desgrenhados e barbas compridas. Algumas pessoas diziam que eles eram Moisés e Elias reencarnados, mas, se Buck tivesse de adivinhar, diria que eram os próprios personagens do Antigo Testamento. Pareciam ter vivido séculos atrás, e cheiravam a poeira e fumaça.

Tinham olhos avermelhados, e suas vozes eram tão fortes que podiam ser ouvidas a mais de um quilômetro e meio sem amplificadores...
Eli voltou a falar:

– Não tenteis os escolhidos de Deus, porque estais afrontando as vozes que clamam no deserto e permitindo que vossa carcaça se queime diante dos olhos dos outros chacais. O próprio Deus consumirá vossa carne, e ela se desprenderá

de vossos ossos antes que exaleis o último suspiro!
Apoliom, pp. 136-137

Dois dos mais expressivos personagens da profecia bíblica serão certamente os dois profetas sobrenaturais que entrarão em cena durante os primeiros 1.260 dias da Tribulação. Deus os chama de "minhas duas testemunhas". Vestem-se com pano de saco, profetizam, realizam milagres extraordinários e testemunham a graça de Deus, de Jerusalém, para uma cultura hostil.

Seguramente, isto não os torna populares com as autoridades ou com as multidões não-regeneradas. E isto estabelece uma confrontação final que deixa o mundo sem fôlego.

QUEM SÃO ELES?

Apocalipse 11.3-6 descreve estas duas testemunhas:

Darei às minhas duas testemunhas que profetizem por mil duzentos e sessenta dias, vestidos de pano de saco. São estas as duas oliveiras e os dois candeeiros que se acham em pé diante do Senhor da terra. Se alguém pretende causar-lhes dano, sai fogo da sua boca e devora os inimigos; sim, se alguém pretender causar-lhes dano, certamente, deve morrer. Elas têm autoridade para fechar o céu, para que não chova durante os dias em que profetizarem. Têm autoridade também sobre as águas, para convertê-las em sangue, bem como para ferir a terra com toda sorte de flagelos, tantas vezes quantas quiserem.

Alguns tentam identificar uma das testemunhas como Enoque (porque ele não morreu, Gênesis 5.24) e a outra como Elias (que também não morreu, 2 Reis 2.11-12) ou Moisés. Por três razões, somos inclinados a pensar que elas serão Moisés e Elias:

1. Moisés e Elias são os dois homens mais influentes na história do povo judeu. Moisés foi o portador da lei escrita de Deus para Israel e escreveu os primeiros cinco livros do Velho Testamento. Elias foi o primeiro dos profetas escritores e iniciou a escola dos profetas. Toda vez que os judeus mencionavam o nome de "Moisés e Elias", geralmente queriam dizer "a lei e os profetas".
2. Moisés e Elias acompanharam Jesus e os três discípulos quando Ele foi "transfigurado diante deles" no alto do monte e "falavam da sua partida, que ele estava para cumprir em Jerusalém" (Mateus 17.1-8; Lucas 9.31). Quão apropriado é o fato de Moisés e Elias retornarem a Jerusalém para participar destes últimos sete anos de Tribulação para "testemunhar, testificar e profetizar". Os leitores da série *Deixados para Trás* reconhecerão ambos como os personagens mais curiosos e envolventes dos cinco primeiros volumes.
3. As duas testemunhas recebem o poder de reproduzir os prodígios que ambos realizaram em sua primeira passagem pela terra. João fala de ambos: "Elas [testemunhas] têm autoridade para fechar o céu, para que não chova durante os dias em que profetizarem. Têm autoridade também sobre as águas, para convertê-las em sangue, bem como para ferir a terra com toda sorte de flagelos, tantas vezes quantas quiserem" (Apocalipse 11.6).

Elias tornou-se famoso, entre outros atos, por invocar a Deus trazendo fogo do céu, fato registrado em 1 Reis 18.36-38, em sua disputa com os profetas do falso deus Baal. O Senhor enviou fogo sobre o altar erguido por Elias no monte Carmelo em resposta à sua simples oração: "Ó Senhor, Deus de Abraão, de Isaque e de Israel, fique, hoje, sabido que tu és Deus em Israel, e que eu sou teu servo e que, segundo a tua palavra, fiz todas estas coisas. Responde-me, Senhor, responde-me, para que este povo saiba que tu, Senhor, és Deus e que a ti fizeste retroceder o coração deles." Não muito lembrados são os episódios de 2 Reis 1, em que dois capitães do exército, ambos com pelotões de cinqüenta soldados cada um, exigem arrogantemente que Elias desça do morro e os acompanhe para comparecer perante o rei. Nos dois episódios, Elias diz as mesmas palavras: "Se eu sou homem de Deus, desça fogo do céu e te consuma a ti e aos teus cinqüenta" (1.10, 12). E assim sucedeu! Diante disto, um terceiro capitão de cinqüenta, com seus soldados, escalou cuidadosamente o monte, onde Elias estava sentado, caiu de joelhos diante do profeta e suplicou: "Homem de Deus, seja, peço-te, preciosa aos teus olhos a minha vida e a vida destes cinqüenta, teus servos; pois fogo desceu do céu e consumiu aqueles dois primeiros capitães de cinqüenta, com os seus cinqüenta; porém, agora, seja preciosa aos teus olhos a minha vida" (1.13-14).

As duas testemunhas têm este tipo de poder e, evidentemente, outros. Em *Comando Tribulação*, imaginamos que um destes encontros hostis poderá acontecer, como neste exemplo:

As duas testemunhas pararam de pregar e permaneceram lado a lado, fitando o jovem armado, enquanto ele se aproximava, correndo a toda velocidade e disparando tiros. Os pregadores continuavam firmes como uma rocha, sem falar, sem se mover, com os braços cruzados sobre seus trajes longos e esfarrapados. Quando o jovem chegou a uma distância de um metro e meio dos dois, pareceu chocar-se contra uma parede invisível. Ele caiu e rolou, e sua arma voou para longe. Sua cabeça bateu no chão, e ele começou a gemer.
De repente, um dos pregadores gritou: Você está proibido de aproximar-se dos servos do Deus Altíssimo! Estamos sob sua proteção até o momento devido e causamos desgraça

a qualquer um que se aproxime sem a proteção do próprio Jeová. – Enquanto ele terminava de falar, o outro soprou uma coluna de fogo da boca que reduziu a cinzas as roupas do jovem, consumiu seu corpo e órgãos e, em segundos, deixou no chão um esqueleto carbonizado, de onde saía fumaça. A arma derreteu-se e fundiu-se com o cimento, e o ouro derretido da corrente do jovem penetrou na cavidade de seu peito.[1]

Elias está ligado à seca enviada divinamente, bem como aos julgamentos de fogo. Na verdade, a primeira vez que ele é mencionado nas Escrituras foi quando advertiu ao ímpio rei Acabe: "Tão certo como vive o Senhor, Deus de Israel, perante cuja face estou, nem orvalho nem chuva haverá nestes anos, segundo a minha palavra" (1 Reis 17.1). E não houve; Deus confirmou a palavra do profeta.

Moisés, evidentemente, está intimamente ligado com as dez pragas que se abateram sobre o Egito, pouco antes do êxodo do povo de Deus (Êxodo 7 -12). Na primeira praga, Deus transformou as águas do Egito em sangue – além do Nilo, todos os demais rios, ribeiros, lagoas, charcos, e até a água dos vasos de madeira ou de pedra e os reservatórios. A água converteu-se em sangue, matando os peixes e contaminando a água, e a situação demorou uma semana para voltar ao normal.

As duas testemunhas de Apocalipse 11 terão um poder e impacto assombrosos, juntamente com as 144 mil testemunhas, promovendo a enorme colheita de almas dos primeiros quarenta e dois meses da Tribulação, citada em Apocalipse 7. Elas proverão aos milhões de judeus na Terra Santa uma ponte teológica e espiritual para o evangelho cristão. Muitas das almas colhidas nesse tempo serão filhos e filhas de Abraão. Cremos que estas duas testemunhas também usarão algumas pragas para proteger do anticristo os novos crentes na primeira metade da Tribulação.

As obras sobrenaturais atribuídas a estas duas testemunhas durante a primeira metade da Tribulação são um testemunho do poder do Deus vivo. É como se Ele uma vez mais demonstrasse seu grande poder e existência por meio dessas duas testemunhas, sobre as quais o anticristo não tem poder até um determinado tempo.

O ASSASSINATO DAS DUAS TESTEMUNHAS

Poderíamos desejar que estas duas testemunhas enfrentassem e finalmente destruíssem o anticristo, como Moisés fez em relação a Faraó, e Elias, a Acabe e Jezabel. Mas este não é o seu destino:

> Quando tiverem, então, concluído o testemunho que devem dar, a besta que surge do abismo pelejará contra elas, as vencerá, e matará, e o seu cadáver ficará estirado na praça da grande cidade que, espiritualmente, se chama Sodoma e Egito, onde também o seu Senhor foi crucificado... Os que habitam sobre a terra se alegram por causa deles, realizarão festas e enviarão presentes uns aos outros, porquanto esses dois profetas atormentaram os que moram sobre a terra (Apocalipse 11.7-10).

Os dois profetas tornar-se-ão inimigos mortais do anticristo e daqueles que rejeitam Cristo e adoram a besta durante a primeira metade (ou 1.260 dias) da Tribulação. Por motivos conhecidos somente de Deus, o Senhor permitirá que o anticristo prevaleça e mate as duas testemunhas quando elas completarem o tempo de seu testemunho. Antes desse tempo, serão intocáveis; qualquer pessoa que ameaçá-las será morta por labareda de fogo expelida da sua boca. Mas, uma vez que tenham cumprido a missão a elas confiada por Deus, o anticristo pelejará contra elas e as matará.

Então as pessoas não-salvas do mundo, que tanto odiaram as testemunhas, perpetrarão um ato incrivelmente maldoso. Elas se recusarão a dar às testemunhas um sepultamento condigno, deixando seus corpos insepultos se decomporem nas ruas de Jerusalém. Chegarão até a fazer uma celebração, como se fosse Natal, para os seus assassinos, enviando e recebendo presentes "em honra" da ocasião.

Então, um fato ainda mais incrível acontecerá. João profetiza que, "muitos dentre os povos, tribos, línguas e nações *contemplam os cadáveres das duas testemunhas, por três dias e meio*" (Apocalipse 11.9, ênfase acrescentada). Como todo o mundo poderá ver esses corpos? Há dez anos, era impossível cumprir esta profecia – hoje, entretanto, isto pode acontecer a qualquer momento.

Foi preciso acontecer a invasão do Panamá para que eu despertasse para a constatação de que somos a primeira geração que pode ver o cumprimento desta profecia. Minha esposa e eu estávamos em férias no México e vimos toda a invasão pelo canal da CNN. Durante aquele breve ataque, a CNN anunciou orgulhosamente estar transmitindo ao vivo para 55 países do mundo.

Em 1990, o mundo experimentou uma primeira transmissão contínua; os aparelhos de televisão transmitiram as imagens do bombardeio de Bagdá. Bilhões de pessoas ao redor do mundo testemunharam os acontecimentos. Nessa ocasião, a CNN informou com orgulho que a transmissão "foi ao vivo em 109 países". Hoje, alega estar em "210 países", grandes e pequenos.

É agora possível para a CNN (ou seus sucessores) permitir que o mundo veja os cadáveres dos dois profetas de Deus assassinados pelo anticristo no meio da Tribulação. *Somos a primeira geração* não precisa ser muito exagerado. Pela primeira vez na História, o homem tem a tecnologia para que esta profecia apocalíptica se cumpra. Isto, naturalmente, não pegaria Deus de surpresa – há mais de 1.900 anos, Ele profetizou que tal acontecimento seria compartilhado pelo mundo inteiro.

Enquanto as "pessoas, tribos, línguas e nações" observarem os cadáveres das duas testemunhas em putrefação, não há dúvida de que pensarão: *Há-há! Foi bem merecido, seus miseráveis desordeiros!*

Mas será um regozijo precoce.

AMIGOS, ISTO NÃO É TUDO!

Desconhecemos a razão por que Deus permitirá que o anticristo mate as duas testemunhas. O que sabemos, porém, é que a história não terminará com essas mortes! Deus anunciou que, enquanto o mundo observa, Ele fará um poderoso milagre:

> Mas, depois dos três dias e meio, um espírito de vida, vindo da parte de Deus, neles penetrou, e eles se ergueram sobre os pés, e àqueles que o viram sobreveio grande medo; e as duas testemunhas ouviram grande voz vinda do céu, dizendo-lhes: Subi para aqui. E subiram ao céu numa nuvem, e os seus inimigos as contemplaram. Naquela hora, houve grande terremoto, e ruiu a décima parte da cidade, e morreram, nesse terremoto, sete mil pessoas, ao passo que as outras ficaram sobremodo aterrorizadas e deram glória ao Deus do céu (Apocalipse 11.11-13).

O acontecimento mais sobrenatural daqueles tempos será televisionado instantaneamente para o mundo inteiro – às "pessoas, tribos, línguas e nações". Entre outras coisas, será um gesto amoroso do Deus Todo-Poderoso o fato de não somente ressuscitar e levar ao céu seus dois profetas, mas também fazer conhecida sua existência e poder em todo o mundo. Não temos dúvida de que milhões de almas, às quais as 144 mil testemunhas judaicas estarão falando, e às quais o Espírito Santo estará convencendo, verão esta demonstração da divindade e aceitarão o Salvador.

O povo de Jerusalém terá ainda mais razão para aceitar, pois João fala de um forte terremoto que será desencadeado precisamente naquele tempo, destruindo um décimo da antiga cidade e matando sete mil pessoas. Muito freqüentemente, no Apocalipse, depois que um julgamento divino aflige a terra, lemos alguma versão de "porém eles recusaram-se a arrepender-se e blasfemaram contra o Deus que tem poder sobre estas pragas". Mas não desta vez. João diz que "os restantes estavam amedrontados e davam glória ao Deus do céu".

Por favor, não ignore o significado deste versículo. O propósito de Deus é que as pragas e julgamentos terríveis da Tribulação possam levar as pessoas do mundo a arrepender-se e voltar-se para Ele. Ele nos fala repetidamente em sua Palavra que não tem prazer na morte do ímpio (p. ex., em Ezequiel 18.32; 33.11), e sim, ao contrário, deseja que eles deixem o seu pecado e ponham nele sua confiança. Em nosso romance *Deixados para Trás*, tivemos um pastor que fez a seguinte palestra em um videoteipe visando àqueles que tinham perdido o Arrebatamento:

> Por mais estranho que lhe pareça, este será o esforço final de Deus para alertar cada pessoa que o tem ignorado ou rejeitado. Ele estará permitindo a partir deste evento que um longo período de provações e tribulações tenha início para você e seus companheiros que ficarem. Ele vai transferir sua Igreja de um mundo corrupto que procura seguir seu próprio caminho, seus próprios prazeres, seus próprios fins.
>
> Creio que o propósito de Deus com isto é permitir àqueles que ficarem que façam uma avaliação de si mesmos e

abandonem sua busca alucinada por prazer e auto-realização, voltando-se para a Bíblia, a fim de conhecerem a verdade, e se entregarem a Cristo para se salvarem.[2]

Deus é um Pai amoroso, "não querendo que nenhum pereça, senão que todos cheguem ao arrependimento" (2 Pedro 3.9). Este "todos" significa aqueles que ficarão para trás após o Arrebatamento, bem como aqueles que terão o privilégio de aceitar Cristo pela fé antes que ele ocorra. E as duas testemunhas serão grandes instrumentos de Deus na primeira metade da Tribulação para que muitos homens e mulheres, efetivamente, arrependam-se e entrem na vida eterna.

UMA OPORTUNIDADE FINAL

A misericórdia de Deus não é uma coisa leviana. Ela não é algo frouxo ou superficial, que simplesmente cerra os olhos para o pecado humano, porque não pode suportar ver homens e mulheres sofrerem sob os retos julgamentos de Deus. Não, a misericórdia de Deus é uma demonstração firme, forte, superior da sua graça, que alcança aqueles que não merecem sua glória, e Ele usa todos os meios necessários para trazê-los à sua compreensão e à gloriosa luz do céu.

Em sentido bem real, este é o ministério das duas testemunhas de Apocalipse 11. A seca que invocam e as pragas com as quais ferem a terra são, na realidade, "misericórdias severas", para usar a frase admirável do autor Sheldon Vanauken. Assim disse o profeta Jeremias há muitos séculos:

> Bom é aguardar a salvação do Senhor, e isso, em silêncio. Bom é para o homem suportar o jugo na sua mocidade. Assente-se solitário e fique em silêncio; porquanto esse jugo Deus pôs sobre ele; ponha a boca no pó; talvez ainda haja esperança. Dê a face ao que o fere; farte-se de afronta. O Senhor não rejeitará

para sempre; pois, ainda que entristeça a alguém, usará de compaixão segundo a grandeza das suas misericórdias; porque não aflige, nem entristece de bom grado os filhos dos homens (Lamentações 3.26-33).

Não, Deus não tem prazer em entristecer ou afligir os filhos dos homens. Quando o faz, é com o único propósito de chamar sua atenção. E a prova disso são as duas testemunhas de Apocalipse 11.

Elas podem ser chamadas de os filhos da Misericórdia Severa.

VINTE E QUATRO

As 144.000 Testemunhas Judaicas

– Senhoras e senhores – prosseguiu Tsion, afastando os pés um do outro e curvando os ombros para ler suas anotações –, nunca em minha vida me senti tão ansioso por transmitir uma mensagem baseada na Palavra de Deus. Estou aqui diante dos senhores tendo o privilégio ímpar, acredito eu, de me dirigir às 144.000 testemunhas profetizadas na Bíblia. Eu me incluo nesse número, e fui encarregado por Deus de ensiná-los a evangelizar. Evidentemente, muitos dos senhores já sabem como evangelizar e têm conquistado almas para o Salvador todos os dias. Milhões de pessoas por todo o mundo já o aceitaram.
Apoliom, p. 51

Todo reavivamento na História tem compartilhado alguns traços comuns: oração fervorosa, profundo sentido da santidade de Deus, um povo virtuoso de Deus. Mas todo reavivamento de que tenho notícia também envolve algo mais: um ou mais evangelistas ardentes, homens profundamente dedicados à verdade da Palavra de Deus e zelosos em levar essa verdade ao coração daqueles que ouvem, quer sejam céticos ou interessados.

George Whitefield, um dos maiores evangelistas do século XVII, pregava três ou quatro vezes a cada dia, desde o tempo em que tinha 22 anos até sua morte aos 55. Tinha o hábito de levantar-se às quatro da manhã, passar uma hora com Deus e sua Palavra, e começar a pregar às cinco. Ele evangelizou toda a Inglaterra, muitas vezes em Gales, 15 vezes na Escócia, duas vezes na Irlanda, e sete vezes nas colônias americanas, de New Hampshire, ao norte, à Geórgia, ao sul. Sua mensagem básica para todos – tanto pobres e incultos, como a aristocracia da Inglaterra – era: "Você deve nascer de novo!" Ele pregou isto mais de 30 mil vezes durante sua vida, principalmente ao ar livre, a grandes multidões, o que se constituiu na maior razão para o sucesso do Grande Despertamento.

Imagine que poder se manifestaria neste mundo, se fôssemos visitados não por um, ou por uma dúzia, ou mesmo por 100 Whitefields, mas sim por *144 mil* deles!

De acordo com a Bíblia, o mundo logo conhecerá tal fato.

EVANGELISTAS AOS MILHARES

Uma das promessas bem conhecidas de nosso Senhor a respeito do fim dos tempos encontra-se em Mateus 24.14: "E será pregado este evangelho do reino por todo o mundo, para testemunho a todas as nações. Então, virá o fim." Muitos estudiosos de profecia localizam esta pregação universal do evangelho durante a Tribulação.

Admite-se que este feito será alcançado por meio do ministério das 144 mil testemunhas mencionadas em Apocalipse 7, que atingirá "todas as nações, tribos, povos e línguas" (versículo 9). João declara que Deus tem um ministério especial para estes milhares de futuros judeus convertidos a Cristo, e que o Senhor preparará seu caminho em um exercício sobrenatural do poder divino:

Depois disto, vi quatro anjos em pé nos quatro cantos da terra, conservando seguros os quatro ventos da terra, para que nenhum vento soprasse sobre a terra, nem sobre o mar, nem sobre árvore alguma. Vi outro anjo que subia do nascente do sol, tendo o selo do Deus vivo, e clamou em grande voz aos quatro anjos, aqueles aos quais fora dado fazer dano à terra e ao mar, dizendo: Não danifiqueis nem a terra, nem o mar, nem as árvores, até selarmos na fronte os servos do nosso Deus. Então, ouvi o número dos que foram selados, que era cento e quarenta e quatro mil, de todas as tribos dos filhos de Israel (Apocalipse 7.1-4).

Esta passagem sugere que, antes de o mundo mergulhar nas pragas e desastres causados pelo julgamento do sexto selo, no final do primeiro quarto da Tribulação, Deus levantará um exército de 144 mil judeus evangelistas para pregar através do globo e promover uma colheita de almas de proporções inimagináveis. Cada um desses "servos" de Deus receberá um "selo" em sua fronte. Embora não saibamos exatamente que selo será esse, o texto parece sugerir que ele será visível. Certamente, a "marca da besta", que os descrentes receberão, será visível, e ambos serão irreversíveis. Em nosso romance *A Colheita*, especulamos que o selo do crente seria visível a outros crentes, mas não ao seu portador, ou aos descrentes. E imaginamos que sua repentina aparição poderá incitar um intercâmbio entre crentes da forma como segue:

– Olhe para mim –, disse Tsion, apontando para a testa de Buck.
– Ei, olhe para você! – disse Buck. – Há alguma coisa em sua testa também.
Tsion ajeitou o espelho retrovisor.

– Não há nada – ele resmungou. – Você está brincando comigo.

– Tudo bem – disse Buck, frustrado. – Deixe-me ver novamente. De fato, a sua continua aí. E a minha?

Tsion balançou a cabeça afirmativamente.

– A sua parece com aquelas imagens em 3-D – disse Buck. – A minha também é assim?

– A mesma coisa. Parece uma sombra ou um machucado ou... o que mais pode ser? Uma saliência?

– Sim – disse Buck. – Ei! É igual a um daqueles quebra-cabeças que parecem um punhado de varetas até a gente inverter a imagem na mente e conseguir enxergar o segundo plano como se fosse o primeiro, e vice-versa. Há uma cruz em sua testa.

Tsion olhava com ar de ansiedade para Buck. De repente, disse:

– Sim, Cameron! Nós temos o selo que só os outros crentes conseguem enxergar.

– Do que você está falando?

– O capítulo 7 de Apocalipse menciona que "os servos de nosso Deus" receberão um selo na testa. Deve ser isso![1]

Qualquer que seja esse selo, ele concede a estas 144 mil testemunhas judaicas "de todas as tribos dos filhos de Israel" algum meio de proteção sobrenatural, pelo menos até que a grande colheita de almas, anunciada em Apocalipse 7.9, venha se cumprir. Oh! como amamos este versículo! Sem dúvida, ele dá início à nossa passagem favorita em todo o Apocalipse:

> Depois destas coisas, vi, e eis grande multidão que ninguém podia enumerar, de todas as nações, tribos, povos e línguas, em pé diante do trono e diante do Cordeiro, vestidos de

vestiduras brancas, com palmas nas mãos; e clamavam em grande voz, dizendo: Ao nosso Deus, que se assenta no trono, e ao Cordeiro, pertence a salvação. Todos os anjos estavam de pé rodeando o trono, os anciãos e os quatro seres viventes, e ante o trono se prostraram sobre os rostos, e adoraram a Deus, dizendo: Amém. O louvor, e a glória, e a sabedoria, e as ações de graças, e a honra, e o poder, e a força sejam ao nosso Deus, pelos séculos dos séculos. Amém. Um dos anciãos tomou a palavra, dizendo: Estes, que se vestem de vestiduras brancas, quem são e donde vieram? Respondi-lhe: meu Senhor, tu o sabes. Ele, então me disse: São estes os que vêm da grande tribulação, lavaram suas vestiduras e as alvejaram no sangue do Cordeiro, razão por que se acham diante do trono de Deus e o servem de dia e de noite no seu suntuário; e aquele que se assenta no trono estenderá sobre eles o seu tabernáculo. Jamais terão fome, nunca mais terão sede, não cairá sobre eles o sol, nem ardor algum, pois o Cordeiro que se encontra no meio do trono os apascentará e os guiará para as fontes da água da vida. E Deus lhes enxugará dos olhos toda lágrima (Apocalipse 7.9-17).

Alguns intérpretes têm dificuldade de crer que a Tribulação possa ocorrer logo após a grande colheita de almas, porém estamos convencidos de que este texto mostra que mais homens e mulheres serão conquistados para Cristo naquele período do que em outro tempo da História. Que Deus pode derramar seu Espírito em um dilúvio de conversões, mesmo no cenário do Velho Testamento, foi provado nos dias de Jonas, quando o Senhor poupou a cidade de Nínive, depois que o profeta pregou ao seu povo: "Ainda quarenta dias, e Nínive será subvertida" (Jonas 3.4). A Bíblia diz que os habitantes daquela perversa cidade assíria ouviram Jonas e "creram em Deus, e proclamaram um jejum, e vestiram-se de panos de saco, desde o maior até o menor" (versículo 5). E como Deus considerou tal arrependimento sincero? "Viu Deus o que fizeram, como se converteram do seu mau caminho; e Deus se arrependeu do mal que tinha dito lhes faria e não o fez" (versículo 10).

E não nos esqueçamos de que foi outro profeta do Velho Testamento, Joel, que anteviu uma colheita universal de almas nos últimos tempos:

> E acontecerá, depois, que derramarei o meu Espírito sobre toda a carne; vossos filhos e vossas filhas profetizarão, vossos velhos sonharão, e vossos jovens terão visões; até sobre os servos e sobre as servas derramarei o meu Espírito naqueles dias. Mostrarei prodígios no céu e na terra: sangue, fogo e colunas de fumaça. O sol se converterá em trevas, e a lua, em sangue, antes que venha o grande e terrível Dia do Senhor. E acontecerá que todo aquele que invocar o nome do Senhor será salvo; porque, no monte Sião e em Jerusalém, estarão os que forem salvos, como o Senhor prometeu; e, entre os sobreviventes, aqueles que o Senhor chamar (Joel 2.28-32).

Um cumprimento parcial desta profecia teve lugar no dia de Pentecoste (Atos 2.16-21), mas sua plena manifestação aguarda o dia destas 144 mil testemunhas judaicas de Apocalipse 7. Sua pregação do evangelho eterno será tão clara e tão poderosa que resultará na conversão de "uma grande multidão que ninguém pode contar" de todas as etnias sobre a face da terra!

DANIEL E O TEMPO DO FIM

Devemos a Daniel, o grande profeta hebreu, o esclarecimento às mesmas perguntas que faríamos sobre as condições espirituais durante o fim dos tempos. Em seu décimo segundo capítulo, ele perguntou: "Quando se cumprirão estas maravilhas?" e "qual será o fim destas coisas?" Foi-lhe dito que "estas palavras estão encerradas e seladas até ao tempo do fim" (Daniel 12.9). Então, ele ouviu algo freqüentemente desconsiderado por estudiosos de profecia acerca dos acontecimentos do fim dos tempos: "Muitos serão purificados, embranquecidos e provados; mas os perversos procederão perversamente."

Em outras palavras, continuará havendo uma enorme separação no tempo do fim entre os muitos que serão "purificados, embranquecidos e provados" e os perversos. Evidentemente, o único meio de tornar-se purificado e embranquecido é pelo "sangue do Cordeiro". O perverso rejeitará obstinadamente o Salvador e continuará em sua perversidade.

Esta passagem será cabalmente cumprida na Tribulação, quando o evangelho será pregado por todo o mundo pelas 144 mil testemunhas e o anjo com o evangelho eterno (Apocalipse 14.6), porém mesmo agora ela retrata corretamente o nosso mundo. Entristece-nos dizer que esta é exatamente a condição que vemos nos dias atuais. Muitos estão abraçando a fé em Cristo em todo o mundo e abandonando a perversidade, enquanto muitos outros rejeitam o Salvador e parecem inclinados a dar continuidade e até agravar seu estado de perversidade. Pode o fim estar distante?

A META ESTÁ PRÓXIMA DE SER ATINGIDA

Jesus predisse em Mateus 24.14 que o evangelho seria pregado por todo o mundo durante a Tribulação, mas já estamos chegando perto de evangelizar todo o mundo por volta do final desta década! Na convenção, em 1992, da *National Religious Broadcasters* (Locutores Religiosos Nacionais), os líderes de três ministérios cristãos de rádio em onda curta expuseram sua atual estratégia evangelística. Os diretores da irradiação para o Extremo Oriente, HCIB de Quito, Equador, e Rádio Transmundial, que cobre a

Europa, anunciaram um plano para levar o evangelho através da onda curta radiofônica ao mundo inteiro! Os tradutores da Bíblia Wycliffe esperam ter o Novo Testamento traduzido e impresso logo em cada língua conhecida do mundo.

O Dr. Bill Bright, por muito tempo um cristão visionário, é atualmente um dos mestres mais eficazes na conquista de almas no mundo. Ele e os 16 mil obreiros da *Campus Crusade for Christ* há muito têm o objetivo de "ajudar a ganhar o mundo para Cristo". Recentemente, eles incrementaram seus planos.

O filme *Jesus*, uma versão dramatizada da vida de Cristo narrada no Evangelho de Lucas, tem alcançado resultados extraordinários. Inicialmente produzido em inglês, alcançou resultados tão notáveis que o *script* foi traduzido em muitas outras línguas. Minha esposa e eu estivemos presentes na convenção da National Religious Broadcasters, quando Bill Bright, o criador do filme, foi presenteado com uma cópia em ouro da tradução do filme para 400 línguas. Ele disse que a organização registrou 500 milhões de profissões de fé em Cristo como resultado da exibição do filme ao redor do mundo. O filme tem sido copiado e exibido em mais países do que foi possível inventariar. Somente Deus sabe quantas pessoas já viram o filme e se converteram por meio dele.

A Igreja tem produzido muitos poderosos ganhadores de almas e líderes cristãos influentes. Tivemos evangelistas como George Whitefield, John Wesley, D. L. Moody, Billy Sunday, e muitos outros. Entretanto, o evangelista líder da última metade do século XX, Billy Graham – freqüente ganhador do título de "o homem mais admirado do mundo" – tem pregado o evangelho a mais pessoas do que qualquer outro homem na História. Em razão do seu acesso aos modernos meios de comunicação, provavelmente ele já pregou o evangelho a mais pessoas do que todos os evangelistas juntos dos séculos passados.

Uma das últimas mensagens de Graham foi transmitida simultaneamente para um número expressivo de países. Um fato até então inédito. Um repórter estimou que o evangelista pregou o evangelho naquele dia para 281 milhões de pessoas. Mesmo que esta estimativa se reduzisse à metade, ainda seria um número extraordinário. Quando somamos isto aos milhões que presenciaram suas cruzadas durante os últimos 50 anos, assistiram aos programas televisionados das suas cruzadas, viram seus filmes, leram seus livros, ou foram influenciados por seus outros esforços para pregar o evangelho, é possível que somente ele tenha apresentado o evangelho a um bilhão de almas ou mais.

O verdadeiro missionário e a atividade evangelista da Igreja são um dos segredos mais guardados em nossos tempos. O príncipe das potestades do ar, o deus deste século, leva-nos a crer que o mundo inteiro o está seguindo. Esta é, provavelmente, a maior das mentiras dos nossos dias. Na realidade, milhões estão entregando-se a Cristo em todo o mundo. Mesmo na China, o Espírito Santo está trazendo milhões à fé em Cristo por meio do ministério das fiéis igrejas-casas. Outros mais estão ouvindo as boas-novas pela onda curta radiofônica.

Leio o *International World Religion Report* (Noticiário Internacional da Religião Mundial) duas vezes por mês e constantemente me surpreendo com a ação do Espírito Santo levando milhões de almas em todo o mundo aos pés do Salvador. Desde a queda da União Soviética, Deus está abrindo países inteiros para pregação do evangelho, países que estiveram fechados para a mensagem durante 70 anos.

As Américas Central e do Sul, de modo semelhante, também vêem milhões aceitando a fé em Cristo. Durante os anos de Reagan, quando os comunistas tentaram subjugar as jovens democracias da América Central, todos os países elegeram presidentes conservadores, que eram ou cristãos professos ou favoráveis ao cristianismo. Um daqueles presidentes disse-me: "Foram os evangélicos que me elegeram." O número de cristãos tem crescido quatro vezes em seu país, e, graças aos cristãos, que foram em massa às urnas, ele foi eleito contra os oponentes comunistas. Relatos semelhantes vêm de outros países. Pode-se dizer, com segurança, que a surpreendente colheita de almas na América Central e na América do Sul, nas duas últimas décadas, é que livrou esses países de se tornarem comunistas.

Agora mesmo estamos observando uma nova tendência de centenas de líderes, no corpo de Cristo de todo o mundo, de fazerem o que Jesus ordenou que fizéssemos: "Ide... fazei discípulos de todas as nações" (Mateus 28.19). Usando a tecnologia disponível, esses líderes e cabeças de missão estão multiplicando seus esforços no sentido de tornar conhecido o evangelho como um prelúdio para o "tempo do fim".

PREGAÇÃO UNIVERSAL DO EVANGELHO À VISTA

Mateus 24.14 não está sendo cumprido agora, e não o será até a Tribulação. Entretanto, mesmo que as tendências atuais sejam permitidas a continuar, a tarefa do evangelismo universal pode ser completada somente em uma ou duas décadas! A tecnologia está ajudando a disseminar o evangelho. Há 30 anos, um tradutor levava quase a vida inteira para compor uma língua tribal em caracteres e, somente depois, traduzir o Novo Testamento em uma linguagem que o povo pudesse entender. Agora, com a ajuda dos computadores, o tradutor aprendeu a traduzir o Novo Testamento em cinco línguas! A tarefa está diminuindo, não aumentando, mesmo com uma população mundial crescente.

Conseqüentemente, a rápida difusão do evangelho é uma poderosa evidência de que podemos ser a geração a propiciar as condições para que esta tarefa seja culminada por parte daquelas 144 mil testemunhas cheias do Espírito que pregarão ao mundo logo após o Arrebatamento.

VINTE E CINCO

Santos e Mártires da Tribulação

– Lembram-se de eu ter falado de 144 mil testemunhas judaicas que tentariam evangelizar o mundo, ganhando pessoas para Cristo? Muitos de seus convertidos, talvez milhões, serão martirizados pelo líder mundial e pela prostituta, que é o nome dado à religião mundial que nega a pessoa de Cristo.
Rayford anotava tudo pressurosamente. Ele se recordava de que três semanas antes considerava tais pensamentos uma insensatez. Como podia ter perdido isso? Deus havia tentado advertir seu povo colocando sua Palavra por escrito durante séculos. Apesar de toda sua educação e inteligência, ele reconhecia ter sido um tolo. Agora ele não tinha condição de assimilar todas aquelas informações, mas tornava-se cada vez mais claro que haveria muito sofrimento para quem sobrevivesse até o Aparecimento Glorioso de Cristo.
Deixados para Trás, pp. 279

Em outubro de 1998, o jornal *Oregonian* fez algo inédito entre os muitos diários metropolitanos dos Estados Unidos. Ele começou rodando uma quinta parte, em série detalhada sobre a perseguição contra os cristãos no mundo inteiro, focalizando a condição dos crentes no Paquistão, Mianmar (antiga Birmânia), Sudão, Egito e China. O jornal dedicou nove meses em suas investigações, recorrendo a "pessoas com as mais profundas ligações com os movimentos cristãos clandestinos em grande parte do mundo"[1] a fim de conseguir informações fidedignas. A primeira parte da singular série tinha como título "Perseguição aos Cristãos: Generalizada, Complexa", e começava assim:

> Um pastor presbiteriano não leva em conta as ameaças e constrói a primeira igreja cristã em sua região do Paquistão. Um bando destrói a igreja. Homens mascarados invadem o lar do pastor e o esfaqueiam até à morte.
> Um homem deixa a religião islâmica para tornar-se cristão. A polícia secreta egípcia prende-o sem acusação formal e tortura-o com choques elétricos para arrancar dele informação sobre outros convertidos.
> Um menino católico romano no sul do Sudão brinca nas árvores com seus amigos. Soldados o capturam a pretexto de uma guerra santa e o destinam à escravidão, onde ele recebe um nome islâmico e é castigado com varas pelas esposas do seu dono...
> Ao redor do mundo, os cristãos estão sendo torturados, espancados, violentados, aprisionados, escravizados, expulsos de seus lares e mortos – na maioria das vezes, por causa da sua crença.
> Há cristãos apegados à sua fé em países onde as leis são elaboradas contra eles e suas crenças. Apesar disto, continuam a louvar e adorar ao seu Deus em meio a extrema opressão.[2]

Toda a série de arregalar os olhos traz episódios verdadeiros, documentados com fotos ou imagens das pessoas focalizadas. Somos forçados a considerar que, enquanto se pode ainda estar "seguro" em se professar o cristianismo nos Estados Unidos, muitos outros lugares há no mundo onde isso simplesmente não é verdade. Perseguição e martírio são uma ameaça constante para milhões de cristãos em muitas partes do mundo.

E a verdade desconcertante é que isto tende unicamente para o pior. *Muito* pior.

CRENTES EM TEMPO DE IRA

A Bíblia não fala muito a respeito dos crentes em Cristo durante o tempo da Tribulação, mas o que diz tanto impressiona como deprime. Impressionam as profecias acerca de milhões de homens e mulheres entregando-se ao Salvador durante este período de sete anos de ira – mas um vento frio enregela nossa alma quando lemos a respeito da chocante perseguição e martírio que marcarão aqueles anos. Consideremos apenas umas poucas profecias de Daniel e Apocalipse:

> Eu olhava e eis que este chifre [o anticristo] fazia guerra contra os santos e prevalecia contra eles (Daniel 7.21).

> [Ele] magoará os santos do Altíssimo e cuidará em mudar os tempos e a lei; e os santos lhe serão entregues nas mãos (Daniel 7.25).

> Quando ele abriu o quinto selo, vi, debaixo do altar, as almas daqueles que tinham sido mortos por causa da palavra de Deus e por causa do testemunho que sustentavam. Clamaram em grande voz, dizendo: Até quando, ó Soberano Senhor, santo e verdadeiro, não julgas, nem vingas o nosso sangue dos que habitam sobre a terra? Então, a cada um deles foi dada uma vestidura branca, e lhes disseram que repousassem ainda

por pouco tempo, até que também se completasse o número dos seus conservos e seus irmãos que iam ser mortos como igualmente eles foram (Apocalipse 6.9-11).

Foi-lhes dado, também, que pelejasse contra os santos e os vencesse (Apocalipse 13.7).

Então, ouvi uma voz do céu, dizendo: Escreve: Bem-aventurados os mortos que, desde agora, morrem no Senhor. Sim, diz o Espírito, para que descansem das suas fadigas, pois as suas obras os acompanham (Apocalipse 14.13).

Então, vi a mulher [a apóstata igreja mundial] embriagada com o sangue dos santos e com o sangue das testemunhas de Jesus; e, quando a vi, admirei-me com grande espanto (Apocalipse 17.6).

Vários aspectos importantes devem ser enfatizados a partir destes textos para ajudar-nos a compreender o programa de Deus para o seu povo durante a Tribulação.

1. A Tribulação será marcada de uma grande colheita de almas. Com base nestas passagens e perfeitamente de acordo com Joel 2.28-32, o Espírito Santo estará ativo no planeta Terra durante a Tribulação, convencendo todos que estiverem receptivos à verdade de que Jesus morreu por seus pecados, de acordo com as Escrituras, que Ele ressuscitou dentre os mortos, e que eles podem ser salvos por meio da fé nele. Portanto, o cerne de tudo será exatamente o que é hoje e sempre foi – arrependimento e fé.

2. Deus ainda estará no controle.
A despeito das estatísticas aterradoras dos santos que perderão a

vida na Tribulação, Deus estará ainda perfeitamente no controle de tudo durante todo o período. Note a linguagem cuidadosa usada tanto por Daniel como por João ao se referirem ao poder do anticristo sobre o povo de Deus:

Daniel: "...e os santos *lhe serão entregues nas mãos*" (Daniel 7.25, ênfase acrescentada).

João: "*Foi-lhe dado*, também, que pelejasse contra os santos" (Apocalipse 13.7, ênfase acrescentada).

Ambos os textos ressaltam que o anticristo nada fará sem a permissão de Deus. A besta não arrancará os santos da posse de Deus, tampouco usará outro artifício diante do Senhor. Os santos da Tribulação estão na mesma posição do Senhor Jesus, quando compareceu diante do governador Pilatos. O arrogante romano exigiu de um Jesus calado: "Você se nega a falar comigo?... Não sabe que tenho autoridade para libertá-lo e para crucificá-lo?" A isto, Jesus respondeu com autoridade: "Não terias nenhuma autoridade sobre mim, se esta não te fosse dada de cima" (João 19.10-11, NVI).

Esta é exatamente a situação destes santos da Tribulação. O anticristo não teria qualquer poder sobre eles, se tal permissão não lhe fosse concedida do alto. Na realidade, o controle de Deus sobre a vida dos seus estende-se criteriosamente ao número de fiéis que serão martirizados. É isto que Apocalipse 6.11 dá a entender quando informa que os santos martirizados ouvirão no céu: "Então... lhes disseram que repousassem ainda por pouco tempo, até que também se completasse o número dos seus conservos e seus irmãos que iam ser mortos." Irmãos, *este* é um controle total!

3. A morte de um cristão é bendita.

"Bem-aventurados os mortos que... morrem no Senhor", declara Apocalipse 14.13. O mundo achará que esses mártires são ignorantes, insensatos, idiotas. Eles se sentirão agradecidos (se esta expressão é apropriada) por não estarem entre aqueles marcados para morrer. Alguns dos mais compadecidos (se houver algum) poderão até mesmo ter piedade desses santos que preferirão morrer a negar o seu Senhor.

Mas Deus não se compadece deles. Ele os abençoa! Ele sentirá por eles exatamente o que sentiu o tempo todo por seu povo: "Preciosa é aos olhos do Senhor a morte dos seus santos" (Salmos 116.15). E esta bênção de Deus vem com mais do que palavras de conforto. O apóstolo João diz que esses mártires receberão "descanso" (concedido a nenhum outro que viva na terra) e que suas obras os "seguirão" – isto é, eles serão ricamente recompensados por sua perseverança até a morte.

4. Deus vingará a morte dos seus filhos.

Quando os santos martirizados clamam no céu: "Até quando, ó Soberano Senhor, santo e verdadeiro, não julgas, nem vingas o nosso sangue dos que habitam sobre a terra?" (Apocalipse 6.10), o Senhor não os repreende. Antes diz-lhes que esperem um pouco mais. Nosso Deus é um Deus vingador, como o apóstolo Paulo nos lembra: "Se, de fato, é justo para com Deus que ele dê em paga tribulação aos que vos atribulam e a vós outros, que sois atribulados, alívio juntamente conosco, quando do céu se manifestar o Senhor Jesus com os anjos do seu poder, em chama de fogo, tomando vingança contra os que não conhecem a Deus e contra os que não obedecem ao evangelho de nosso Senhor Jesus" (2 Tessalonicenses 1.6-8). "O anjo das águas" faz uma declaração semelhante quando Deus transforma os mares, rios e fontes em sangue no final da Tribulação: "Tu és justo, tu que és e que eras, o Santo, pois julgaste estas coisas; porquanto derramaram sangue de santos e de profetas, também sangue lhes tens dado a beber; são dignos disso" (Apocalipse 16.5-6).

Quando o salmista considerou como o ímpio prosperava, enquanto ele sofria, isto quase abateu seu espírito. Ele admite que quase perdeu sua fé, quando se afligia sobre a aparente futilidade de servir a Deus fielmente – "até que entrei no santuário de Deus e atinei com o fim deles. Tu certamente os pões em lugares escorregadios e os fazes cair na destruição" (Salmos 73.17-18). Em outras palavras, isto incentivou este homem a ver que a injustiça nem sempre triunfa.

O mesmo estímulo é dado no mínimo duas vezes no livro de Apocalipse, onde João escreve em 13.9-10: "Se alguém tem ouvidos, ouça. Se alguém leva para cativeiro, para cativeiro vai. Se alguém matar à espada, necessário é que seja morto à espada. Aqui está a perseverança e a fidelidade dos santos." O que dá "paciência" aos santos perseguidos? Que garantia sua "fé" lhes assegura? Este Deus é um juiz justo que faz todo o acerto de contas. A idéia é novamente encontrada em Apocalipse 14.12. Após uma vívida descrição dos tormentos eternos que esperam aqueles que adoram a besta e recebem sua marca, o texto afirma: "Aqui está a perseverança dos santos, os que guardam os mandamentos de Deus e a fé em Jesus." Em numerosos exemplos bíblicos, Deus declara: "A mim me pertence a vingança, a retribuição, a seu tempo" (veja Deuteronômio 32.35; Romanos 12.19; Hebreus 10.30; *et al.*).

A VITÓRIA É DELES
Devemos agradecer a Deus o fato de sua Palavra não deixar a história dos santos da Tribulação com seu legado terreno, mas proclamar em alto som sua vitória final por meio do sangue do Cordeiro. Considere primeiro esta passagem excitante: "Eles, pois, o venceram por causa do sangue do Cordeiro e por causa da palavra do testemunho que deram e, mesmo em face da morte, não amaram a própria vida" (Apocalipse 12.11).

A Bíblia, freqüentemente, expõe uma lógica que parece contrária à do mundo. Jesus diz que, qualquer que quiser ser grande, deve ser o menor de todos. Ele diz que o primeiro será o último e que o último será o primeiro. E, no Apocalipse, afirma que aqueles que vencem não são os que empunham as armas da morte em massa, mas sim os que perdem sua vida por amor a Jesus. Cada vez que um santo da Tribulação depende do poder de Deus e mantém seu testemunho até o fim, ele vence o anticristo e o diabo. Estes santos amam o Senhor mais do que a seus próprios corpos, e por isso serão ricamente recompensados:

> Mas os santos do Altíssimo receberão o reino e o possuirão para todo o sempre, de eternidade em eternidade (Daniel 7.18).

> Veio o Ancião de dias e fez justiça aos santos do Altíssimo; e veio o tempo em que os santos possuíram o reino (Daniel 7.22).

> Mas, depois, se assentará o tribunal para lhe tirar o domínio, para o destruir e o consumir até ao fim. O reino, e o domínio, e a majestade dos reinos debaixo de todo o céu serão dados ao povo dos santos do Altíssimo; o seu reino será reino eterno, e todos os domínios o servirão e lhe obedecerão (Daniel 7.26-27).

> Vi como que um mar de vidro, mesclado de fogo, e os vencedores da besta, da sua imagem e do número do seu nome, que se achavam em pé no mar de vidro, tendo harpas de Deus; e entoavam o cântico de Moisés, servo de Deus, e o cântico do Cordeiro, dizendo: Grandes e admiráveis são as tuas obras, Senhor Deus, Todo-poderoso! Justos e verdadeiros são os teus caminhos, ó Rei das nações! Quem não temerá e não glorificará o teu nome, ó Senhor? Pois só tu és santo; por isso, todas as nações virão e adorarão diante de ti, porque os teus atos de justiça se fizeram manifestos (Apocalipse 15.2-4).

Vi também tronos, e nestes sentaram-se aqueles aos quais foi dada autoridade de julgar. Vi ainda as almas dos decapitados por causa do testemunho de Jesus, bem como por causa da palavra de Deus, tantos quantos não adoraram a besta, nem tampouco a sua imagem, e não receberam a marca na fronte e na mão; e viveram e reinaram com Cristo durante mil anos. Os restantes dos mortos não reviveram até que se completassem os mil anos. Esta é a primeira ressurreição. Bem-aventurado e santo é aquele que tem parte na primeira ressurreição; sobre esses a segunda morte não tem autoridade; pelo contrário, serão sacerdotes de Deus e de Cristo e reinarão com ele os mil anos (Apocalipse 20.4-6).

Quaisquer incertezas que possam ter perturbado esses santos durante seus julgamentos na terra desaparecerão totalmente no momento em que eles se postarem perante o Rei para governar e reinar com Ele no reino milenar. É esta uma recompensa amplamente fora de proporção para o que eles merecem? Perfeitamente! Mas esta é a natureza e a glória do nosso Deus. Sua graça e satisfação em abençoar seu povo não conhecem limites.

Assim tem sido sempre, e assim sempre será.

NÃO PODEM SER COMPARADOS

As verdades da Escritura não mudam. Uma vez que Deus é o seu autor, a mensagem da Bíblia jamais mostrará qualquer "variação ou sombra de mudança" (Tiago 1.17). Eis o que disse Davi: "Para sempre, ó Senhor, está firmada a tua palavra no céu" (Salmos 119.89).

Por esta razão, suspeitamos que os santos da Tribulação vão se apropriar de um versículo de Romanos com todas as forças de que dispuserem. Bem que ele poderia tornar-se o mais importante versículo para eles em todo o arsenal da Palavra de

Deus. Assim como este versículo nos conforta agora, podemos imaginar que ele trará no tempo vindouro indizível conforto. Veja se você concorda.

Porque para mim tenho por certo que os sofrimentos do tempo presente não podem ser comparados com a glória a ser revelada em nós (Romanos 8.18).

VINTE E SEIS

As Multidões Não-Redimidas

Falência Moral
2 Pedro 3.1-12

"No entanto, em todos os outros canais que vi – naquela fração de segundo enquanto eu percorria todas as emissoras – constatei que a sociedade chegou ao fundo do poço.

"Não sou ingênuo nem puritano. Mas hoje vi coisas que nunca pensei que veria. Todas as restrições, todas as regras, todos os limites foram erradicados. Isso foi apenas um dos motivos ínfimos para que a ira do Cordeiro se manifestasse. A sexualidade, a sensualidade e a nudez têm estado presentes há muitos anos em numerosos ramos de atividade. Porém, mesmo aqueles que costumavam justificar essa prática como liberdade de expressão – ou que se posicionavam contra a censura – pelo menos tomavam o cuidado de fazer essas imagens chegarem apenas a quem optava por vê-las.

"Talvez a perda de nossos filhos tenha nos forçado a nos lembrar de Deus, porém da pior maneira possível, porque lhe demos as costas, protestamos contra Ele e cuspimos em seu rosto. A simples visão dessa perversão simulada, um retrato vivo de todos os pecados mencionados na Bíblia, nos fez sentir impuros.

"Meu amigo e eu saímos da sala. Eu chorei. Não me causa surpresa saber que muitas pessoas se voltaram contra Deus. Mas ver o povo exposto às terríveis conseqüências por ter abandonado o Criador é uma coisa muito triste e deprimente para mim. Cenas de violência, torturas e assassinatos são arrogantemente anunciadas em alguns canais que exibem tais programações 24 horas por dia. Feitiçaria, magia negra, clarividência, adivinhação, bruxaria, necromancia e encantamentos são apresentados como fatos normais e até mesmo positivos."
A Colheita, pp. 315-316

Qualquer pessoa racional pode admitir que as pessoas que viverem no período da Tribulação dobrarão seus joelhos perante Deus e suplicarão a Ele misericórdia. Afinal de contas, este é um dos principais propósitos por trás do rigor dos julgamentos de Deus, visando a chamar a atenção das pessoas não-salvas, a fim de que invoquem o nome do Senhor e sejam salvas.

Mas uma análise cuidadosa dos números da população levantados para aquele período em Apocalipse indica que somente cerca de 25% se arrependerão e aceitarão a Cristo. A maioria se recusará a arrepender-se, pois a Escritura diz: "Os outros homens, aqueles que não foram mortos por esses flagelos, não se arrependeram das obras das suas mãos, deixando de adorar os demônios e os ídolos de ouro, de prata, de cobre, de pedra e de pau, que nem podem ver, nem ouvir, nem andar; nem ainda se arrependeram dos seus assassínios, nem das suas feitiçarias, nem da sua prostituição, nem dos seus furtos" (Apocalipse 9.20-21).

Estas são as mesmas pessoas que se regozijam, festejam, enviam presentes uns aos outros sobre o assassinato das duas testemunhas de Deus na metade da Tribulação (Apocalipse 11.10); as mesmas pessoas que "blasfemaram o nome de Deus, que tem autoridade sobre estes flagelos, e nem se arrependeram para lhe darem glória" (Apocalipse 16.9); as mesmas pessoas que "blasfemaram o Deus do céu por causa das angústias e das úlceras que sofriam; e não se arrependeram de suas obras" (Apocalipse 16.11); as mesmas pessoas que "blasfemaram de Deus, porquanto o seu flagelo era sobremodo grande" (Apocalipse 16.21); e são as mesmas pessoas cujos "pecados se acumularam até ao céu", que são culpadas do "sangue de profetas, de santos e de todos os que foram mortos sobre a terra" (Apocalipse 18.5, 24).

Pelo menos 75% das pessoas vivas durante esse incrível período de sete anos se oporão a Deus e rejeitarão seus muitos convites à salvação. E, assim, obterão aquilo que fartamente fizeram por merecer.

OS SETE PECADOS PRINCIPAIS DA TRIBULAÇÃO

Uma passagem há pouco revista, Apocalipse 9.20-21, cita os sete pecados principais da Tribulação:

1. Rebelião contra Deus ("eles não se arrependem")
2. Adoração a demônios
3. Idolatria
4. Assassinatos
5. Drogas
6. Imoralidade sexual
7. Roubos

É interessante comparar esta lista com outra apresentada pelo apóstolo Paulo em Colossenses 3.5-6, que menciona "imoralidade sexual, impureza, paixão, desejos maus e a cobiça, que é idolatria" (NVI). Em seguida, Paulo lembra a seus leitores: "É por causa dessas coisas que vem a ira de Deus."

E assim será!

Sustentamos que, muito embora estes sete pecados da Tribulação se tornarão excessivos após o arrebatamento da igreja, eles já estão entre os pecados dominantes de nossa sociedade. Observemo-los brevemente:

REBELIÃO CONTRA DEUS

A rebelião é um meio de vida hoje, tanto nacional como individualmente. O governo, a mídia e a política educacional estão implacavelmente removendo todo vestígio da nossa herança pátria que se relacione com Deus – a oração, a Bíblia e os valores cristãos. Por mais de 50 anos, a fé em Deus e a obediência a Ele têm sido tratadas como vício e não virtude, uma coluna de "débito" em lugar de uma de "crédito".

A capital norte-americana está freqüentemente envolvendo-se em controvérsias sobre o uso de fundos de tributos para o ensino da abstinência sexual aos nossos filhos nas escolas públicas – muito embora tal ensino seja o único treinamento que se tem provado útil no enfrentamento da onda de promiscuidade sexual. Os secularistas insistem em que o governo pode financiar o uso de preservativos para os jovens, e, no caso de ocorrer gravidez, proporcionar-lhes o aborto – mas, uma vez que o ensino da abstinência seja baseado na Bíblia e nos valores judaico-cristãos, esta medida é, pois, ilegítima. Tal atitude prejudicial não somente arruína milhões de jovens de nossa nação, mas enseja uma rebelião aberta contra a vontade e as leis de Deus.

ADORAÇÃO A DEMÔNIOS

Há 20 anos, ouvia-se falar da adoração a Satanás raramente; hoje, ela está se difundindo. Os adoradores de Satanás estão freqüentemente no noticiário da noite, por causa de algum ritual satânico que matou ou mutilou alguém. A feitiçaria está igualmente se popularizando e recebendo o respeito das pessoas. Uma foto recente no *USA Today* mostrou 700 feiticeiras vestidas de preto e empunhando vassouras, varrendo um logradouro na Suíça. Acrescentemos a estes a astrologia, a psicografia e outras práticas ocultas que buscam informações de fontes satânicas. Embora a humanidade tenha um interesse profundo no futuro, ela se recusa a consultar a Palavra de Deus e o Espírito Santo; ao contrário, recorre muitas vezes à necromancia, ao tarô, ao vodu e a outras práticas demoníacas. E isto somente piorará durante a Tribulação!

IDOLATRIA

O homem não-redimido sempre resiste à adoração a Deus pela fé, porém requer "ajudas para adorar" – coisas feitas por mãos humanas, como pinturas, imagens, relíquias e ícones. Não admira que Vladimir Lenin concluiu que "o homem é incuravelmente religioso". Nestes tempos, o paganismo estende-se não somente aos países incultos, mas também aos Estados Unidos. Você foi informado da crescente adoração da deusa-mãe Gaia? Uma réplica do Partenon localizada em um parque de Nashville, Tennessee, exibe uma enorme estátua a Gaia. Para a mente que rejeita Cristo, a adoração de qualquer deusa é atraente, pois ela não é comprometedora, é delicada e sempre misericordiosa. Ela nunca banirá as pessoas para o inferno por seus pecados e, em muitos casos, nem as punirá. Ela somente abençoa – algo sempre mais cômodo e preferido pelo pecador que rejeita Deus.

É muito provável que estejamos prestes a ver uma fusão do movimento feminista, Cristianismo liberal (com sua propensão para feminizar as Escrituras) e adoração à deusa-mãe. Ao mesmo tempo, muitos na Igreja Católica estão tentando persuadir o papa a estabelecer a adoração a Maria como doutrina oficial da Igreja ao denominá-la "co-redentora com Jesus" e o quarto membro da divindade. Com toda probabilidade, tão logo todos os cristãos nascidos de novo sejam arrebatados, não haverá nenhuma influência a impedir uma doutrina tão perversa como esta de ser oficializada. O próximo passo, um menor, seria que os adoradores de Gaia se tornassem adoradores de Maria. Talvez seja esta razão por que Babilônia – a besta religiosa de Apocalipse 17 vista com uma mulher em seu lombo – controle o reino do anticristo durante a primeira metade da Tribulação.

ASSASSINATOS

Um dos maiores problemas sociais dos nossos dias é o aumento da taxa de assassinatos. Ela já alcançou proporções assustadoras. O ex-chefe de polícia de Los Angeles, Bob Vernon, contou-nos que muitos da geração mais jovem não têm nenhum respeito pela vida humana; testemunha-se o crescente número de assassinos nas idades de dez a 11 anos. A estatística de crimes violentos atualmente – quase 25 mil assassinatos a cada ano no país – está fazendo desta nação, antes cristã, a capital de assassinatos do mundo. Por mais deplorável que tenha sido a Guerra do Vietnã, o número de norte-americanos que, a cada dois anos, morrem como vítimas de assassinato, é maior do que a mortandade ocorrida em dez anos naquela guerra.

O aumento de delitos cometidos com carros – tiroteio, seqüestro, roubo, estupro, assalto e assassinato, é horrível demais. Mas a maior evidência de que um estilo de vida semelhante ao da Tribulação já dominou nossa sociedade é a atitude do governo diante do assassinato dos mais inocentes e fracos entre nós, os nascituros. Da Corte Suprema à Casa Branca, passando pelo Congresso e por toda a nação, as autoridades nada fazem para coibir o assassinato de mais de um milhão e meio de nascituros a cada ano – mais do que 40 milhões desde 1973, quando um casal conseguiu o aborto legal!

É inadmissível que o presidente de nossa grande nação possa vetar um projeto de lei contra abortos induzidos. Isso é o mesmo que assassinar bebês perfeitamente saudáveis, um procedimento que, dois segundos depois, seria considerado ilegal. Como pode isto deixar de incorrer na ira de Deus?

Considerando a atitude da nossa nação no tocante à matança temerária dos não-nascidos, deve surpreender-nos que muitos hoje advoguem a morte legalizada dos idosos? Os líderes deste mundo se esqueceram de que a vida é um dom de Deus; somente Ele deve decidir quanto tempo uma pessoa vive. O valor da vida, particularmente dos mais fracos e mais desamparados entre nós, é um bom teste da qualidade moral de uma nação.

Estremecemos ante o futuro da nossa pátria, quando já temos tão baixa consideração pela vida humana. Quando a rebelião infrene da Tribulação se desencadear, o mundo será um lugar terrivelmente perigoso onde se viver. Não causa admiração o fato de Deus, em sua misericórdia, planejar "abreviar" o tempo.

DROGAS

Da palavra grega traduzida como "feitiçarias" na versão que serve de base para o nosso comentário (Almeida, Versão Revista e Atualizada da SBB) deriva a palavra "farmácia". Isso tem a ver com a antiga prática de manipulação de plantas, raízes, seivas, etc., como instrumentos de magia. Desimpedida, a droga será comum durante a Tribulação. Porém, mesmo hoje, o uso de drogas e do álcool está em ascensão incontrolável. Até o nosso presidente admite ter-se drogado em sua juventude, e foi ele quem nomeou um general médico que considerou a legalização das drogas.

As drogas e o álcool são um meio de vida para muitos não-crentes. Adotar um estilo de vida insuflado pela droga durante a Tribulação não implicará qualquer mudança para muitos habitantes do mundo – isto tão-somente será intensificado.

IMORALIDADE SEXUAL

Começando pela Casa Branca até às salas de cinema, aceita-se atualmente o costume social de desdenhar a pureza sexual antes do casamento e a fidelidade sexual dentro dele. Muitos educadores abandonaram o ensino da virtude; ao contrário, transformaram em virtude a homossexualidade, que por séculos era considerada como "perversão" e que na Bíblia é rotulada como "abominação" e "contrário à natureza".

A revolução sexual na década de 1960 – baseada nos estudos sexuais pervertidos de Alfred Kinsey nos anos 50, seguida da educação do sexo explícito dos anos 70 e 80, e fortalecida pela decisão da Corte Suprema dos Estados Unidos, em 1972, que transformou a pornografia de comércio ilegal a legalmente aceito, de dez bilhões de dólares em negócios por ano nos anos 90 – tornou o mundo ocidental em uma fossa negra de imoralidade obsessiva... exatamente como ocorrerá na Tribulação. É difícil acreditar que a imoralidade sexual possa ser pior do que já é, mas será!

ROUBOS

Casas e condomínios cercados de muros e sistemas de segurança estão virando meio de vida atualmente. Por quê? Por causa do aumento de roubos. Lembro-me de um tempo, no sul da Califórnia, onde eu nunca fechava minhas portas e podia deixar a chave na ignição de meu carro. Hoje, há grades de ferro nas janelas daquele bairro, e os moradores colocam travas nos volantes para evitar que seus carros sejam roubados.

Os roubos são uma realidade hoje, e conviveremos com eles até a Tribulação – embora provavelmente se tornem muito piores sob o domínio do anticristo, que se oporá a tudo quanto Jesus Cristo significa.

Durante a Tribulação, o bem se transformará em mal, e o mal se tornará em bem. A virtude será "perigosa", e a imoralidade não somente se tornará lugar-comum, como será endossada oficialmente.

Mas isto, porventura, é muito diferente do nosso próprio tempo? Os sete pecados que predominarão na Tribulação já são uma realidade hoje! De um ponto de vista da prática pecaminosa, o mundo está pronto para viver sob o domínio do anticristo. A única coisa que está faltando é o Arrebatamento da Igreja, a qual é a única influência restritiva sobre o pecado na sociedade hodierna.

UMA SEGUNDA OPINIÃO

No mundo da medicina, há uma prática sábia e prudente: submeter a um segundo crivo médico um diagnóstico original quando o caso for grave ou preocupante. Este não deixa de ser um bom procedimento a ser adotado aqui também. Recomendamos uma consulta ao apóstolo Paulo, que tem algo a dizer sobre como a sociedade e a cultura se deteriorarão nos "últimos dias":

> Sabe, porém, isto: nos últimos dias, sobrevirão tempos difíceis, pois os homens serão egoístas, avarentos, jactanciosos, arrogantes, blasfemadores, desobedientes aos pais, ingratos, irreverentes, desafeiçoados, implacáveis, caluniadores, sem domínio de si, cruéis, inimigos do bem, traidores, atrevidos, enfatuados, mais amigos dos prazeres que amigos de Deus, tendo forma de piedade, negando-lhe, entretanto, o poder. Foge também destes. Pois entre estes se encontram os que penetram sorrateiramente nas casas e conseguem cativar mulherinhas sobrecarregadas de pecados, conduzidas de várias paixões, que aprendem sempre e jamais podem chegar ao conhecimento da verdade (2 Timóteo 3.1-7).

Observe as seguintes características de uma sociedade em queda livre, apresentadas por Paulo. Freqüentemente, o que tem escapado aos estudiosos da História é que tal declínio de valores tem sido uma parte ponderável da cultura ocidental desde a Primeira Guerra Mundial.

1. Egoístas: "amantes de si mesmos"

Como conselheiro experiente na área conjugal, posso afirmar categoricamente que uma grande parcela de casamentos desfeitos hoje em dia tem como maior causa o egoísmo. Este é o resultado natural de duas gerações de ensino de crianças e jovens a "agirem do seu próprio modo" e tirarem todo o sabor da vida que puderem. Graças ao egoísmo, o índice de divórcios em nosso país está acima de 51%.

2. Avarentos: "amantes do dinheiro"

Quanto é bastante? Temos uma população que nunca está satisfeita, mas anda em busca contínua por mais – mais dinheiro, mais coisas e mais satisfação.

3. Jactanciosos, arrogantes

Estas são duas características que Deus odeia (Provérbios 16.18); entretanto, ambas estão em proeminente exibição hoje.

4. Blasfemadores

O uso do nome do Senhor em vão é, atualmente, lugar-comum. Isso costumava ser comum apenas na área militar, nos tribunais e meios esportivos, mas quase nunca na sociedade culta. Hoje, graças a Hollywood e a outros da indústria do entretenimento, blasfemar tornou-se universal em filmes e mesmo na TV. O fato é que Deus não somente desaprova este tipo de linguagem, mas adverte: "O Senhor não terá por inocente o que tomar o seu nome em vão" (Êxodo 20.7). Apesar disso, não parece que este padrão pecaminoso de linguagem será detido.

É difícil antever que tipos de linguagem precisarão ser mudados para se adaptarem à Tribulação. Imagine o que acontecerá quando um grupo, que quase nunca usa o nome de Deus e de seu Filho em vão, for repentinamente arrebatado deste mundo, deixando todos os blasfemadores para trás!

5. Desobedientes aos pais

Os pais desobedientes a Deus criarão filhos desobedientes a pai e mãe. A crescente criminalidade juvenil tem atingido índices alarmantes, preocupando as autoridades, quando se olha para a próxima geração. Um policial contou-nos que os assassinatos praticados por crianças e jovens (idades de 8 a 15) estão em rápida escalada, maior que outra qualquer modalidade de crime.

6. Rebeldes

O espírito de rebeldia está invadindo muitos lares cristãos. Há pouco, ouvimos um jovem locutor dizer: "Setenta por cento dos jovens de hoje criados em lares cristãos não seguem, quando deixam o lar, a fé de seus pais." Se ele está certo, isto significa 25% de aumento em apenas 20 anos. A música e as canções populares da juventude de hoje incitam rebeldia para com os pais, a polícia e toda figura de autoridade. Embora os jovens sejam naturalmente rebeldes (a Bíblia ensina que "a estultícia está ligada ao coração da criança, mas a vara da disciplina a afastará dela" – Provérbios 22.15), militantes na área social, juntamente com sociólogos, estão tentando coibir os pais de disciplinarem seus filhos! Como pastor, considerei que havia uma correlação direta entre filhos que não tinham permissão para resmungar e desobedecer a seus pais bem no início de sua infância e aqueles que seguiram a fé de seus pais na idade adulta.

7. Ingratos

Pessoas rebeldes são pessoas ingratas; daí a razão por que são tão infelizes. Nunca conhecemos um ingrato feliz! A Bíblia nos ensina a ser "agradecidos", o que produz uma atitude de gratidão e, assim, uma vida feliz – independentemente das circunstâncias. Esta não é a atitude mental incentivada em nossos tempos. Ao contrário, o desfavorecido é instigado a queixar-se acerca da sua terrível sorte na vida, muito embora ela seja comparativamente melhor do que a do lugar de onde ele ou seus ancestrais vieram. Você já observou que não há filas para sair dos Estados Unidos, Canadá e outros países ocidentais? Há, entretanto, longas filas para entrar. A despeito de suas circunstâncias, as pessoas devem ser incentivadas a agradecer as bênçãos recebidas, em vez de adotar uma atitude constante de lamuriar e reclamar.

8. Irreverentes

Para onde quer que nos voltemos, vemos a mão satanicamente inspirada do desrespeito a Deus e uma adoração a outros deuses. A adoração da natureza é uma forma sacrílega do famoso panteísmo por sua intolerância a outras religiões. A adoração do ocultismo não favorece a vida santificada como ensinada na Escritura, mas justamente o oposto. Esta pode ser uma causa da eficácia do seu moderno apelo: ela subvenciona a imoralidade, que sempre tem sido parte das religiões pagãs, muitas das quais estão invadindo o Ocidente.

9. Desafeiçoados

Um dos princípios judaico-cristãos mais importantes tem sido a atração natural e linda entre os sexos. O amor de mãe e pai para com seus filhos, o amor recíproco entre os familiares e o amor ao lugar de origem de alguém eram, de igual modo, considerados "naturais". Hoje, estamos vivendo no mundo depravado de Romanos 1, em que muitos se entregam e se entregarão às "paixões infames" que revertem a ordem normal das coisas (versículos 26-27). Atualmente, o homossexualismo é aceito por muitos na administração governamental como "normal".

A promiscuidade antes e dentro do casamento é admitida. Casamentos e divórcios múltiplos, diz-se, nada têm a ver com a integridade. Chegamos a um tempo assustador, em que mães abandonam ou afogam seus próprios filhos. Filhos que matam seus pais e, em seguida, pedem indulgência da sociedade porque são órfãos. Uma mãe solteira matou seu próprio filho após o parto no banheiro. Ela colocou a criança em uma lata de lixo e, em seguida, retornou à danceteria para dançar com seu parceiro noite adentro. Podemos chamar esta de a década da morte da afeição natural.

10. Pérfidos e Caluniadores

Sejam os acordos de Israel ou de Oslo com a Organização para a Libertação da Palestina, ou Rússia, ou China ou Vietnã do Norte rompendo tratados com os Estados Unidos e o Ocidente, muitas pessoas perderam a confiança nas nações e em seus líderes. A maioria dos cidadãos não espera que os líderes cumpram sua palavra escrita oficialmente, muito menos acredita em sua palavra falada. Mas não são apenas as nações que rompem tratados e acordos à vontade; isso ocorre também em nível individual. Por exemplo, nossas cortes estão repletas de ações judiciais resultantes de casamentos desfeitos. Somos uma sociedade litigiosa que se orgulha de ter um advogado para cada grupo de 300 pessoas. Muitos advogados estão ficando ricos por meio de acordos quebrados e falsas acusações.

11. Sem domínio

A palavra grega aqui tem o sentido de "sem autocontrole". Embora nosso país tenha sido edificado sobre a autodisciplina, diligência e integridade pessoal, somos hoje uma nação de obesos, alcoólatras e pervertidos sexuais, que não podem controlar seus desejos e paixões – e que nem mesmo tentam.

12. Cruéis

A sociedade tornou-se hostil, a tal ponto que você não está seguro de poder evitar um insulto, uma repreensão ou agressão por parte de um estranho que se sinta ofendido por algo que você fez ou disse. A "violência no trânsito" é um dos piores problemas nas ruas e estradas do país – e as mulheres são tão más quanto os homens. Quando vivi na capital, Washington, fiquei impressionado com quão raramente os motoristas prestam qualquer atenção às cortesias comuns. Enquanto eu tentava passar para a outra faixa, os motoristas me cortavam, tomando a minha frente, levando-me a perder minha saída – custando-me isto 20 minutos para retornar à minha esquina, e isso apenas para poderem ganhar dez metros. Em outras ocasiões, motoristas irados sacavam o revólver e atiravam em outros motoristas, apenas para não perderem seu espaço no tráfego.

No casamento, a ira e a hostilidade muitas vezes resultam em violência contra a esposa ou os filhos. A polícia informa que os conflitos domésticos estão entre os mais perigosos. Estamos rapidamente tornando-nos uma nação de pessoas cruéis.

13. Inimigos do bem

Esaú é famoso por ter desprezado seu direito de primogenitura, vendendo-o ao seu irmão Jacó em troca de um prato de lentilhas. Hoje, temos uma subcultura de elitistas intelectuais que rejeita Deus e sua sabedoria. Eles não somente aderem à "sabedoria desta época" ou à "sabedoria do homem", mas pretendem também que o restante da nação faça o mesmo – e, por este meio, desprezam sua herança espiritual.

14. Traidores

Quem pode negar que a traição está aumentando no mundo ocidental? Pessoas em posições elevadas e influentes venderam segredos do país por dinheiro, influência e, mais recentemente, por ideologia. Quando alguém em posição de influência põe sua própria ideologia acima da lealdade a seu país e revela os segredos de defesa da nação, ele ou ela pratica traição – outro sinal de que o fim está se aproximando rapidamente.

15. Atrevidos

Tornamo-nos uma nação de indivíduos atrevidos, que dão pouca atenção à tomada de decisões que moldarão o restante de nossas vidas. Recentemente, li que a dívida interna está acima de *seis trilhões* de dólares. Um empréstimo adicional excedeu esse valor, incluindo *dois trilhões* de dólares só de encargos financeiros, tudo a taxas de juros exorbitantes. Isto totaliza pelo menos *14 trilhões* de dólares de dívida pessoal e nacional, mais as dívidas das empresas – e ainda bilhões são investidos no mercado de ações a cada dia. Muitos economistas crêem que chegará um dia de ajustes de contas, e uma quebra levará o país a uma depressão inevitável.

Não é somente nas questões econômicas, contudo, que as pessoas são atrevidas. A mesma condição atrevida é vista nas atitudes sexuais permissivas nas comunidades heterossexual e homossexual. Com as doenças sexualmente transmissíveis (DST), incluindo a temível praga da Aids, resultando nas incrivelmente altas taxas de morte e doenças dolorosas, deixam-nos assombrados a ousadia e atrevimento de muitos indivíduos que pensam: *Isto nunca acontecerá comigo*. Infelizmente, para milhões, sim.

16. Enfatuados

A palavra grega traduzida como "enfatuados" pode também ser traduzida como "altivos", "arrogantes" ou "inflados". É admirável como os promotores do humanismo secular, com seu vergonhoso histórico fracasso social, podem ainda ser tão autocráticos quanto a admitir o direito de tomar decisões por outrem. Não fazemos nenhuma apologia de que nós, que nos apegamos à doutrina e valores bíblicos, somos dogmáticos – não em nossa própria sabedoria ou autoridade. Estamos convencidos de que obedecer aos princípios de Deus é bom para os indivíduos, sociedade e nações do mundo. Onde quer que os princípios de Deus foram seguidos, eles elevaram os indivíduos e a sociedade. Onde quer que não foram observados, a conseqüência foi uma depravação cultural e moral.

Entretanto, pessoas presumidas do mundo artístico, intelectual e social opõem-se dogmaticamente aos ensinos morais e preferem as práticas imorais do humanismo. Testemunhei os recentes pronunciamentos de Jane Fonda. Ela anunciou uma corajosa campanha para promover o uso de preservativos, ridicularizando os programas de "abstinência sexual" da educação pública. Declarando que "80% dos nossos jovens são promíscuos", ela se lançou em uma cruzada para conseguir que todas as pessoas jovens tenham acesso a preservativos, muito embora estes não tenham provado ser seguros para evitar a gravidez e as doenças sexualmente transmissíveis.

Tal pensamento presumido lembra-me um professor de ciência política, em seus 40 anos, que estava sentado perto de mim em uma viagem a Amsterdã. Ele fazia sua primeira viagem à Rússia. Ao conversarmos, admitiu sua crença de que um governo mundial socialista beneficiaria todas as nações oprimidas e melhoraria a vida neste planeta. Tivemos uma interessante conversa até que perguntei-lhe: "Professor, como o senhor pode acreditar que o socialismo mundial melhoraria a vida de muitos, quando não é capaz de me citar um único exemplo de uma nação no mundo que já foi ajudada pelo socialismo?" Visivelmente irritado, ele sussurrou: "É por causa de vocês, capitalistas! O socialismo poderia funcionar, se o fizéssemos universal e adotado no mundo inteiro." Esta espécie de pensamento cego, pretensioso, autocrático é a última coisa que estudantes universitários impressionáveis necessitam ouvir na sala de aula. Mas, nos Estados Unidos, este tipo de pensamento pretensioso é corriqueiro.

17. Amigos dos prazeres

Quem pode negar que este mundo enlouqueceu pelo prazer? Das dançarinas com os seios desnudos aos espetáculos de Hollywood e aos acontecimentos esportivos, milhões gastam dinheiro que não têm em programas e espetáculos que consomem horas de seu tempo e energia. O mundo inteiro está ficando viciado em espetáculos – testemunham isso as multidões que assistem ao *rock* e a concertos de música ou grandes espetáculos esportivos. Alguns aficionados vão diretamente de um esporte para outro. Jerry Jones, proprietário do *Dallas Cowboys* e membro das comunicações e do comitê da TV canal NFL, anunciou a um repórter do *USA Today* que haverá "17 novos clubes esportivos no ano 2002". Isto significa que, em lugar de 30 equipes da Liga Nacional de Futebol [futebol americano – N.T.], haverá 47.[1] O futebol tornou-se o esporte nacional e o mais projetado pela TV. Como aficionados do futebol, ficamos a imaginar como um ardente fã de vários esportes pode encontrar tempo para desempenhar seu papel de pai e esposo.

18. Nenhum poder com Deus

A Bíblia instrui aos líderes que "a justiça exalta uma nação"; entretanto, todas as nações do mundo são indulgentes com práticas imorais suicidas para o melhor interesse do país. Nossa própria nação tem matado nascituros, vindo não somente a incorrer na ira de Deus, como também a destruir nosso sistema de previdência social. Os filhos da época do alto índice de nascimentos [ocorridos após a Segunda Guerra Mundial – N.T.] estão preocupados de que não haja suficientes contribuintes e assalariados no país quando começarem a pleitear os benefícios da seguridade social. Já é tempo, nestes dias maus, de os líderes cristãos incentivarem seus membros a votar nas eleições e trabalhar para dar um basta na matança de seres inocentes! Isto não fará a nação justa, mas porá um fim à depravação que existe hoje endossada oficialmente.

ADVERTÊNCIA DE PAULO À IGREJA DOS ÚLTIMOS DIAS

Eu estaria errado se concluísse esta parte sem ressaltar a grande advertência de Paulo à Igreja. Milhões de nossos vizinhos, amigos e parentes estão entregues ao padrão de vida imoral há pouco delineado. Ao mesmo tempo que devemos testemunhar-lhes e compartilhar o evangelho com eles, Paulo afirma a necessidade de um "retorno à sensatez".

Os cristãos devem ter cuidado para não serem atraídos pelos estilos de vida dos últimos dias. Você não tem de adotar tais estilos para ganhar aqueles que estão abertos para o evangelho. Como conseqüência, quando o mundo começar a desmoronar em volta deles, você estará disponível para proporcionar-lhes esperança e ajuda por meio de Cristo. Como as pessoas no tempo de Noé, muitos não darão ouvidos à advertência do juízo iminente. Mas, alguns que reconhecem os "tempos perigosos" como um sinal do fim se valerão da "arca da salvação" e invocarão o nome do Senhor!

A VOLTA DOS DIAS DE NOÉ E LÓ

Jesus profetizou: "Assim como foi nos dias de Noé, será também nos dias do Filho do homem: comiam, bebiam, casavam e davam-se em casamento, até ao dia em que Noé entrou na arca, e veio o dilúvio e destruiu a todos. O mesmo aconteceu nos dias de Ló: comiam, bebiam, compravam, vendiam, plantavam e edificavam; mas, no dia em que Ló saiu de Sodoma, choveu do céu fogo e enxofre e destruiu a todos. Assim será no dia em que o Filho do homem se manifestar" (Lucas 17.26-30).

Dois dos períodos mais depravados da História foram os dias

de Noé antes do dilúvio e os dias de Ló. Em ambos os casos, o povo era tão pecador que Deus o aniquilou totalmente, varrendo-o da face da terra. Nos dias de Noé, foi o mundo inteiro que pecou; nos dias de Ló, foram as cidades de Sodoma e Gomorra.

É instrutivo o fato de nosso Senhor Jesus resolver usar o ambiente moral em que aqueles povos antigos viviam como um alerta a respeito do estilo de vida dos homens e mulheres antes do seu retorno. É nossa convicção que já estamos vivendo no clima moral dos dias de Noé e Ló.

QUE TIPO DE DIAS ELES VIVERAM?

Mesmo uma leitura casual de Gênesis 6.1-9 mostra que o povo do tempo de Noé era sexualmente obsessivo. Neste caso, os filhos de Deus estavam coabitando com as "filhas dos homens" e produzindo os "gigantes...valentes... varões de renome" – de renome, certamente, por suas iniqüidades. Alguns especialistas em profecia ensinam que "nephilim", a palavra hebraica para "gigantes", não significa tão-somente homens altos, mas criaturas sobrenaturais, o produto de anjos ("os filhos de Deus") e as filhas dos homens. Seja qual for o caso, a lição mais importante que podemos aprender desta passagem é que seu modo de vida levou Deus a desencadear o dilúvio. Seu estilo de vida incluía três pecados específicos:

1. Perversão sexual
2. "...era continuamente mau todo desígnio do seu coração."
3. Rotina de vida com desprezo às conseqüências do julgamento inevitável.

Aquelas pessoas "comiam, bebiam, casavam e davam-se em casamento". Em outras palavras, elas desprezaram a pregação por 120 anos e desobedeceram às leis conhecidas de Deus, como se não tivessem à frente de prestar contas de suas ações. Elas foram culpadas da vida rotineira diante da catástrofe iminente sobre todo aquele mundo – um pecado muito parecido com o dos nossos tempos.

O pecado sexual sempre foi um problema para aqueles que se esquecem de Deus. Desde os primórdios da história humana, a prostituição sempre foi uma maldição. O meio criado por Deus para a propagação da raça sempre esteve sob o ataque satânico. Por causa do forte instinto sexual que Deus proveu a maridos e esposas para o desfrute mútuo do prazer, os seres humanos têm sido vulneráveis ao desvio desse instinto, resvalando para a promiscuidade, a perversidade e a "imoralidade sexual".

No mundo de hoje, as condições poderiam ser tão ruins ou piores do que aquelas prevalecentes nos tempos anteriores ao dilúvio e nos dias de Ló. Os pecados mais comuns da nossa época são os de natureza sexual, da fornicação ao adultério e aos abortos perpetrados anualmente, além das doenças agressivas transmitidas sexualmente, das DSTs à Aids – todas as doenças que, em sua maior parte, não afligem aqueles que seguem as leis sexuais de Deus.

Na última geração, por causa do incremento da pornografia por meio de revistas, filmes, TV e vídeos, tem havido uma aceleração da promiscuidade sexual e uma redução contínua da idade da primeira atividade sexual. O flagelo de toda perversão é a pedofilia e o molestamento de crianças. Alguns têm estimado que tais pecados contra crianças aumentou de 300 a 500% desde que a pornografia foi legalizada pela Corte Suprema em 1972. A pornografia tem levado a mente tanto de homens como de mulheres a se tornar compulsiva por sexo, ou, como a Bíblia afirma, "[é] continuamente mau todo desígnio do seu coração" (Gênesis 6.5). Hollywood poluiu o veículo de comunicação mais poderoso que a mente humana jamais inventou – o filme – que tem a capacidade de afetar a mente, as emoções e a vontade das pessoas.

Divórcio, homossexualidade e promiscuidade têm sido incentivados com êxito, desassociados da integridade e caráter. Há uma geração, homens ou mulheres infiéis em seus votos matrimoniais eram considerados membros indignos da sociedade. Este padrão não é mais vigente. A TV e Hollywood exibem, diante das câmeras, personagens casados seis e até oito vezes, com o propósito de exaltar seus valores morais. Não deve surpreender a ninguém ouvir suas conclusões de que o casamento e a fidelidade pertencem ao passado e que a promiscuidade (ou, como eles dizem, o "sexo com amor" ou "sexo recreativo") é algo gratificante e bom. Mas os pecadores sexuais são mentirosos e enganadores experientes; por isso, não deveria surpreender suas atitudes em mentir, enganar e roubar (ou pior) para progredir em todas as outras esferas da vida.

HOMOSSEXUALIDADE: O PECADO DOS DIAS DE LÓ
Os pecados sexuais de Sodoma e Gomorra na época de Ló eram tão degradantes que não só inclinaram os homens a uma paixão pelos do mesmo sexo, como os levaram a desrespeitar os anjos que visitaram Ló.

É difícil acreditar em nossos dias como esses que rejeitam as leis sexuais de Deus sejam tão bem-sucedidos em fazer com que um dos mais baixos pecados sexuais – a sodomia – seja respeitado e mesmo aceito. Há alguns anos, estrelas de Hollywood como Liberace, Rock Hudson e outros mantiveram sua conduta sexual em sigilo (o que lhes custou a morte prematura). Hoje, porém, os homossexuais estão *em ação*, pleiteando seus *direitos*. Que direitos eles reclamam? O direito de casar, o direito de coabitar com pessoa do mesmo sexo, o direito de ensinar na escola, onde podem exercer a influência de seu modo de vida pervertido sobre as mentes jovens, o direito de adotar filhos, o direito de servir nas Forças Armadas – e a lista é longa.

Muito embora seu perigoso comportamento possa encurtar

sua expectativa de vida em até 50%, é considerado "crime de preconceito" advertir ou expressar-se contra isto. E a discriminação contra o homossexual na seleção para emprego ou demissão do trabalho é considerada uma violação da lei. Se você se recusar a alugar sua casa a um "casal" homossexual, é considerado infrator da lei! O mundo secular colocou as leis sexuais de Deus de ponta-cabeça. Há poucos anos, a Associação Americana de Psicologia considerava a homossexualidade uma deficiência mental; agora, essa entidade tem endossado tal comportamento e recomendado a seus associados não mais forçar seus clientes homossexuais a mudar sua "orientação sexual".

O FUTURO É AGORA

Chegamos ao ponto em que a burocracia exige que qualquer pretensão sexual seja permitida, não importando seus efeitos sobre o casamento, lar, filhos, o corpo humano e a crescente miséria e índice de suicídio que ela cause. Para ela, qualquer coisa que contribua para reduzir a população é boa. A única coisa sexualmente má é a propagação dos valores morais tradicionais. Até que a burocracia elitista seja mudada – e parece que não há nenhum meio de que isto aconteça sem um reavivamento espiritual nacional –, não podemos ter qualquer esperança de melhora.

Em outras palavras, as condições morais mencionadas no livro de Apocalipse já se fazem presentes. Já estamos vivendo dias semelhantes àqueles de Noé e Ló – que, segundo a predição de nosso Senhor, caracterizariam o mundo um pouco antes do seu retorno. Moralmente falando, *nada* precisa que aconteça antes do Arrebatamento, e qualquer pessoa objetiva que avalie a rapidez do declínio dos padrões morais da nossa época deve admitir que a burocracia e milhões de pessoas no mundo já estão vivendo em condições semelhantes às de Sodoma e Gomorra.

O SINAL DOS ESCARNECEDORES

Uma particularidade típica final do ambiente moral durante os últimos tempos deve ser considerada: o surgimento dos escarnecedores.

O ceticismo moderno tem suas raízes no empirismo de Descartes e tem influenciado as escolas graduadas do mundo, especialmente por meio da teoria uniformitarista, que fundamenta toda a educação desta época. Não permita que a palavra *uniformitarista* o atropele. Ela simplesmente descreve a teoria de que atualmente os processos de vida são suficientes para abranger toda a origem e desenvolvimento de todos os fenômenos físicos e biológicos da terra. Isto, naturalmente, elimina a revelação divina dos acontecimentos catastróficos determinados por Deus para julgar suas criaturas.

A teoria do uniformitarismo, popularizada em meados dos anos 1800 pelo geólogo inglês Sir Charles Lyell, tornou-se um fundamento proeminente para o darwinismo e a evolução, o marxismo e o socialismo, o freudismo e o liberalismo. Ela promoveu muitos dos males que perturbam nossa sociedade atualmente e é propagada pelos membros mais treinados intelectualmente da nossa sociedade.

É fascinante notar que, há quase 2.000 anos, o apóstolo Pedro, um rude pescador galileu, predisse os exatos padrões de pensamento que caracterizariam estes escarnecedores. Ele profetizou:

> Nos últimos dias, virão escarnecedores com os seus escárnios, andando segundo as próprias paixões e dizendo: Onde está a promessa da sua vinda? Porque, desde que os pais dormiram, todas as coisas permanecem como desde o princípio da criação. Porque, deliberadamente, esquecem que, de longo tempo, houve céus bem como terra, a qual surgiu da água e

através da água pela palavra de Deus, pela qual veio a perecer o mundo daquele tempo, afogado em água. Ora, os céus que agora existem e a terra, pela mesma palavra, têm sido entesourados para fogo, estando reservados para o Dia do Juízo e destruição dos homens ímpios (2 Pedro 3.3-7).

Pedro diz que esses escarnecedores negariam a vinda do Senhor, porque, "desde que os pais dormiram, todas as coisas permanecem como desde o princípio da criação" (2 Pedro 3.4). As questões que, segundo Pedro, esses escarnecedores levantariam se baseiam em suas idéias uniformitaristas.

Se você exclui o dilúvio universal bíblico, como fazem os uniformitaristas, elimina uma prova vital da segunda vinda de Cristo. Mas, se de fato houve um dilúvio, então realmente Deus julga o pecado dos homens, e há boa razão para crer que Ele virá novamente para julgar o mundo. Se o homem aceitar a realidade do dilúvio, ele é pressionado a aceitar a plausibilidade da segunda vinda de Cristo.

Para demonstrar este ponto, Pedro recorre à História e, com soberba lógica, desenvolve uma linha de raciocínio muito profunda para algumas das mentes mais desenvolvidas de nossos dias. Ele ressalta os cinco maiores eventos históricos:

- *A Criação:* Deus foi o criador de todas as coisas, incluindo o homem.

- *A Queda do Homem:* Em algum tempo, logo depois da criação, o homem optou por desobedecer a Deus e caiu de seu estado de inocência para o pecado. Morte, doença e miséria humana são conseqüências dessa queda.

- *O Dilúvio:* A iniqüidade do homem atingiu tamanha

dimensão que Deus destruiu todos, exceto oito pessoas, na maior das catástrofes do mundo, o dilúvio.

- *A Vida de Cristo:* Jesus veio para morrer como um sacrifício divino pelo pecado do homem, para resgatá-lo de sob a maldição e prepará-lo para um estado futuro de bem-aventurança, no qual ele poderá usufruir bênçãos ilimitadas originalmente previstas para ele por seu Criador.
- *A Segunda Vinda de Cristo:* O próximo maior acontecimento no plano de Deus para o homem.

De acordo com a argumentação de Pedro, os escarnecedores estão totalmente enganados de que as coisas continuam em estado de uniformidade. Ao contrário, o homem viu duas principais divisões do tempo, com uma terceira por acontecer. A primeira, terminada com o dilúvio, Pedro chama de "o mundo daquele tempo". O mundo presente, ele chama de "os céus que agora existem e a terra". A terceira, após a segunda vinda de Cristo, proverá um novo céu e uma nova terra, que são mantidos em seus lugares pela palavra (ou poder de Deus).

Pedro ensina claramente que a presente ordem não é suficientemente semelhante à existente antes do dilúvio para prover-nos indicações exatas de como era aquele mundo. Os cientistas, que tiram conclusões das atuais condições, chegam inevitavelmente a conclusões erradas.

POR QUE SÃO ELES TÃO CEGOS?

Pedro proporciona-nos duas razões sobre por que os escarnecedores são tão cegos. A primeira é encontrada em 2 Pedro 3.5: "Porque, deliberadamente, esquecem." As mentes não-renegeradas dos descrentes resistem à idéia da intervenção de Deus nos afazeres humanos. Seu problema é espiritual – e o descrente permanece deliberadamente ignorante da verdade.

Um grande norte-americano que admiro profundamente veio certa vez à nossa cidade para fazer uma palestra. Adiantei-me e escrevi a ele, convidando-o a almoçar comigo. Enquanto comíamos, expressei-lhe a preocupação que estava em meu coração.

– Como foi que você escapou do liberalismo nas áreas econômica, governamental, histórica, filosófica e educacional, mas engoliu-o na área da religião?

Ele esclareceu:

– Eu fechei a questão há 40 anos sobre o assunto das origens; creio que o homem é produto da evolução.

– Mas tem havido descobertas surpreendentes na geologia, antropologia, arqueologia e outros campos que desacreditam a evolução – repliquei.

Com uma voz metálica, ele anunciou:

– O assunto está encerrado!

Aqui está um homem que pode avaliar cuidadosamente a evidência nas questões seculares, mas sua mente está fechada para as realidades espirituais. O problema é a falta de evidência? Oh! não! Pedro compreendeu o coração dos homens quando disse "deliberadamente esquecem"!

Muito antes de o geólogo Lyell estabelecer sua teoria do uniformitarismo, ele foi um humanista ateísta. Como tal, rejeitou o registro bíblico. Por essa razão, não foi surpresa quando assumiu conclusões diametralmente opostas aos ensinos da Bíblia. Nem deve surpreender-nos que o uniformitarismo de Lyell, rejeitado por homens como Pasteur, tenha sido prontamente aceito e desenvolvido pelos humanistas de seu tempo. Todos tinham uma coisa em comum: "deliberadamente esqueceram" a verdade da Palavra de Deus.

Toda evidência no mundo – científica e racional – não convencerá aqueles que, como os fariseus dos tempos de Jesus, "não queriam chegar" a Ele. Somente quando alguém reconhece sua falência diante de Deus encontra a verdade real e definitiva. Felizmente, muitas vítimas dos escarnecedores estão ainda receptivas à verdade. Em relação a esses indivíduos, devemos diariamente recorrer ao Espírito Santo para anunciar-lhes as promessas de Deus.

Pedro menciona uma segunda razão para a cegueira intelectual no versículo 3: Eles andam "segundo as próprias paixões". Os amantes dos prazeres, que incitavam o movimento do "amor livre", continuam a advogar o uso da maconha e a liderar rebeliões contra a sociedade; são amigos do peito da filosofia uniformitarista! Se aprendêssemos da História, em vez de ignorá-la, nos lembraríamos de que os primeiros humanistas viveram exatamente desta forma.

É incrível a depravação moral adotada oficialmente na comunidade educacional de hoje, do sexo permissivo à homossexualidade, da pornografia ao relativismo. Lembro-me quando a UCLA (Universidade da Califórnia e Los Angeles), pela primeira vez, instituiu os dormitórios mistos. Eu era tão ingênuo que disse: "Esta é uma idéia que não vai pegar; os pais das moças vão se rebelar." Quanto eu estava errado! Praticamente, cada colégio e universidade (exceto muitas escolas cristãs) atualmente sancionam este procedimento imoral. Quem deve ser censurado? Os pais que pagam as contas? Os estudantes? Não – são os educadores escarnecedores que pensam que nossos filhos são apenas pequenos animais que devem ter permissão para andar "segundo as próprias paixões" – como fazem muitos de seus professores.

Não há dúvida de que esta é uma era de escarnecedores. Nunca eles se tornaram tão atrevidos e exibidos. Não satisfeitos em viver com suas próprias paixões, predispostos a não ouvir os apelos de Deus em sua Palavra, ainda, incansavelmente, arrastam a próxima geração para uma vida do tipo Sodoma e Gomorra. Eles são culpados do que Jesus preconizou a respeito deles: "Ai de vós, escribas e fariseus, hipócritas, porque rodeais o mar e a terra para fazer um prosélito; e, uma vez feito, o tornais filho do inferno duas vezes mais do que vós!" (Mateus 23.15.) A indústria dos fazedores de escarnecedores serve hoje como um sinal a mais de que a vinda do Senhor está próxima.

NOSSO HOLOCAUSTO MORAL

Foi o professor Alan Bloom que chamou a atenção em seu *best-seller* de 1990, *The Closing of the American Mind* (O Fim da Mente Americana), de que a atitude relativista dos nossos jovens melhor educados hoje é: "O moralismo não é um bom negócio!"

Tal pensamento popular, mas errôneo, tem resultado na iminente morte da virtude, em milhões de filhos órfãos e em milhões de jovens vitimados por doenças calamitosas – algo muito similar às condições morais expostas no Novo Testamento para a Tribulação vindoura. Na realidade, o atual holocausto moral – baseado como é na filosofia evolucionista que rejeita Deus, a criação e os absolutos morais – preenche exatamente este sinal das condições morais do fim dos tempos.

VINTE E SETE

O Papel dos Anjos

De repente, Rayford ouviu uma voz, como se houvesse alguém dentro do carro com ele. O rádio estava desligado, e ele viajava sozinho, mas a voz foi bem clara, melhor do que se tivesse sido produzida por um aparelho de som.
"Ai, ai, ai dos que moram na terra, por causa das restantes vozes da trombeta dos três anjos que ainda têm de tocar."
Apoliom, p. 292

Em todos os períodos mais cruciais da história do mundo, os anjos estiveram no centro da ação. Eles se fizeram presentes na criação da Terra, quando "as estrelas da alva, juntas, alegremente cantavam e rejubilavam todos os filhos de Deus" (Jó 38.7); na destruição de Sodoma e Gomorra (Gênesis 19.1); nos tempos dos juízes (Juízes 21) e de Davi (2 Samuel 24.16); durante os ministérios de Elias (1 Reis 19.5) e Isaías (2 Reis 19.35); no nascimento de Jesus (Lucas 2.8-14); na tentação do Senhor (Mateus 4.11); no Getsêmane, para fortalecê-lo (Lucas 22.43); no sepulcro vazio, para anunciar a ressurreição de Jesus (Mateus 28.2); e, na Ascensão, para anunciar seu retorno (Atos 1.10-11).

Na última década, ou mais recentemente, temos visto e ouvido muitos disparates a respeito de anjos, uma total insensatez acerca de suas aparições, seus interesses e seu ministério. Mas não permitamos que tolices como essas obscureçam nossa visão do real e reverente papel que os anjos estão designados a desempenhar na vinda da Tribulação. Eles são os personagens maiores no drama prestes a se desenrolar.

QUEM E COMO SÃO ELES?

O primeiro aspecto a desvendar é a identidade dos anjos. Quem são eles? Seriam eles pessoas mortas glorificadas, como muitos livros e filmes imaginam? São eles graciosos, querubins rechonchudos que flutuam sobre nuvens macias, sonhando indolentes à tardinha?

A Bíblia não apresenta tais imagens açucaradas. Ela apresenta os anjos como "espíritos ministradores" (Hebreus 1.14), criados por Deus em algum tempo antes de Ele criar o universo (Jó 38.7) para servi-lo e adorá-lo (Hebreus 1.7).

Os anjos diferem uns dos outros em poder, glória e atribuição. Alguns, como Gabriel, servem basicamente como mensageiros (Daniel 8.16; Lucas 1.26), enquanto outros, como Miguel, o arcanjo, demonstram ter responsabilidades especiais protetoras (Daniel 12.1; Judas 1.9). Os anjos chamados querubins estão intimamente associados ao trono de Deus (Ezequiel 10.20), enquanto outra classe de anjos, chamados serafins, aparentemente guardam o trono celestial e dirigem a adoração (Isaías 6). Lemos a respeito de um anjo exterminador nas pragas enviadas sobre o Israel peregrino (1 Coríntios 10.10), e, em 2 Reis 19.35, ficamos sabendo que "o anjo do Senhor", em uma única noite, matou 185 mil homens das tropas assírias, que estavam sitiando Jarusalém no reinado de Ezequias.

Os anjos de Deus são poderosos, sábios, velozes, eficientes e dedicam-se a fazer a vontade do Senhor.

NEM TODOS OS ANJOS SÃO BONS

A Palavra de Deus distingue entre "os santos anjos" (Marcos 8.38), que servem a Deus, e os "demônios" que atendem a Belzebu, o diabo (Marcos 3.22). Os demônios são provavelmente anjos decaídos (Apocalipse 12.4), que, em tempos imemoriais, se rebelaram contra Deus e juntaram-se a Satanás na insurreição profana. Alguns desses anjos decaídos transgrediram de forma tão infame a ordem de Deus que foram mantidos nas trevas e acorrentados por cadeias e sujeitos à condenação no dia do julgamento (Judas 6; 2 Pedro 2.4). Outros têm permissão para vagar pela terra e freqüentemente procuram "possuir" indivíduos por entrarem em seus corpos (Mateus 12.43-45). Indivíduos possuídos manifestam uma variedade de características estranhas e prejudiciais, tais como a mudez (Lucas 11.14), convulsões (Marcos 9.17), ou a recusa de vestir roupa e um desejo de viver entre os sepulcros (Lucas 8.27).

Durante os dias de seu ministério terreno, Jesus teve freqüentes confrontos com demônios, a quem Ele também chamava de espíritos malignos. Ele proibiu-os de anunciar sua identidade divina (Marcos 1.34) e expulsou-os daqueles que eles estavam possuindo (Lucas 11.20). No livro de Atos, uma história fascinante fala dos "sete filhos de Ceva, um dos chefes dos sacerdotes", que tentaram expulsar demônios "em nome de Jesus, a quem Paulo prega" (Atos 19.13, NVI). O texto diz que "um dia, o espírito maligno lhes respondeu: Jesus eu conheço, Paulo, eu sei quem é; mas vocês, quem são? Então o endemoninhado saltou sobre eles e os dominou, espancando-os com tamanha violência que eles fugiram da casa nus e feridos" (Atos 19.13-16, NVI).

O que os Evangelhos tornam claro (e que Atos amplifica) é que esses anjos decaídos não resistem à presença de Jesus Cristo. Em Mateus 8, Jesus ordena a um grupo de demônios que se retire de um homem e entre em uma manada de porcos. Mas, antes que Ele os expulse, exclamam: "Que queres conosco, Filho de Deus?

Vieste aqui para nos atormentar antes do tempo determinado?" (versículo 29, NVI). A este respeito, o apóstolo Tiago faz uma afirmação a seus leitores: "Você crê que existe um só Deus? Muito bem! Até mesmo os demônios crêem – e tremem!" (2.19, NVI). Por que eles tremem? Porque já conhecem o seu terrível destino. Eles jamais podem esquecer que o "fogo eterno" está sendo "preparado para o diabo e seus anjos" (Mateus 25.41, NVI).

ANJOS NO APOCALIPSE

O livro de Apocalipse menciona nada menos que 77 vezes os anjos, tanto os santos quanto os decaídos. Eles são vistos agindo em várias missões ao longo do livro e no decurso dos períodos mencionados do livro. Muitas vezes, um anjo santo é representado fazendo uma proclamação:

> Vi um anjo forte, proclamando em alta voz: Quem é digno de romper os selos e abrir o rolo? (5.2, NVI.)

> Então vi outro anjo voando pelo céu, tendo o evangelho eterno para proclamar aos que habitam na terra, a toda nação, tribo, língua e povo (14.6, NVI).

> Um segundo anjo o seguiu, dizendo: Caiu! Caiu a grande Babilônia que fez todas as nações beberem o vinho da fúria da sua prostituição! (14.8, NVI.)

> Um terceiro anjo os seguiu, dizendo em alta voz: Se alguém adorar a besta e a sua imagem e receber a sua marca na testa ou na mão, também beberá do vinho do furor de Deus que foi derramado sem mistura no cálice da sua ira (14.9-10).

Outras vezes, os anjos são mencionados dando instruções ou explicações:

Então vi outro anjo subindo do Oriente, tendo o selo do Deus vivo. Ele bradou em alta voz aos quatro anjos a quem havia sido dado poder para danificar a terra e o mar: Não danifiquem nem a terra, nem o mar, nem as árvores, até que selemos as testas dos servos do nosso Deus (7.2-3, NVI).

Então saiu do santuário um outro anjo que bradou em alta voz àquele que estava assentado na nuvem: Tome sua foice e colha, pois o tempo de colher chegou, e a colheita da terra está madura (14.15, NVI).

Então o anjo me disse: Por que você está admirado? Eu lhe explicarei o mistério desta mulher e da besta sobre a qual ela está montada, que tem sete cabeças e dez chifres (17.7, NVI).

Em outros tempos, os anjos prorrompem em coro perante Deus:

Então olhei e ouvi a voz de muitos anjos, milhares de milhares e milhões de milhões. Eles rodeavam o trono, bem como os seres viventes e os anciãos, e cantavam em alta voz: Digno é o Cordeiro que foi morto de receber poder, riqueza, sabedoria, força, honra, glória e louvor! (5.11-12, NVI.)

Todos os anjos estavam de pé ao redor do trono, dos anciãos e dos quatro seres viventes; e prostraram-se com o rosto em terra diante do trono e adoraram a Deus, dizendo: Amém! Louvor e glória, sabedoria, ação de graças, honra, poder e força sejam ao nosso Deus para todo o sempre. Amém! (7.11-12, NVI.)

É por meio dos anjos que Deus executa a maioria dos seus

julgamentos na Tribulação. Eles são aqueles que tocam as sete trombetas que anunciam a segunda série de julgamentos divinos; são aqueles que derramam o líquido das sete taças dos julgamentos. É um anjo que exclama: "Tome sua foice afiada e ajunte os cachos de uma videira da terra, porque as suas uvas estão maduras" (14.8, NVI). São os anjos que colocam "o selo do Deus vivo" nas frontes dos servos de Deus (7.2-3; 9.4). São as milícias celestiais que derrotam Satanás e seus anjos decaídos, expulsando-os do céu e lançando-os à terra (12.7-9). É um anjo que desce do céu no final da Tribulação, agarra Satanás, que, acorrentado, é lançado no abismo por mil anos (20.1-2). E são os anjos incumbidos do bem-estar e segurança da Nova Jerusalém na eternidade (21.10-12).

De acordo com o profeta Daniel, Miguel, o arcanjo, tem deveres especiais na Tribulação. Ele tem a tarefa de proteger a nação de Israel. Daniel escreve: "Nesse tempo, se levantará Miguel, o grande príncipe, o defensor dos filhos do teu povo, e haverá tempo de angústia, qual nunca houve, desde que houve nação até àquele tempo; mas, naquele tempo, será salvo o teu povo, todo aquele que for achado inscrito no livro" (Daniel 12.1).

O próprio Deus pode usar os anjos decaídos para o cumprimento dos seus propósitos na Tribulação. Apoliom, o anjo mau do abismo, é solto ao toque da trombeta do quinto julgamento para liderar um exército demoníaco de gafanhotos que atormentarão os descrentes por cinco meses (Apocalipse 9.1-11). No julgamento da sexta trombeta, quatro anjos decaídos que tinham estado amarrados junto ao rio Eufrates são libertados para matar um terço da humanidade (Apocalipse 9.13-15). E, pouco tempo antes da Batalha de Armagedom, três espíritos maus "semelhantes a rãs", procedentes das bocas do diabo, da besta e do falso profeta, saem para enganar os reis do mundo e arregimentá-los para "a batalha do grande dia do Deus Todo-poderoso" (Apocalipse 16.13-14, NVI). Em todas estas coisas, os anjos decaídos tão-somente exercem a vontade de Deus. Eles nunca "são livres".

DEUS ACIMA DE TUDO

O Apocalipse oferece-nos uma imagem impactante do poder e das qualificações sobrenaturais dos anjos, tanto santos como decaídos. Porém, deve-se ter o cuidado em não superestimá-los, jamais nos esquecendo de que a personalidade principal do livro é o Deus Todo-Poderoso e Jesus Cristo, seu Filho. O apóstolo João ficou tão desconcertado perante um desses anjos poderosos que por duas vezes ajoelhou-se aos pés do anjo para adorá-lo. E por duas vezes a resposta do anjo foi imediata e vigorosa:

> Não faça isso! Sou servo como você e como os seus irmãos que se mantêm fiéis ao testemunho de Jesus. Adore a Deus! (19.10, NVI.)

> Não faça isto! Sou servo como você e seus irmãos, os profetas, e como os que guardam as palavras deste livro. Adore a Deus! (22.9, NVI).

Adore a Deus! Seja em estudos proféticos ou em qualquer outra atividade, este é, de todos, sempre o melhor conselho.

EPÍLOGO

"É Mais Tarde do Que Nunca"

Ninguém sabe com certeza quando Cristo retornará, ou se estamos realmente vivendo os últimos dias. Cremos, porém, que os cristãos que vivem hoje têm mais razão para crer que Cristo pode vir em nossa geração do que aqueles que viveram nas gerações anteriores. Por exemplo, todos os estudiosos de profecia concordam que a geração que viu Israel retornar à sua terra em 1948 pode bem ser a "geração [que] não passará até que todas estas coisas aconteçam" (Mateus 24.32-34, NVI). Em outras palavras, antes que a geração estratégica saia de cena, o tempo, como o conhecemos, chegará ao fim.

Quando examinamos todos os "sinais dos tempos" que têm sido cumpridos em nossa atual existência, somos levados a crer que a vinda de Cristo está muito próxima. Como Jesus disse, "ela [sua vinda] está próxima, às portas". *Esta* geração tem, certamente, razão mais consistente para crer que Cristo pode vir atualmente do que se podia pensar antes de nós. Sim, podemos, certamente, estar no fim dos tempos!

O Dr. John Walvoord, o mais reconhecido estudioso de profecia vivo no mundo de hoje, disse o seguinte em uma conferência sobre profecia a respeito dos tempos em que estamos vivendo:

Tenho estudado profecia por muitos anos [mais de 50], e, embora não creia que seja possível estabelecer datas para o retorno do Senhor, percebo no mundo de hoje um momento sem precedente de crises universais que podem ser interpretadas como preparatórias para a vinda do Senhor. Se houve alguma vez um tempo em que os cristãos devem viver como se Cristo pudesse vir a qualquer momento, esse tempo é hoje.

Não podemos deixar de concordar. Esperamos que todos os que lêem este livro estejam preparados para sua vinda a qualquer momento. Não seja como a maioria – "envergonhados diante dele em sua vinda". Oramos para que você esteja "preparado" quando Ele vier!

Conta-se que certa noite uma garotinha não conseguia dormir. Seu quarto era em cima da sala, e seus pais estavam embaixo lendo. Primeiro, ela pediu um copo d'água, depois um doce, em seguida queria saber as horas; finalmente, a paciência dos pais chegou ao limite, e eles a advertiram de que, se não dormisse, seria castigada.

O melhor que ela podia fazer era ficar deitada olhando para o teto e ouvindo soarem as badaladas das horas no relógio dos avós, que ficava na sala. Quando o relógio assinalou 11 horas, alguma coisa aconteceu no seu mecanismo, pois, enquanto ela contava as badaladas das horas, o relógio prosseguiu com as badaladas. Quando o relógio assinalou a décima oitava badalada, ela deixou de lado seus receios de castigo, saltou da cama, desceu correndo a escada, e exclamou: "Mamãe, papai – *é mais tarde do que nunca!*"

É o que estamos dizendo a você – profeticamente, é mais tarde do que nunca. Oramos para que você viva cada dia como se Jesus voltasse a qualquer momento, porque nenhuma geração de cristãos já teve mais razão para crer que Ele pudesse retornar em seus dias como esta geração!

NOTAS

CAPÍTULO 2
1. Thomas Ice and Timothy Demy, *The Truth about the Signs of the Times* (Eugene, OR: Harvest House, 1997), 8.

CAPÍTULO 4
1. M. R. DeHaan, *Signs of the Times* (Grand Rapids, MI: Zondervan, 1951), 49.
2. Ibid., 50.
3. Richard Lacayo, "The Lure of the Cult", *Time*, 7 de abril de 1997, 45.
4. Tim LaHaye, *The Beginning of the End* (Wheaton, IL: Tyndale House, 1972), 35-36.
5. Veja Isaías 66.7-9; Jeremias 4.23-31; Oséias 13.12-14; Miquéias 4.9–5.3.

CAPÍTULO 5
1. John Waldvoord, *Armageddon, Oil and the Middle East Crisis* (edição revisada) (Grand Rapids, MI: Zondervan, 1990), 105-106.
2. De fato, os profetas predisseram dois reajuntamentos na terra: um como uma nação descrente, após o que seriam expelidos novamente pelo anticristo no meio da Tribulação; e outro quando Cristo retornar três anos e meio depois, desta vez com fé, prontos para herdar o reino com seu Messias novamente aceito como Rei.
3. Arthur James Balfour, "The Balfour Declaration", 30 de janeiro de 1996, http://www.lib.byu.edu/~rdh/wwi/1917/balfour.html (21 de julho de 1999).
4. Walvoord, *Armageddon*, 105-106.
5. Arnold Fruchtenbaum, *Footsteps of the Messiah* (Tustin, CA: Ariel Press, 1982), 445.

CAPÍTULO 6
1. Patricia Klein, reviewer on-line review, Amazon.com 1998.
2. Robert L. Thomas in *The Expositor's Bible Commentary*, vol. 11 (Grand Rapids, MI: Zondervan, 1978), 321-322.

3. Ralph Earle in *The Expositor's Bible Commentary*, vol. 11 (Grand Rapids, MI: Zondervan, 1978), 371.
4. D. Guthrie, J. A. Motyer, A. M. Stibbs, D. L. Wiseman, eds., *The New Bible Commentary: Revised* (Grand Rapids, MI: Eerdmans, 1970), 1172.
5. Earle, *The Expositor's Bible Commentary*, 411.

CAPÍTULO 8

1. Tim LaHaye, *The Beginning of the End* (Wheaton, IL: Tyndale House, 1972), 65.
2. Para um estudo completo da identificação da Rússia, veja LaHaye, *The Beginning of the End*, 63-87.
3. LaHaye, *The Beginning of the End*, 80.
4. *The Intelligence Digest*, September 19, 1997.

CAPÍTULO 9

1. Thomas Ice and Timothy Demy, *Fast Facts on Bible Prophecy* (Eugene, OR: Harvest House, 1997), 186-187.
2. *Our Hope Magazine*, agosto de 1950, 50.
3. Tim LaHaye, *No Fear of the Storm* (Sisters, OR: Multnomah, 1992), 41-42
4. Ibid., 42-43.
5. Ibid., 45.
6. Grant Jeffrey, *Apocalypse* (Frontier Research Publication, 1992), 85-94.
7. Tim LaHaye e Jerry B. Jenkins, *Comando Tribulação* (Campinas, SP: United Press, 1999), 51.

CAPÍTULO 10

1. Thomas Ice and Timothy Demy, *The Truth about the Last Days Temple* (Eugene, OR: Harvest House, 1997), 29.
2. Ibid., 30.
3. Ibid.
4. Ibid.
5. Ibid., 32.

CAPÍTULO 11

1. Joe Chambers, *A Palace for the Antichrist* (Green Forest, AR: New Leaf Press, 1996), 66.
2. Charles H. Dyer, *The Rise of Babylon: Sign of the End Times* (Wheaton, IL: Tyndale House, 1991), 141.

CAPÍTULO 12

1. Arnold Fruchtenbaum, *Footsteps of the Messiah*, 121-122.
2. Gleason L. Archer Jr., "Daniel" in *The Expositor's Bible Commentary*, vol. 7 (Grand Rapids, MI: Zondervan, 1985), 113.
3. Tim LaHaye e Jerry B. Jenkins, *Comando Tribulação* (Campinas, SP: Editora United Press, 1999), 61.

CAPÍTULO 13

1. Tim LaHaye e Jerry B. Jenkins, *Comando Tribulação* (Campinas, SP: Editora United Press, 1999), 396.
2. Peter and Patti Lalonde, *The Edge of Time* (Eugene, OR: Harvest House, 1997), 92.
3. Uma lista mais completa sobre o paganismo é encontrada em Tim LaHaye, *Revelation: Illustrated and Made Plain* (Grand Rapids, MI: Zondervan, 1975).
4. La Haye e Jenkins, *Comando Tribulação*, 256.
5. *H du B Report*, de Paris, outubro de 1997, vol. 40.
6. *Washington Times*, 12 de outubro de 1997.
7. Tim LaHaye e Jerry B. Jenkins, *Apoliom* (Campinas, SP: Editora United Press, 2000), 327-328.
8. *Time*, 21 de maio de 1965, 35.

CAPÍTULO 14

1. Terry L. Cook, *The Mark of the New World Order* (Springdale, PA: Whitaker House, 1996), 203-204.
2. John Walvoord, *The Nations in Prophecy* (Grand Rapids, MI: Zondervan, 1976), 141.
3. Joseph Lam, *China: The Last Superpower* (Green Forest, AR: New Leaf Press, 1966), 102-103.
4. Henry M. Morris, *The Revelation Record* (El Cajon, CA: Institute for Creation Research, 1983), 310-311.
5. Lam, *China*, 56.
6. John Walvoord, *The Nations in Prophecy* (Grand Rapids, MI: Zondervan, 1976), 142.

CAPÍTULO 19

1. Dave e Jan Dravecky, *Do Not Lose Heart* (Grand Rapids, MI: Zondervan, 1998).
2. Ibid.

CAPÍTULO 21
1. Merrill C. Tenney, "John" in *The Expositor's Bible Commentary*, vol. 9 (Grand Rapids, MI: Zondervan, 1981), 164.

CAPÍTULO 22
1. *The Random House Encyclopedia, New Revised*, 3rd ed., s.v. "Goebbels, Joseph".

CAPÍTULO 23
1. Tim LaHaye e Jerry B. Jenkins, *Comando Tribulação* (Campinas, SP: Editora United Press, 1999), 301.
2. Tim LaHaye e Jerry B. Jenkins, *Deixados para Trás* (Campinas, SP: Editora United Press, 1998), 191-192.

CAPÍTULO 24
1. Tim LaHaye e Jerry B. Jenkins, *A Colheita* (Campinas, SP: Editora United Press, 2000), 187-188.

CAPÍTULO 25
1. Mark O'Keefe, "Christian Persecution: Widespread, Complex", *The Oregonian*, 25 de outubro de 1998, A7.
2. Ibid., A1, A7.

CAPÍTULO 26
1. *USA Today*, 13 de outubro de 1997.

SOBRE OS AUTORES

Jerry B. Jenkins (www.jerryjenkins.com) é o escritor da série *Deixados para Trás*. Ele é autor de mais de 100 livros, dos quais quatro figuraram na lista de *best-sellers* do jornal *New York Times*. Ex-vice-presidente de publicações do Instituto Bíblico Moody de Chicago, serviu também muitos anos como editor da revista *Moody*.

Seus escritos têm aparecido em publicações tão variadas como *Reader's Digest*, *Parade*, revistas para leitura em aeronaves, e muitos periódicos cristãos. Ele tem escrito livros em quatro gêneros: biografia, casamento e família, ficção para crianças e ficção para adultos.

As biografias de Jenkins incluem livros com Hank Aaron, Bill Gaither, Luis Palau, Walter Payton, Orel Hershiser, Nolan Ryan, Brett Butler, Billy Graham, entre muitos outros.

Seis de seus romances apocalípticos – *Deixados para Trás*, *Comando Tribulação*, *Nicolae*, *A Colheita*, *Apoliom* e *Assassinos* – têm aparecido na lista dos livros de ficção mais vendidos e na lista dos títulos religiosos mais procurados do *Publishers Weekly*. *Deixados para Trás* foi premiado como o Livro do Ano pela Associação Cristã de Publicadores Cristãos e Evangélicos, em 1997, 1998 e 1999.

Como autor e orador de temas como casamento e família, Jenkins tem sido um freqüente convidado no programa de rádio *Focus on the Family*, do Dr. James Dobson.

Jerry é também o escritor das tiras sobre esportes *Gil Thorp*, conhecidas nacionalmente, veiculadas em jornais em todos os Estados Unidos pela Tribune Media Services.

Jerry e sua esposa, Dianna, vivem no Colorado.

Dr. Tim LaHaye (www.timlahaye.com), que teve a idéia de adaptar à ficção um relato do Arrebatamento e da Tribulação, é um conhecido autor, pastor, educador e orador sobre profecia bíblica, conhecido nacionalmente. Ele preside a organização Ministérios Tim LaHaye e é presidente e fundador do Centro de Pesquisas Pre-Trib. Atualmente, o Dr. LaHaye fala em muitas das maiores conferências sobre profecia bíblica nos Estados Unidos e no Canadá, onde seus sete livros recentes sobre profecia são muito populares.

O Dr. LaHaye é graduado pela Bob Jones University e detém o grau de doutorado em ministério pelo Western Theological Seminary e o doutorado em literatura pela Liberty University. Por 25 anos, ele pastoreou uma das igrejas mais proeminentes em San Diego (Califórnia), que se desenvolveu expandindo-se para três locais. Foi durante esse tempo que ele fundou duas escolas de nível médio bem conceituadas, um sistema de dez escolas cristãs, além do Christian Heritage College.

O Dr. LaHaye escreveu mais de 40 livros, com mais de 11 milhões de exemplares impressos em 32 idiomas. Seus livros abrangem uma variedade de assuntos, tais como vida familiar, temperamentos e profecia bíblica. Suas obras de ficção atuais, escritas com Jerry Jenkins – *Deixados para Trás, Comando Tribulação, Nicolae, A Colheita* e *Apoliom* – alcançaram o primeiro lugar na lista dos *best-sellers* cristãos. Outras obras do Dr. LaHaye são: *Como Controlar Seu Temperamento, How to Be Happy though Married; The Act of Marriage; Revelation Unveiled; Understanding the Last Days; Rapture under Attack; Will You Escape the Tribulation?* e a Série *Teen* em português da ficção para jovens *Deixados para Trás*.

Ele é pai de quatro filhos e avô de nove. Esquiar no gelo e na água, motociclismo, golfe, férias com a família e jogging estão entre suas atividades de lazer.

O FUTURO ESTÁ CLARO

Deixados para Trás
Uma narrativa sobre os últimos dias do planeta Terra...
Num momento cataclísmico, milhões de pessoas em todo o mundo desaparecem. Em meio à confusão global, o comandante Rayford Steele terá de encontrar sua família, suas respostas, e a verdade. Por mais devastadores que tenham sido os desaparecimentos, o futuro ainda reserva dias mais sombrios.

Comando Tribulação
Continua o drama dos que foram deixados para trás...
Rayford Steele, Buck Williams, Bruce Barnes, e Chloe Steele ajuntam-se e formam o Comando da Tribulação. Sua tarefa é clara, e seu objetivo é nada menos que tomar posição e enfrentar os inimigos de Deus durante os sete anos mais caóticos da história do planeta.

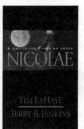

Nicolae
A Ascensão do Anticristo...
Aproxima-se o fim do segundo dos sete anos da Tribulação, quando a profecia indica que a "ira do Cordeiro" será derramada sobre a Terra. Rayford Steele transformou-se nos ouvidos dos santos da tribulação no regime de Nicolae Carpathia. Um dramático resgate noturno em Israel, atravessando o Sinai manterá você com a respiração suspensa até o final do volume.

A Colheita
A Humanidade toma partido...
À medida que o mundo se precipita em direção aos Juízos das Trombetas e à grande colheita de vidas profetizados nas Escrituras, Rayford Steele e Buck Williams começam a buscar aqueles a quem amam em vários cantos do mundo. A Colheita leva você do Iraque à América do Norte, de aviões a quilômetros de altura a abrigos subterrâneos, das areias do deserto ao fundo do Rio Tigre, da esperança à devastação e de volta à esperança – numa intensa busca pela verdade e pela vida.

Apoliom
O Destruidor está à solta...
Nesta aventura, campeã de vendas na lista do New York Times, Apoliom, o Destruidor, lidera a praga de gafanhotos demoníacos que tortura os perdidos. Enquanto isso, a despeito de crescentes ameaças do Anticristo, o Comando da Tribulação se reúne em Israel para a Conferência das Testemunhas.

Assassinos
Missão: Jerusalém; Alvo: o Anticristo
Enquanto uma horda de 200 milhões de cavaleiros demoníacos elimina um terço da população mundial, o Comando da Tribulação se prepara para enfrentar o futuro como um bando de fugitivos. A história e a profecia se chocam em Jerusalém em preparação para o episódio mais explosivo do prolongado drama dos que foram deixados para trás.

O Possuído
A Besta assume o controle...
Chegamos à metade da Tribulação. Enquanto o mundo chora a morte de um homem muito admirado, o Comando da Tribulação enfrenta seu desafio mais perigoso. O tempo e a eternidade parecem pairar suspensos, e o destino da humanidade está em jogo.

Lançamento
Janeiro 2002

A Marca
A Besta controla o mundo...
Sua Excelência, Potentado da Comunidade Global, Nicolae Carpathia, ressurreto e habitado pelo próprio diabo, puxa ainda mais firme as rédeas de seu governo mundial. Começa uma batalha pelas próprias almas de homens e mulheres ao redor do mundo, enquanto são estabelecidos os locais onde a marca da besta vai ser administrada.

ABilio

AB